JN302211

尖閣衝突は沖縄返還に始まる

日米中三角関係の頂点としての尖閣

矢吹 晋

花伝社

尖閣衝突は沖縄返還に始まる――日米中三角関係の頂点としての尖閣
◆
目　次

はじめに 5

Ⅰ 沖縄返還協定と尖閣問題

第1章　尖閣衝突は沖縄返還に始まる　11
1　清国に亡命した琉球人　11
2　沖縄返還交渉と尖閣問題の浮上　14
3　尖閣問題の起源　22
4　沖縄返還にかかわる台湾のクレーム　26
5　沖縄返還をしぶしぶ認めた蒋介石　36
6　沖縄返還の内実　38
7　中華民国の国連脱退と蒋介石引退　42
8　尖閣射爆撃場は台湾の要求　46
〔補〕日台漁業取り決めについて　50

Ⅱ 敗戦・沖縄占領から返還へ

第2章　米国による沖縄の戦後処理構想　59
1　沖縄の中国帰属を視野に収めたマスランド報告　60
2　カイロ宣言と沖縄　63
3　沖縄の日本返還を説いたボートン報告　66
4　米国の対日戦後処理方針の策定　68

第3章　占領下沖縄の残存主権とは何か──ダレス方程式の形成と展開──　73
1　尖閣にも日本の残存主権　73
2　1971年の豹変　75
3　沖縄に対する日本の「残存主権」──ダレス方程式　78
4　「沖縄の民意」と「天皇の意向」からダレス方式へ　83
5　残存主権から返還交渉へ　85

Ⅲ 沖縄返還協定をめぐって

第4章　なぜ尖閣問題か──沖縄返還協定の米上院公聴会──　91
1　ロジャース国務長官の報告　91

           2 パッカード国防副長官の報告　93
           3 専門家などの証言　96
 第5章　沖縄国会における尖閣論議　103
           1 返還交渉をめぐって──1970年8月〜71年4月　105
           2 ピンポン外交と沖縄返還協定調印
              ──1971年4月〜72年3月　111
           3 日中国交回復へ──1972年5月〜9月　123
           4 中国漁船集団の尖閣押し寄せ事件──1978年4月　124
 第6章　沖縄返還交渉の欠陥──中島敏次郎『外交証言録』を評す──　165

      Ⅳ　アメリカの日本学と戦後日本

 第7章　朝河貫一の人脈──ブレイクスリーとボートン──　179
           1 ジョージ・H・ブレイクスリー──米国国際関係論の父　179
           2 ヒュー・ボートン──戦後日本の設計者　185
           3 米国の「敵情」研究
              ──占領軍の「日本計画」に対する朝河学の影響　193
           4 朝河のオーエン・ラティモア批判　195
           5 朝河のイェール大学人脈──シーモア、ケント、フィッシャー　197
           6 旧友セルデン入江恭子の思い出　205

結　び　211

本書で用いた基本資料について　215

資　料　217

あとがき　229

はじめに

　本書はフツーの日本人の素朴な疑問に答え、尖閣紛争の秘密を明らかにする本である。センカク問題は、これだけ騒がれていながら、肝心の事柄は誰も教えてくれない。いわゆる専門家たちも秘密外交の内幕をほとんど知らないのだ。米国と台湾の情報公開によって初めて明らかになる部分が多いので、もしかすると、日本には真相を知る者がいなかった可能性すらある。その当否を読者に検証してほしいと切に願う。

Q1　「沖縄返還」は、なぜ「領有権返還」ではなく、「施政権返還」なのか。
A1　米国の沖縄占領とは、日本から施政権を租借したものだ。返還とは借りた施政権を返す形である。だが米国が「施政権のみ」を強調することにはウラがある。これは台湾（中華民国）との約束なのだ。

Q2　「尖閣諸島／釣魚台」について、なぜ台湾は、領有権を主張するのか。
A2　海図をみれば分かるように、釣魚台は大陸棚の最も遠い一角にあり、台湾の付属島嶼である。沖縄列島との間は、沖縄トラフ（古人は「黒水溝」と呼んだ）によって隔てられている。

Q3　「尖閣諸島／釣魚台」について、なぜ北京（中華人民共和国）は、領有権を主張するのか。
A3　台湾海峡両岸は「一つの中国」を目指している。それゆえ、「台湾の付属島嶼」は「一つの中国」に含まれる。

Q4　米国はなぜ「尖閣諸島／釣魚台」の争いについて、「立場をとらない」「中立の立場」を強調するのか。
A4　沖縄返還に際して、「尖閣諸島／釣魚台」の施政権のみを日本に返す。領有権問題では「中立の立場」を守ることを中華民国政府（蔣介石）と約束

したからだ。

Q5　米国はなぜ中華民国政府（蔣介石）とその約束をしたのか。
A5　一つは繊維交渉で米国案を押しつける代償として蔣介石に譲歩せざるをえなかった。もう一つは、国連代表権問題の行方（台湾を追放し、北京を招く動き）に不安を抱く蔣介石を慰撫するため黄尾嶼（久場島）、赤尾嶼（大正島）に射爆撃場を設け、米軍が管理する約束をした。これは台湾の安全保障のためである。

Q6　日本は米国の二枚舌（台湾への約束と日本への約束との食い違い）をなぜ受け入れたのか。
A6　沖縄県民も、日本国民も真相を知らされていなかった。施政権と領有権の分離の意味が分からなかった。この点で、佐藤栄作内閣と外務省の責任（失策）はきわめて大きい。

Q7　田中角栄・周恩来会談（1972年）で尖閣棚上げの合意はあったのか。野中広務証言とこれを否定した菅義偉官房長官発言とは、どちらが信頼できるか。
A7　野中は田中から直接聞いている。菅官房長官は外務省の虚偽報告を繰り返している。

Q8　園田直・鄧小平会談（1978年）で尖閣棚上げの合意はあったのか。
A8　これは基本的に田中周恩来会談における棚上げを再確認したものである。外務省は「この記録がない」と情報公開を拒否している。

Q9　周恩来はなぜ「釣魚台は棚上げ。解決を急がない」としたのか。
A9　釣魚台（尖閣諸島）は「台湾の付属島嶼」である。台湾との統一（解放）の見通しが立たない段階で、付属島嶼だけの議論をするのは、意味がないと判断した。

Q10　米国は日米安保第5条を発動して尖閣を守るのか。
A10　尖閣を守る気はない。尖閣をそもそも日本のものとは認めていない。さらに日米ガイドラインでは「島嶼の防衛」は自衛隊の任務である。最後に、日米安保の発動のためには議会の手続きが必要だが、議会の支持を得ることはほとんど不可能である。オバマ・習近平会談（2013年6月）が示すように、米中は敵国同士ではない。この意味で、日米安保は「名存実亡」である。

Q11　日米安保は、やはり日本軍国主義の復活を防ぐ「ビンのフタ」にすぎなかったのか。
A11　「ビンのフタ」論は、ニクソン周恩来会談の際に、ニクソンが提起し、周恩来が受け入れた解釈である。したがって、中国は米軍が久場島・大正島に射爆撃場を持つことに反対しなかった。事実上射爆撃場を容認した。田中・周恩来会談において日米安保が障害とならなかったのはここに根拠がある。

Q12　米国が日中の衝突を心配しているのはなぜか。
A12　日米安保で防衛義務を負う形の日本の武装船と、これから「新型の米中関係」を構築すべき中国の武装船との間で武力衝突が発生した場合に板挟みになる。「昔の同盟国・日本」も「明日の同盟国・中国」も大事な隣人だから、日中の話合い、妥協を求めている。

　前著『尖閣問題の核心』では、日本政府による棚上げ無視は、田中角栄・周恩来会談以来、日中国交正常化の基礎となっていた前提を日本側が否認したことを意味し、それゆえ中国側の怒りを引き起こしたと論じた。その後、周恩来や田中は、なぜ国交正常化に際して「棚上げ」を選んだのか、その真意はなにかという疑問が私の脳裏で膨れた。
　答えは意外にも、あまりにも単純な理由からであった。それは「子犬と尻尾」との関係に尽きる。周恩来はその論理を米国のジャーナリストたちにまず語り（ここでは尖閣に言及した）、ついでキッシンジャーに語り（ここでは台湾問題として語った）、最後に田中に対して「いまはその話はやめよう」と提案した。まず米国に話したのは、この問題のカギを握るのが米軍である

ことを周恩来が熟知していたからだ。

　沖縄返還に尖閣諸島を含めるか否かは、返還交渉終盤の最大の争点となった。終盤で蔣介石が尖閣諸島の「台湾への返還」を強く要求したからだ。板挟みに陥ったキッシンジャー自身がジレンマに囚われた。「尖閣を日本に返還しながら、米国は台湾と東京との間で、中立だというのは筋が通らないではないか。かといって、尖閣諸島だけは日台間の話し合いがつくまで米国が預かる案（ニクソン政権の財務長官ケネディ繊維特使の発案）もイマイチだ」。こうして調印10日前にニクソンが決断した。「尖閣諸島を含めて沖縄全体を日本に返還する」、「但し返還は施政権のみ。領有権ではない」。

　この米国の立場を「対外的に公表する」ことで蔣介石の了解をとりつけた。この約束こそが米国の「立場を取らない」（takes no position）声明にほかならない。

　私は前著を書いた後、狸穴の外務省外交史料館や永田町の国会図書館に通い、慣れないマイクロフィルムやマイクロフィッシュで老眼を酷使した。また『蔣介石日記』や『蔣経国総統文書』については、知人、友人の協力を得て必要資料を入手した。本書を書く上で、最も役立ったのは、米議会上院の沖縄返還公聴会の記録と、国務省の文献集（FRUS）であった。当初は藪の中に迷い込み、藪蚊に悩まされる心境であったが、尖閣のヒミツは解いて見ると、簡単明瞭、誰にも分かる単純な話であった。

I　沖縄返還協定と尖閣問題

第1章　尖閣衝突は沖縄返還に始まる

1　清国に亡命した琉球人

　琉球王国のある外務官僚（通事）が魚釣台（尖閣諸島）（図1）を詠んだ詩を紹介したい（蔡大鼎汝霖『閩山游草』沖縄あき書房、1982年。この本を教えてくれたのは畏友・岩田昌征教授である）。その官僚の名は伊計親雲上、漢字では蔡大鼎と書き、号は汝霖である。輿石豊伸*の研究から引用するが、読みくだし方は、少しく異なる。

* 1948年1月、京都市生まれ、大学卒業後、沖縄に行き地元の予備校尚学院に漢文・古文の講師として13年間勤務、この間、琉球漢詩の研究。京都へ戻り、河合塾、代々木ゼミナール、大阪予備校講師。1991年オフィス・コシイシを設立し、「琉球古典漢詩シリーズ」として『蔡大鼎集』『林世功・林世忠集』を刊行。

　　十幅蒲帆風正飽（十幅の蒲帆、風は正に飽）
　　舟痕印雪迅如梭（舟痕は雪を印し、迅こと梭の如し）
　　回頭北木白雲裏（頭を回らせば、北木は白雲の裏に消え）
　　魚釣台前瞬息過（魚釣台前、瞬息に過ぐ）

　4句目の冒頭は「魚釣台」であり、「釣魚台」ではない。「ウオツリ」が日本語表現、「チョウギョ」が漢語表現である。伊計親雲上＝蔡大鼎は、1823年に那覇の久米村で生まれた。いわゆる「久米三十六姓」の末裔である。伝承によれば彼らは、1392年、閩（福建省）から洪武帝の命により来琉した学者や航海士などの職能集団である。例えば、18世紀に書かれた『中山世譜』には、「（洪武）二十五年壬申……太祖……更賜閩人三十六姓」云々とあり、1392年洪武帝が他の下賜品に加えて、「閩人三十六姓を賜った」との記

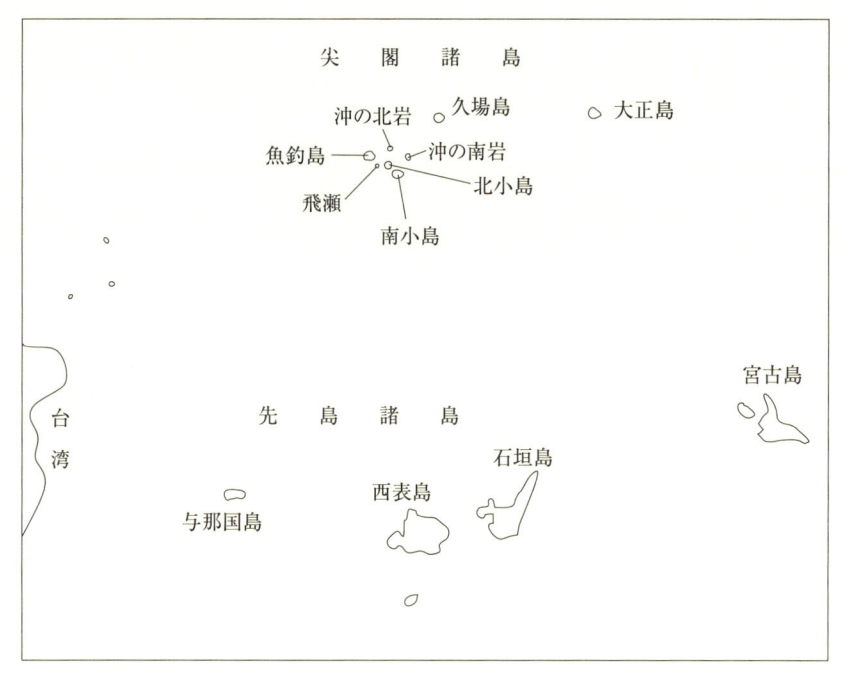

図1　尖閣諸島

　尖閣諸島（釣魚台）は8個の無人島,すなわち①魚釣島／釣魚島（日本名／中国名）（面積 4.32㎢、海抜 383m）、②大正島／赤尾嶼（0.06㎢、海抜 75m）、③久場島／黄尾嶼（1.08㎢、海抜 117m）、④北小島／北小島（0.33㎢、海抜 135m）、⑤南小島／南小島（0.46㎢、海抜 149m）、⑥沖の北岩／北岩（0.018㎢）、⑦沖の南岩／南岩（0.0048㎢＝4800㎡）、⑧飛瀬／飛礁岩（0.0008㎢＝800㎡）からなる。

述がある。ただし同時代の『明実録』等には、その記載が見当たらない。『李朝実録』の成化25（1470）年の朝鮮人琉球漂流記に「（那覇には）唐人商販に来たりて、因りて居する者あり」との記述がある。当時通商を目的として琉球に渡来居住していた人々のいたことが分かる。そこから「久米三十六姓」とは、通商目的で渡来し、後にその子孫によって、「洪武帝によって下賜された」という「物語」が作られたと考える説が有力である。その末裔たちは、琉球王国が廃藩置県で沖縄県になる*まで約500年の間、主として明・清―琉球間の外交・貿易に従事し、琉球王国の宰相職三司官（首里王府の行政の責任者、職掌は用地方、給地方、所帯方に分かれ、3人が分担）に就任した蔡温**をはじめ、多くの政治家、学者等を輩出した。

＊ 琉球帰属については、大山梓「琉球帰属と日清紛議」明治大学『政経論叢』1970年5月、山村健「琉球分島問題の結末」『戦史研究年報』第3号、2000年、西里喜行『清末中琉球日関係史の研究』京都大学出版会、2005年、山城智史「琉球帰属問題と清露イリ境界問題」Hosei University Repository 2011年3月、などが詳しい。

＊＊ 蔡温（1682年10月25日〜1762年1月23日）は琉球王国の政治家。和名は具志頭親方文若。蔡氏具志頭殿内の小祖（蔡氏志多伯家11世）。久米三十六姓の出身である。三司官に任ぜられ、河川工事や山林の保護に尽心竭力し琉球の農業の発展に貢献した。著作に『家内物語』『獨物語』『自敘傳』『圖治要傳』や『簑翁片言』等多数。

蔡大鼎も通事の道を歩んだ。37歳のころ清国福州に渡ったのを皮切りに、44歳の時には再び福州に赴き、通事としての地位を高める。蔡大鼎は漢詩に長け、福州への二度の旅で『閩山游草』、『続閩山游草』を残した。『続閩山游草』は琉球王尚泰の冊封使・趙新を送って清国に赴いた琉球官吏を迎えるために、1867年福州まで出張した蔡大鼎がその時詠みあげた詩を収めたものである。1872年、筆頭通事となり、清朝皇帝に謁見する進貢（朝貢）使の一員として北京まで赴く。この道中で詠んだのが『北燕游草』である。燕とは北京の古称である。

1876年、彼は突如嵐の中へ放り込まれる。琉球王国は明治新政府の成立後も、従来通り清国との関係を続けようとしたが、明治政府から、対清関係を断つよう迫られた。琉球尚泰王は清国に密使を派遣した。蔡大鼎は、幸地朝常（＝向徳宏）、名城春傍（＝林世功）らとともに密命を受け清国へ趣き、琉球国の窮状を訴えた。

幸地朝常（1843〜1891）は、尚泰王の密使として1876年12月、蔡大鼎、林世功ら39人とともに八重山経由で渡清し、福州や天津などで清国要人に琉球救援を訴えた。李鴻章にも何度か会い、李鴻章によって匿われた。李鴻章に対し、琉球に関する情報を提供したといわれる。妻は尚育王の娘・兼城翁主（尚泰王の姉）である。彼は1879年琉球藩が沖縄県とされた後も琉球国復興のため清国に軍隊派遣を要請するなど、陳情活動を続けた。

毒を呷って自害した林世功（1842〜1880）は、琉球王国末期の官僚・政治家で、久米村の出身である。首里の国学に学び、1865年に官生科（清国への留学生試験）に合格し、1868年10月に北京の国子監に留学、帰国後の1875年に国学大師匠に任じられ、続いて世子尚典の教育係に抜擢され

た。明治政府が進める琉球処分に危機感を抱き、密使として清国に渡る。以後、福建省を舞台に総理衙門など要路に琉球の危機を訴え続け、1880 年北京に向かう。途中の天津で日清間の先島割譲仮調印（李鴻章の三分割案の翌年、井上馨外務卿の指示により宍戸璣公使と総理衙門との間で行なわれた）を知って絶望し、北京到着後の 11 月 20 日、「一死なお社稷の存するを期す」と辞世の句を残して自殺した。享年 40。

　北京に客死した蔡大鼎は、この陳情の日々を記録した『北上雑記』（雑文）を残した（輿石豊伸の解説による）。ちなみに沖縄学を確立した東恩納寛惇はこの作品を好み、『黎明期の海外交通史』（『東恩納寛惇全集』全 10 巻中の第 3 巻、琉球新報社編、第一書房、1978 年 6 月～ 1982 年 10 月）を始めとする著作にしばしば引用した。

＊　東恩納寛惇（1882 ～ 1963）は、歴史学者。沖縄県那覇市出身。1908 年に東京帝国大学史学科卒業後、東京府立一中教諭、府立高等学校や法政大学、拓殖大学等の教授を務めた。主に歴代宝案を研究し、多くの著書を残した。その多くは沖縄県立図書館に寄贈され、東恩納寛惇文庫として保存されている。寛惇が集めた資料や著書は沖縄研究において重要な役割を果たしている。死後、琉球新報によって『東恩納寛惇賞』が創設された。

　明国の遺臣朱舜水が日本に亡命したことはよく知られているが、琉球王国の蔡大鼎や向徳宏、そして林世功が清国に亡命したことは、あまり知られていない。日本琉球列島弧は、古来大陸との深い交流を続けてきたが、琉球王国の遺臣蔡大鼎の生涯は、尖閣問題の由来を語るトピックとして、たいへん示唆に富むのではないか。

2　沖縄返還交渉と尖閣問題の浮上

　前著『尖閣問題の核心』（花伝社、2013 年）で著者は、尖閣諸島／釣魚島の領有権について、1972 年 9 月の日中国交回復交渉、1978 年の日中平和条約交渉の場において、両国首脳の間ではっきりと棚上げの合意があったことを示し、「棚上げがなかった」とする政府答弁書は国交回復の精神を根本から否定し、日中関係を危うくするものであることを強く訴えた。しかも、それが歴代外務省担当者による記録の改竄に出発するものであり、野田政権に

よる尖閣3島の国有化は、日中関係を決定的に悪化させたことを指摘した。その際、1971年の沖縄協定で、アメリカは沖縄の施政権を日本に返還するのであって、尖閣諸島の領有権については、関係国（日本と台湾）の協議にゆだね、アメリカは中立の立場をとるとしていることに注意を喚起した。あわせて、尖閣諸島が日米安保条約の適用範囲にあるとしても、アメリカが尖閣諸島の領土紛争で中国に対して軍事力を行使することはありえず、日中は、尖閣諸島の領土問題について、真摯に話し合うことにより、東アジアの平和と資源の共同開発の道を探る以外に解決の道のないことを訴えた。

　ところで、なぜアメリカは、施政権と主権を分けて取り扱うという奇妙な態度に固執したのだろうか。著者は前著執筆以降、あらためて、サンフランシスコ平和条約に集約される戦後処理と、72年沖縄返還についての国務省記録、上院外交委員会公聴会記録など関係書類をあたり、なぜアメリカが尖閣の領有権については中立であるとするのかを探ってみた。

　本書は、論点の中心を沖縄返還交渉におく。1972年の田中角栄・周恩来会談において、周恩来が「尖閣棚上げ」を提起したことは、いまではかなり知られている。しかも周恩来のこの提案はメッセンジャー役の竹入義勝（1967〜1986年公明党委員長、1972年に訪中し、周恩来の伝言を田中角栄に伝えた）や古井喜実（1968年に訪中し、岡崎嘉平太らとともに日中覚書協定を交わした。1972年田中角栄政権のもとで、田川誠一とともに事前交渉を行った）にも事前に伝えられており、田中は訪中前から周恩来の意向を承知していたことも周知の事実だ。その前年1971年10月、国連総会で中国代表権問題が結着し、国連で「中国」の座を代表するものが中華民国政府（台湾）から、中華人民共和国（北京）に代わったことは、田中訪中に至る前夜の出来事として、誰でも知っている。田中訪中は国際社会の大きなうねりを背景として実現されたのであった。

　当時、人々の視線は、世界でも日本でも、北京に注がれていた。毛沢東が中華人民共和国の成立を宣言した1949年からすでに20年以上を経ており、冷戦構造に阻まれていた日中の和解がようやく成ろうとしていたからだ。沖縄返還協定の調印は1971年、実施は翌1972年であり、「沖縄返還」と「日中正常化」という二つの戦後処理は、いわば臍の緒で結ばれていた。その「臍

の緒」こそが尖閣問題にほかならない。

　1971年秋の国連総会は、こうして第二次大戦後に成立したヨーロッパにおいて東西を隔てる「鉄のカーテン」とアジアにおける「竹のカーテン」に阻まれた対立構造のうち、東アジアの部分、すなわち「竹のカーテン」に風穴を開け、田中訪中は、この風穴を通って実現したと見てよい。

　この大きな舞台回しの一方の主役は、むろんニクソン大統領であり、その助手キッシンジャー補佐官であることはよく知られており、この主役を迎え入れて、強烈な存在感を世界に示したのが毛沢東主席（1893～1976）であり、周恩来総理（1898～1976）であったこともよく知られている。

　たとえば周恩来は1971年4月に名古屋で開かれた世界卓球選手権大会に参加した米国の選手たちを北京に招き、「ピンポン外交」を演じて世界を驚かせた。ここでピンポン外交の舞台裏を少し説明しておく。1971年、中国政府は同年3月28日から4月7日まで日本で開催される第31回世界卓球選手権への参加を表明した。1961年から1965年まで3大会連続で団体優勝し、文化大革命以来2大会連続で不参加だった中国の卓球チームが6年ぶりに世界の舞台に立つことで大きな話題となった。当時の日本卓球協会会長（アジア卓球連盟会長兼務）・愛知工業大学学長後藤鉀二が地元名古屋での大会を成功させるべく西園寺公一（日中文化交流協会常務理事）らと協議し、「二つの中国」問題解決に必要な処置、すなわち「台湾をアジア卓球連盟から除名する」ことを決断し、直接中国に渡り周恩来と交渉を行なった結果実現したものである。

　表舞台は名古屋だが、このスポーツ・イベントを利用して、米中両国が、地下水脈を構築し、接触を重ねていたことを当時の日本人は、ほとんど知らなかった。アメリカの卓球チームを招くパフォーマンスの裏には、ニクソン招請計画が隠されていた。

　卓球チームの訪中から1ヵ月後、1971年5月23日に『ニューヨーク・タイムズ』に、在

図2　在米華人たちの意見広告「保衛釣魚台」

米華人たちの意見広告「保衛釣魚台」(図2)が掲載され、「釣魚台(日本名＝尖閣諸島)は中国の領土である」と主張した。その主張を読んで見よう。

　　ニクソン大統領および米国議会議員諸氏への公開状(意見広告)
　　日本政府および琉球政府により、釣魚台諸島に対する中国の主権が踏躙されていることについて各位に注意を呼びかけます。この問題は1968年に国連地質調査によって東シナ海の大陸棚に豊富な石油資源が埋蔵されていることが明らかになった以後に生じたものです。これらの諸島に対する中国の主権を尊重し、かつこれを確保するためにふさわしい措置を講じられるようわれわれは各位に訴えます。各位によってそのような措置がとられるならば、東アジアの紛争の原因を除去し、米中両国人民の友好を促進するでありましょう。……国務省マクロスキー報道官は1970年9月10日に、国務省は(主権問題について)中立を保つと言明しました。

　この意見広告は米国内外に大きな反響を呼び、同年10月の米上院外交委員会での沖縄返還協定公聴会にも討議用参考資料として提出され、後日公聴会記録付録にも収載されている。この意見広告は、尖閣の領有問題について「米国が中立の立場を保つ方針」を「1970年9月10日の時点」で、すでに国務省スポークスマン・マクロスキーが明らかにしたことに触れている。マクロフスキー発言を在米の保釣運動の活動家たちが知っていたことはきわめて重要であろう。ちなみに日本の国会で領有権問題が初めて議論されたのは、3ヵ月後、すなわち1970年12月8日であった。沖縄選出の國場幸昌議員が4日前の新聞報道に驚いて質問したものだ。
　意見広告から1ヵ月後、6月21日周恩来は天安門広場に面する人民大会堂福建の間で、米国からやってきた『ニューヨーク・タイムズ』の副編集長トッピング夫妻、『ウォールストリート・ジャーナル』の外報部キートレイ記者夫妻ら三組の夫婦を招いて懇談した。
　『周恩来年譜』(下巻484頁)に次の記述がある。「1971年6月21日の項。『ニューヨーク・タイムズ』助理総編輯西摩・托平(シーモア・トッピング)、

第1章　尖閣衝突は沖縄返還に始まる　17

『デイリー・ニュース』社長兼発行人威簾・阿特五徳和夫人および『ウォールストリート・ジャーナル』外事記者羅伯特・基特利（ロバート・キートレイ）夫妻と会見した」と。

　この会見は、日本ではほとんど知られていないが、尖閣問題にとっては極めて重要な出来事であった。

　キートレイ夫妻執筆の「ピンポン外交の後、キッシンジャー訪中の前に――周恩来かく語りき」によれば、周恩来は米国側に対して、「米中関係改善の前提条件」として台湾問題を挙げ、さらに台湾に付属する無人島にすぎない尖閣諸島の扱いは、台湾問題と同時に解決すべきものと指摘していたからだ。
「ひとたび台湾問題が解決されるならば、他の問題はすべて解決できる。そうすれば、中国は米国と外交関係を樹立できよう。釣魚台問題がいかにこの問題と深く関わっているかを知るには、次の周恩来発言を引用するのがよい。『釣魚台、黄尾嶼、赤尾嶼、南礁、北礁を含む島嶼は、台湾省に付属している』」と。Once (the Taiwan) problem is solved, then all other problems can be solved. The People's Republic would then be able to establish diplomatic relations with the United States. To illustrate how the issue of Tiao Yu Tai Islands is intimately related to this matter, we quote; "Taiwan Province and the islands appertaining thereto, including Tiao-yu, Huangwei, Chiwei, Nanhxiao, Peihxiao and other."(Robert Keatley, Anne Solomon, "After Ping Pong Before Kissinger," *China File,* December 31, 2012)

　ここで周恩来はわざわざ五つの島名に言及している。これは周恩来が対外的に初めて「尖閣棚上げ」を語った重要談話なのであった。この回想記によれば、「中国旅行の焦点は 6 月 21 日人民大会堂福建省の間で行われた周恩来首相の招宴であった」、「メッセージの核心は明らかだった。中国は変わりつつあり、米国と従来とは異なる条件での交渉を準備している。（周が米記者を招いたことは）その小さな証拠にすぎない。とはいえ、周首相を含めていかなる中国人も当時はこの件について詳細をおおやけに語る準備はなかった」（なお *China File* は非営利のアジア協会米中関係センター the Center on U.S.-China Relations at the Asia Society の主宰するオンライン雑誌である）。

周恩来が田中角栄との日中首脳会談で、「尖閣問題の棚上げ」を提起したのは、1972年9月である。米国のジャーナリストたちに対して、1971年6月に語ってから1年余のことであった。

　では、周恩来はなぜ棚上げを提起したのか、その真意は何か。その答は簡単明瞭、尖閣諸島は台湾に付属した島嶼であるからだ。卑近なたとえだが、仮に台湾島を小犬に例えるならば、尖閣諸島は小犬の尻尾にすぎない。「台湾自体の帰属が解決を見ない段階」で、小犬の尻尾にも似た「付属島嶼を論じても無意味だ」、「尖閣問題は台湾問題と同時に解決するほかに道はない」——これが周恩来の大局観であった。そしてこのメッセージを『ニューヨーク・タイムズ』『ウォールストリート・ジャーナル』などの幹部記者たちに対して説いたのである。

　なぜ『ニューヨーク・タイムズ』か。1971年5月23日の意見広告に明らかなように、在米華人社会の意見として「保衛釣魚台」をアピールしていたからだ。この動きを注意深く追跡しつつ、国務省の担当者たちは沖縄返還協定の条文を練り上げたのだ。しかし遺憾ながら日本政府は、この動きについて信じられないような鈍感な対応しかしなかった模様だ。少なくとも国会における問答には、あとで触れるようにまるで緊迫感が欠けていた。外交当局が「国会には内密で」努力した形跡もほとんど見られない。

　まるで蚊帳の外に置かれた日本とは大違い、外交関係にはない「敵国同然」の国から届いた、周恩来メッセージを最も的確に受け止めていた一人が上院外交委員会のフルブライト委員長にほかならない。彼は、1971年10月27日に開始された上院での沖縄返還協定公聴会の冒頭の開会挨拶で、ピンポン外交とキッシンジャー秘密訪中が国連総会を大きく動かし、中国の代表権問題が結着したことに触れて、こう述べた。

　「沖縄返還協定は長年の経済摩擦で緊張した日米関係と中国に関わる過去数ヵ月の成り行きに悩まされるわれわれの前にやってきた。米国はいまや中華人民共和国との国交正常化を求めると声明したが、政策変更は見たところ日本との協議なしに行なわれた。」（公聴会記録* *Hearings*, p.1.）

---

* *Okinawa Reversion Treaty, Hearings before the Committee of Foreign Relations, United States of Senate*, Ninety-Second Congress, First Session on Ex. J. 92.1.（以下、*Hearings* と略記する）。

このフルブライト発言ほど、当時の舞台転換をズバリ説明した言葉は探せないほどだ。一つは日米関係が繊維交渉で緊張していたこと、他方国連の場では、中国代表権の問題が大詰めを迎え、10月25日、遂に中国の国連復帰を決定したこと。
　このような日米、米中関係、そしてその影響を受ける米台、米韓関係への影響も見据えながら、米国が米中関係正常化への第一歩を日本の頭越しに始めたことを最も短い言葉で触れたのであった。
　遺憾ながら朝鮮戦争以来約20年にわたる「中国封じ込めの最前線基地」として沖縄に米軍基地の提供を強要してきた日本には、「事前協議」は一言もなかった。米国のほとんど信義に悖る豹変ぶりに対しても、抗議一つできないほどに飼育されきっていたのが日本政府である。国民もまたそのような政府に対して弱々しい批判しかできなかった。
　沖縄返還40年後に、尖閣をめぐって日中が激突したのは、このときに仕掛けられたダイナマイト（ヘイグ補佐官）が炸裂したものだ（本書31ページ）。沖縄返還協定当時の米国の背信の意味に無知で、米国に向けるべき怒りを中国に向ける倒錯した世論支配に誘導された結果と見るべきである。なぜこのような奇怪な事態がもたらされたのか。それを40年前に遡って検証することが本書の課題である。

　中国政府は1971年12月30日付で「釣魚島／尖閣諸島に関する中国外交部声明」によって、国際的に広く、釣魚台問題を公式に提起した（資料7）。同年6月末における米記者に対する周恩来ブリーフィングから半年後のことであった。返還協定調印の1週間前のことである。もう一つの中華民国外交部声明は1972年5月9日付（資料6）であり、返還協定が施行された5月15日の1週間前であった。
　内容は両者ともに「尖閣／釣魚台諸島は台湾の付属島嶼だ」という一点に尽きる。
　周恩来の見るところ、尖閣諸島の問題はあくまでも「台湾解放（統一）」の一部にすぎず、台湾問題について解決の方向すら見えない状況で尖閣を論ずることは無意味と説いたのであった。むろんすでに『ニューヨーク・タ

イムズ』の意見広告へのコメントで触れたように、1970年9月の時点で米国務省スポークスマンは尖閣領有についての米国の中立の立場を表明したことは、この問題が沖縄返還交渉の当初から返還対象の範囲画定の問題として、テーブルに乗っていたためというよりは、この時点で急に浮上した争点であることを示唆する。いいかえれば、ニクソンが「尖閣の帰属に関わる態度を最終的に決断した」のは、実に「調印の10日前、直前のこと」であった。中国の国連復帰が具体的な日程に上り、これと連動して中国の国際的な発言権が格段に強化されつつあった潮流と、米国の豹変は決して切り離せない。

この豹変に最も鈍い感度で対応しつづけ、ほとんど最後まで意識的、無意識的に無視しようとしたのが日本政府・外務省であったことは、十分に記憶されるべきである。そしてそこに仕掛けられた爆弾が40年後に爆発した。

周恩来が米記者を応接した1ヵ月後、71年7月にキッシンジャー秘密訪中が行なわれた。キッシンジャーは周恩来との間で、7月9日から11日までの3日間に4回の会談を重ねた。アメリカは泥沼化したベトナム戦争を終わらせるには、北ベトナムを後方から支援し続ける中華人民共和国の協力を必要としたため、朝鮮戦争以来20余年にわたって敵対し、「封じ込め作戦」（Containment Policy）を展開してきた中国に対する政策を大転換し、後に「関与政策」（Engagement Policy）と呼ばれる方向に大きく舵を切った。

こうした「アメリカの豹変」は、国際世論に衝撃を与え、10月25日、国連総会は常任理事国の座を北京政府に渡す決定を行い、常任理事国の座を失った中華民国（台湾）の蔣介石政府は自ら国連を脱退した。＊

＊ いわゆるアルバニア決議（第26回国連総会2758号決議）は1971年10月25日に採択された（2758 XXVI. Restoration of the lawful rights of the People's Republic of China in the United Nations）。米日等の親台湾派は、蔣介石に対して、常任理事国の一員ではなく、国連総会の加盟国の一員としてとどまるよう工作したが、これは蔣介石側が拒否した。日本は、中国の加盟を主張する1964年案と1970年案に反対票を投じた。1971年総会においても、佐藤内閣の「中華人民共和国の国連加盟は賛成するが、中華民国の議席追放反対」の方針により、「台湾追放反対決議案」の共同提案国に加わった。

こうして1971年4月のピンポン外交から10月末の中国国連復帰までの半年、世界の冷戦政治の舞台はいわば北京を基軸として一回転し、これによって長いベトナム戦争に終止符を打つ展望が開かれ、あたかもその余波を受け

つつ沖縄返還が実現した。この文脈で1971年半ばは、第二次大戦後に発展してきた冷戦構造の再編成の大きな転換点として注視すべきである。

沖縄返還はこのような転換期に行なわれた交渉であったために、その交渉の不備、あるいはツメの甘さが、際立つ。それこそが今日の尖閣問題を生み出した直接的契機なのだ。

3　尖閣問題の起源

歴史的源流をたどると、尖閣問題の起源は1895年の閣議における尖閣諸島の「無主地」(terra nullius) の「先占」(occupatio) 決定に始まるが、1945年のポツダム宣言受諾当時も、対日講和条約（サンフランシスコ平和条約）第3条（資料1）に基づき、南西諸島（琉球列島や大東島を指す）の処理が決定され、米国を施政権者とする信託統治制度の下におかれ、沖縄に対する米軍の占領行政が継続されることが決定した時点においても、尖閣諸島という固有名詞が特定されて、その扱いが問題になることは一切なかった。

この講和会議に参加しなかった中国の周恩来外相は、「対日講和問題に関する声明」（1951年8月15日）（資料4）において領土問題に関わる中国の主張を次のように述べた（[　　]内は著者矢吹）。

　　第二に、領土条項における対日平和条約のアメリカ、イギリス草案は、占領と侵略を拡げようというアメリカ政府の要求に全面的に合致するものである。一方では草案は、さきに国際連盟により日本の委任統治の下におかれていた太平洋諸島にたいする施政権の他、更に琉球諸島、小笠原群島、火山列島 [硫黄島]、西鳥島 [スプラトリー]、沖之鳥島及び南鳥島など、その施政権まで保有することをアメリカ政府に保証し、これらの島嶼の日本分離につき過去のいかなる国際協定も規定していないにもかかわらず、事実上これらの島嶼をひきつづき占領しうる権力をもたせようとしている。他方では、カイロ宣言、ヤルタ協定及びポツダム宣言などの合意を破って、草案は、ただ日本が台湾と澎湖諸島及び千島列島、樺太南部とその付近のすべての島嶼にた

いする一切の権利を放棄すると規定しているだけで、台湾と澎湖諸島を中華人民共和国へ返還すること、ならびに千島列島及び樺太南部とその付近の一切の島嶼をソビエト連邦に引渡すという合意に関しては、ただの一言も触れていない。後者の目的は、アメリカによる占領継続を覆い隠すために、ソビエト連邦にたいする緊張した関係をつくりだそうと企てている点にある。前者の目的は、アメリカ政府が中国領土である台湾のアメリカ占領を長期化することにある。しかし中国人民は、このような占領を絶対に許すことができないし、またいかなる場合でも、台湾と澎湖諸島を解放するという神聖な責務を放棄するものではない。［後略］

　沖縄返還に際しては、その前提として米国の占領行政の対象範囲を確認することから始まった。その範囲は、米琉球民政府布告第27号（USCAR 27、1953年、資料3）によって告示されていたが、それは、平和条約をふまえ、旧沖縄県の行政区画「八重山郡」の管轄範囲をそのまま踏襲したものであった（図3）。

　沖縄への占領行政が始まったとき、沖縄の地位については、さまざまの議論が行なわれたが、尖閣問題についての議論は皆無であったように思われる。当時、当面の課題とされたのは奄美大島の復帰であり、沖縄本島や八重山群島の地位については、日本本土から切り離すさまざまの言説が行われていた。沖縄の独立を主張する動きさえ、沖縄諮詢会の投票では20票中3票を占めた。
＊

＊　1946年4月沖縄諮詢会を解散して、沖縄民政府議会に改組したときの投票結果。沖縄諮詢会（Okinawa Advisory Council）は、1945年8月15日の石川民間人収容所における琉球列島米国軍政府の招集による住民代表者会議の結果、1945年8月20日に美里村石川に設けられた琉球列島米国軍政府の諮問機関で、沖縄戦による沖縄県庁解体後、沖縄本島における最初の行政機構である。以後、1946年に「沖縄民政府」が創設されるまで、米軍政府と沖縄諸島住民との意思疎通機関としての役割を果たすことになった。

　尖閣諸島の扱いが突然浮上したのは、沖縄返還交渉の終盤段階からであった。一般には無人島が問題となり始めたのはエカフェ（ECAFE）の調査報告

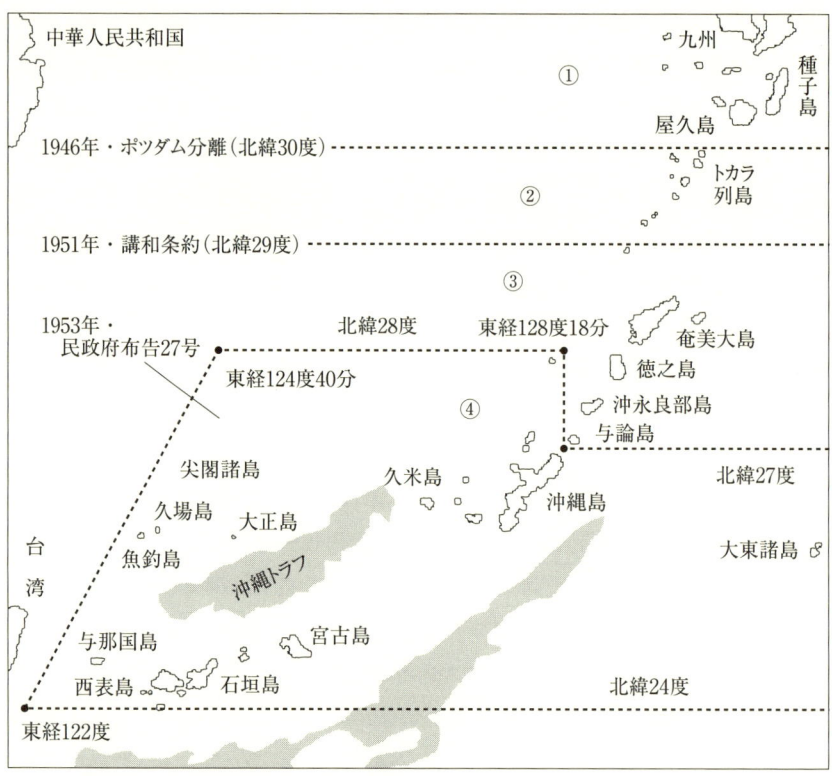

図3　敗戦から沖縄返還までの四段階

①ポツダム分離、北緯30度、1946年1月29日。
②対日講和条約、北緯29度、1951年12月5日。
③民政府布告27号（奄美返還、琉球列島米国民政府及び琉球政府の管轄区域の再指定）、1953年12月25日。北緯28度・東経124度40分を起点とし、北緯24度・東経122度、北緯24度・東経133度、北緯27度・東経131度50分、北緯27度・東経128度18分、北緯28度・東経128度18分の点を経て起点に至る。
④沖縄施政権返還、1971年6月。

（本書109ページ）がこの海域における石油資源に言及して以後のことと認識されている。なるほど当時は経済成長に伴うエネルギー資源の確保が問題になっており、関心がより深まったことは事実である。

　しかしながら、この無人島は、日中のまさに境界線に位置して、古来海上交通の一経過地点として認識されてきたのであり、この地域に日中境界線を

引こうとすると、争いになりやすい場所に位置していた。石油資源が火をつけたのは事実だが、石油報道がないとしても、日中間に境界線を引こうとすれば、必ずここが尖点になる位置にあった。古賀辰四郎がいわゆる「無主地」を発見してから、日本内閣が「先占」を密かに決定する（ただし公表せず）までにおよそ10年の歳月を費やしている。この諸島が日中（台）三者の接点という微妙な位置にあるからだ。

* 古賀辰四郎（1856〜1918）、福岡県八女生まれ。実家は茶の栽培と販売。那覇に渡り、寄留商人として茶と海産物を扱う古賀商店を開業。1895年魚釣島、久場島、南小島、北小島の4島を明治政府から無料で借り受け、開拓に従事。1932年には辰四郎長男の古賀善次が4島を国から払い下げを受けたが、40年頃から戦時色が強まり、島々は放置されて、終戦をむかえた。平岡昭利『アホウドリと「帝国」日本の拡大』明石書店、2012年を参照。なお久場島は1955年以来米軍が射爆撃場として使用し、翌1956年以来、大正島（国有地）も射爆撃場として使用され、沖縄返還の際は、非返還基地のAリストに掲げられた。1972年辰四郎の子古賀善次は南小島、北小島を栗原国起に譲渡し、78年には魚釣島も栗原に譲渡した。2012年日本政府は、米軍射爆撃場の久場島をのぞき、栗原国起所有の魚釣島、南小島、北小島の3島を国有化した。

　グラント米元大統領（Ulysses Simpson Grant, 1822〜1885）が「李鴻章の沖縄三分割提案」（奄美大島までは日本、沖縄本島は「中立の独立国」、宮古と、石垣島・西表島など八重山は清国にという案）を明治天皇に伝えたのは1879年7月4日、古賀辰四郎が「無主地を発見」し、沖縄県知事が「国標を立てたい」とする上申書を出したのは1885年、閣議決定は上申から10年後の1895年1月であった。当時は石油資源の話は一切なく、漁業資源やアホウドリの羽が資源として認識されていたにすぎない。「石油が出るから騒ぎになった」としばしば語られるが、日清・日中の国境線を引こうとすれば必ずその境界線になり、争奪戦は避けられない位置に、この島嶼は位置していた。

　清朝は7歳の光緒帝の代わりに軍機大臣だった恭親王・愛新覚羅奕訢（えききん）（咸豊帝の弟）がグラント将軍を接待した。グラントの『世界旅行記』（*Around the World with Genral Grant,* the American News Co., 1879）で Prince Kung と表記されている恭親王が、天津の直隷総督兼北洋通商大臣・李鴻章（Viceroy, Li Hung Chang）とともに、日清間の「琉球所属問題」を持ち出し大いにグラン

トに訴えた。グラントは清朝のこの伝言を明治天皇に伝えるために、1879年7月4日と8月10日、二度にわたって明治天皇の謁見を受け、その間に、内務卿伊藤博文、陸軍卿西郷従道と協議を重ねたのであった（松井順時編『琉球事件』1880年2月）。

4 沖縄返還にかかわる台湾のクレーム

本書の結論をここにあらかじめ提示しておく。沖縄返還交渉の最後の時点で、当時米国と外交関係をもつ台湾政府はニクソン政権に対して、日本への沖縄返還にクレームをつけた。たとえば米国国家安全保障会議の東アジア担当作戦スタッフ、ジョン・ホルドリッジによれば、1969年11月14日に中華民国が沖縄住民による県民投票（plebiscite）によって沖縄返還の是非を確認せよと提案している（*FRUS*, 45, 44）。この発想はカイロ会談当時に蔣介石が提案した沖縄に対する「中米共同管理」構想の系であることはいうまでもない。というのは日中戦争と戦後処理を通じて、蔣介石は、カイロ会談以来、一貫して沖縄の地位についていくつかの提案を行っており、その延長線上で、沖縄返還にクレームをつけてきていたのだ。

* *FRUS*, 1969-1976, Volume XVII, China, 1969-1972, Department of State, United States Government Printing Office Washington,2006、全1,230ページ（*FRUS*, 45のように文書番号で示す）。

尖閣諸島の領有権

しかしまもなく中華民国は沖縄返還と尖閣諸島を切り離して論ずるようになり、「沖縄返還は是認するが、尖閣諸島釣魚台返還には強く反対する」立場を主張するようになった。すなわち蔣介石政府は沖縄返還の内容に尖閣諸島が含まれることを知った1970年9月16日、4ページからなる「口上書」（Note Verbale）を国務省東アジア担当次官補グリーンに提出した（*FRUS*, 61）。

外交慣例からして、この「口上書」自体は公表されていないが、国務省のトマス・シュースミス（当時国務省東アジア太平洋局中華民国担当のカントリーディレクター）が、尖閣諸島の日本管理に反対して台北で学生デモが行

われた背景を説明しつつ、要約した文書があり、そこには要旨が次のようにまとめられていた。「(台北の米国)大使館が判断するには、デモのイニシヤチブは政府よりは学生の発意によるものだ。しかしながら政府はおそらくは若者の愛国主義に反対せず暗黙のうちに承認しており、これは米国の対台湾政策と石油開発の一時的禁止措置への不満から生じたものだ」(FRUS, 76)。

学生の抗議デモは米国と香港でも行われた。71年4月12日のホワイトハウス録音は、周書楷大使が尖閣諸島の最終的扱いは未定としておくこと、この問題は中華民国が自らを守る方策だとニクソンに強調したことを示している(シュースミスのメモおよびニクソン大統領文書、ホワイトハウス録音シリーズ所収の、1971年4月12日のニクソンとキッシンジャーの会話記録、FRUS, 113)。

尖閣切り離し論を支える象徴的な動きは、『ニューヨーク・タイムズ』の前掲の意見広告である。これによれば、1970年9月には、尖閣諸島の主権についてのアメリカにある中立論はこれらの活動家たちも知る情報となっており、それから9ヵ月後に意見広告が実現した。

ジョン・ホルドリッジがキッシンジャーのために要約した「尖閣諸島に対する中華民国の要求」には、以下のように書かれていた。

　　キッシンジャー氏が尖閣諸島に対する中華民国の要求に関する情報を求めた。直近の要約は、(71年)3月15日在米中華民国大使館から国務省に届けられた尖閣諸島に対する中華民国の口上書(Note Verbale)である。その要点は以下の通り。
　　――15世紀の中国の歴史書には、尖閣が台湾と独立した琉球王国とを隔てるものと考えられていたことが記録されている。――尖閣諸島の地質構造は台湾に付属した他の諸島と類似している。尖閣は琉球よりは台湾により近く、大陸棚の端に位置する沖縄トラフ(海深2000メートル)によって隔てられている。――台湾の漁民は伝統的に尖閣諸島地域で漁業を行い、これらの諸島を釣魚台諸島と呼んできた。――日本政府は1895年の日清戦争後に台湾と澎湖諸島が割譲されるまでは、尖閣諸島を沖縄県に編入しなかった。――中華民国はこれまで地域的

安全保障の見地から、米国がサンフランシスコ平和条約第3条に基づいて軍事占領を行うことに対して異議申し立てをしなかった。しかしながら国際法によれば、ある地域に対する一時的な軍事占領によってその主権の最終決定が影響されることはない。——琉球列島に対する米国の占領が 1972 年に終了することに鑑みて、米国が尖閣諸島に対する中華民国の主権を尊重し、中華民国に返還されるよう要求する (*FRUS*, 115)。

中華民国の駐米大使周書楷は 1971 年 4 月 12 日ニクソンを訪ねて離任の挨拶を行い、次のように脅迫ともとれる発言を行ったことが、国務省の記録に収められている。「周書楷はそこで尖閣諸島の問題を持ち出した。これは中国の国益防衛と関わる。もし台湾が国益を失うならば、知識人や海外華僑は『向こう側に行かざるを得ない』と感じるだろう［台湾支持をやめて北京支持に転ずるの意］。尖閣諸島が沖縄の一部だとする国務省の言明はすでに暴力的な反発を招いている。それは海外華僑の運動を招くであろう」(*FRUS*, 113)。

周書楷大使は、以上の引用から察せられるように、尖閣問題について、もし米国が国民党政権の利益を守らないならば、知識人や華人華僑が大陸の共産党政権の側になびくと警告したのであり、これはほとんど米国を脅迫するにも似た強い主張であったと読める。

米政権内での強い異論

では国務省は、中華民国政府の要求を受けて、どのような態度であったのか、国務省のコメントは、以下のごとくであった。

「容易に想定できるように、日本政府もまたこれらの中華民国政府の主張を覆すような論点を挙げて、尖閣諸島は日本のものと主張するであろう」、「国務省の立場は 1945 年に琉球と尖閣を占領し、1972 年に返還する立場は、次のようなものだ。すなわち対立するクレームについては、いかなる部分についても、いかなる判断も行わない。それらは関係諸国間で直接に解決すべきである」。

米国はこうして、日台の対立する要求に判断を行わず、「両者間の直接解決を求める」、米国は日台の争いに対して「中立の立場を保持する」方針に転じたのであった。国務省当局の、この「中立」策がどのようにして生まれたか、その背景は必ずしも明らかではない。しかしこの「中立」策を初めて耳にしたキッシンジャーの反応が興味深い。国務省のファイルを整理した編集担当者は、キッシンジャーの見解を次のように紹介した。

　　（ホルドリッジのメモへの）キッシンジャーの手書きメモは「日本に返還しつつ、中立を語るのはナンセンスではないか。より中立的立場は、どのようにして保てるか」と問うている。キッシンジャーは初めて国務省の原案に接して違和感を抱いたのだ。尖閣諸島を日本に返還する以上は、米国はもはや「中立ではない」と考えたものであろう。そしてキッシンジャーは、米国の「中立の立場」をより明確に打ち出す手はないものかと部下に対案提出を指示したのだ（FRUS, 115, n.3）。

　ちなみに繊維交渉のために日本、台湾、韓国に派遣されたケネディ特使（当時財務長官兼任）の見解は、ピーターソン補佐官（国際経済問題担当）からニクソン大統領へのメモによれば、日本に対してより厳しいものであった。曰く「尖閣は歴史的にも地理的にも沖縄列島の一部ではない。日本への施政権返還は台湾のメンツをつぶすものだ。尖閣諸島の帰属問題は係争中であるから、紛争解決まで『米国預かり』とすべきだ。万一、尖閣の施政権を一度日本に返還してしまえば、日本がそれを台湾のために譲ることは決してありえないと台湾は強く感じている。私は、台湾に渡せというのではない。日本への施政権返還ではなく、むしろ現状維持のために知恵を出してはどうか」（71年6月7日付、FRUS, 133）。

　尖閣諸島の日本返還について、返還直前になってニクソン政権内部で強い異論が生まれていたことが窺われる。こうした紆余曲折の上、6月7日にニクソンが最終的に決断した。

返還協定調印直前の決定

　ニクソン大統領の補佐官ピーターソンから在台北のディビッド・ケネディ宛てに送った極秘メッセージ（FRUS, 134, 71年6月8日付）は、沖縄返還協定に尖閣を含める決定がニクソンによって行なわれたのは、実に調印の10日前であったことを生々しく伝えている。最終的決断がギリギリまで延びたのは、米国が外交関係を保持していた中華民国の蔣介石総統の強い交渉態度と国際環境によるとみてよい。この極秘資料には、「ケネディ特使限り」、「大使親展」（Secret; Eyes Only for Amb Kennedy）と特記されている。この資料によると、ピーターソン補佐官はケネディ特使宛てに次のように経過を説明している。
「長い議論の挙げ句、尖閣についての大統領の決断は、（米日返還交渉が）あまりにも深く行われ、たくさんの約束を行ってきたので、もはや（交渉を振り出しには）戻せないというものだ」。ここでピーターソンが「長い議論」というのは、佐藤・ニクソン共同声明以来の時間を指すが、より直接的には6月7日午後3時25分から4時10分まで45分間の議論を指す。ニクソン、キッシンジャー、ピーターソンの3名は、これまでの議論に最終結着を行うべく、キャンプディビッドで最終的な協議を行っていた（FRUS, 134）。

　国務省のアレクシス・ジョンソン次官（1969年1月まで駐日大使、肩書は当時）からロジャース長官に宛てた電報によると、「キッシンジャーはジョンソンが用意していた資料を用いて解決に乗り出したのだ。そして6月7日に『尖閣については米国のこれまでの立場を変えない』とする大統領の決裁を得た」（FRUS, 134）。「これまでの立場」とは、「尖閣を含めた沖縄」の日本への返還（ただし施政権のみの返還）である。

　むろん中華民国政府はこれに納得しないであろうが、これは懸案を米国が長らく放置してきたからだ。6月7日朝、キッシンジャーはジョンソンと電話で尖閣問題を話し合った。そのときジョンソンはキッシンジャーにこう説明した。「米国が適用しようとしている原則」は、日本から「施政権を受け取った」ので、「その権利状態を損なうことなく、そのまま日本に返還する」（*Annex to Hearings*, p.91）、日台［中］間の領有権争いについては「米国は立場をとらない」（FRUS, 134）というものだ。

「私はケネディ特使の電報を大統領に示して、重要箇所は読み直しながら説明した」(FRUS, 133, n.2) とピーターソンは書いている。大統領は「日本への尖閣返還」を決断するほかなかったことを［中華民国のために］深く遺憾とするが、これ以外に方法はなかったのだと弁解しつつ、中華民国の「今後の良好な」防衛体制を点検するために、「軍事担当の大統領特使を８月に台北に派遣する」よう私（ピーターソン）に指示した。これは10月初めまで実行されるに至らなかった。

国家安全保障会議のヘイグ補佐官代理宛の10月5日付覚書で、国家安全保障会議のホルドリッジはこう書いている。「ピーターソンの事務所から私（ホルドリッジ）に連絡してきたところでは、台湾にまだ軍事支援使節が派遣されていないことに留意されたい」と。ホルドリッジはこう返答した。「中華民国に対するケネディ特使の約束もあり、軍事特使の派遣延期は台湾側に疑念を抱かせるおそれがあるので、すみやかに適当な将官を台湾に派遣すべきである」。

ヘイグの手書きメモの末尾には、「畜生め、これはダイナマイトだ。いずれにせよ、繊維交渉がまとまるまで、待つべきだ」(FRUS, 134, n.4) と書かれている。このこと［日本への尖閣返還決定を指す］が繊維交渉の最終局面を難しくするし、８月は議会が休会になるので、「特使派遣は８月がよい」と指摘した。あなたの仕事をこれ以上ややこしいものとしないためには、とロジャースに提案したのであった。

台湾への配慮

在台北のケネディ特使が蔣経国にニクソンの決定を通告した経緯を国務省の極秘文書「バックチャネル・メッセージ」(Backchannel message from Kennedy to Peterson, June 9, FRUS, 134) は、こう記録している。「バックチャネル」とは、言い得て妙だが、大統領補佐官から「ケネディ特使親展」として特使だけに宛てた極秘メッセージである。これを受け取ってケネディ特使は、「6月7日、尖閣の［日本］返還決定を蔣経国に伝えた」のであった。

このとき蔣経国は、米国政府が沖縄返還協定の調印時に際して、尖閣の最終的地位が決定されていないこと、この問題はすべての関係国によって決定

されるべきことを「categorically(明確に断言する形で)」言明するよう要求したのであった。

　この蔣経国の要求に対して、国務省は真摯に対応した。まずロジャース国務長官から愛知揆一外相との間で行われた1971年6月10日のパリ会談で伝えられた(Alexis Johnson Files: Lot 96 D 695, Kissinger, Henry, 1971)。つまり国務省ジョンソン国務次官の指示にしたがって、ロジャースは愛知に「返還協定の調印前に中華民国と協議すること」を求めた。曰く「日本は調印前に台北と話し合いをぜひとも行ってほしい」と強く懇願したのだ。それだけではない。国務省は調印日の6月17日に尖閣の「対日返還は施政権のみの返還」であること、「主権ではないこと」を改めて明確に内外に言明しつつ、「これは中華民国の潜在請求権を損なうものではない」と特に強調したのであった。

　日中・日台の尖閣衝突は、ここに始まる。ダイナマイトはこのときに埋められたのだ。このときの日本外務省と政府の対応はまことにお寒い限りとしか評すべき言葉のない体たらくであった。問題の核心を理解して的確な対応をしたとは到底いえないことは40年後に暴露された通りである。

アメリカから日本への「懇願」

　蔣介石からのクレームに言及しつつ、ロジャース国務長官は1971年6月10日、パリで行なわれた愛知揆一外相との会談で、日本側に話を持ち出した。日本国パリ駐在大使館中山賀博大使から外務省本省宛ての極秘電報(図4、資料8)はこう書いている。

> 冒頭、ロジャース長官より、(大部分の問題は既に解決を見ているが)若干の点についてお話したいとして、まず尖閣諸島問題につき、国府は、本件に関する一般国民の反応(台湾の世論を指す)に対し、非常に憂慮しており(米国政府に対しても、国府から圧力をかけてきている[これは極秘電に対する外務省担当者の注釈である])、本件について<u>日本政府がその法的立場を害することなく、何らかの方法で、われわれを助けていただければありがたい</u>と述べ、例えば、本件につきなるべく

I　沖縄返還協定と尖閣問題

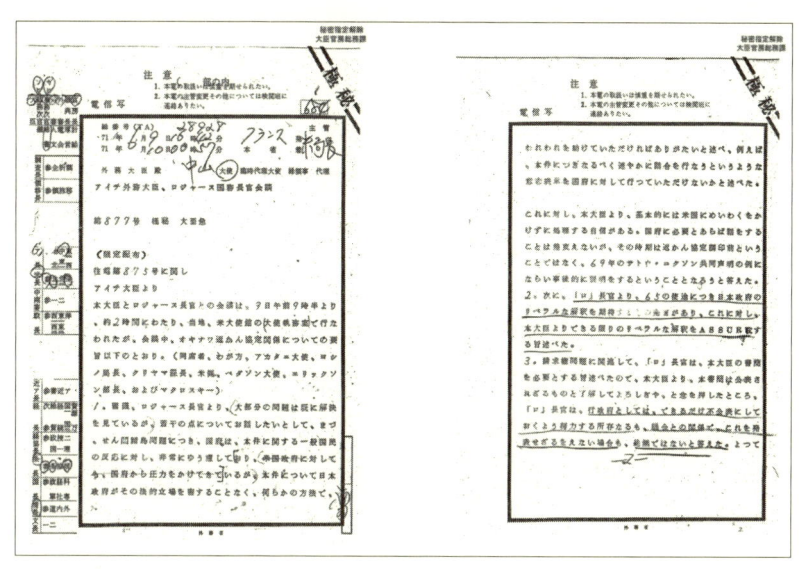

図4 愛知・ロジャース会談を伝える極秘電報

速やかに話合を行なうというような意思表示を国府に対して行つていただけないかと述べた。これに対し、愛知大臣より、基本的には米国に迷惑をかけずに処理する自信がある。国府に必要とあらば話をすることは差支えないが、その時期は返還協定調印前ということではなく、1969年の佐藤栄作・ニクソン共同声明の例にならい事後的に説明をするということとなろうと答えた。

　この極秘電報において、いま著者が下線を付した部分の「言い回し」は意味深長である。国務省は日本に対して内政干渉を行う意図はないとして一見、日本の自主性を尊重しつつ（日本政府がその法的立場を害することなく）、台湾との妥協を要求している。「助けていただければありがたい」という「懇願」（外交辞令）のウラに潜む属国に対する「事実上の指示」にも似たニュアンスを読み取るべきであろう。
　こうしてロジャースは中華民国に対しては「施政権と領有権」の分離返還（すなわち中華民国の主権留保）で了解を求めつつ、日本に対しては「施政権のみ」の返還だと指摘し、かつ、台湾政府との協議を要求した。
　あえてもう一つ加えれば、この時点でロジャースは、中華民国に対して行っ

第1章　尖閣衝突は沖縄返還に始まる　　33

た説明を中華人民共和国に対しても行う手筈を整えていた。そのことは 10 月 27 日に上院外交委員会公聴会で行なわれたロジャース報告にも一端が窺える。こうして表向きは日本に対する沖縄返還だが、キッシンジャーたちの視線は北京に注がれ、これを警戒する台北の慰撫工作に意を用いていたのであった。

　愛知・ロジャース会談についての日本外務省極秘報告から、沖縄返還交渉の最後のツメが読み取れる。尖閣の運命はここで決められたのだ。しかしながら、国民は米国の 2000 年（協定以後 30 年）の情報公開まで何も知らされなかった。

　ロジャース長官・愛知外相によるパリでの会談の 1 週間後に沖縄返還協定は調印された。繰り返すが、調印直前の段階で、ロジャース長官が、「米国を助けてほしい」と日本に懇願した形になっている。これは「協定の調印以前に、日本が台湾政府と協議を行なってほしい」というものだ。愛知外相は「返還協定の調印後に、事後説明を行う」と返答した。

　中島敏次郎外務省条約課長は、台湾への説明について、「知らない」「行われなかった」旨を語っているが（本書第 6 章）、これは虚偽証言であろう[*]。ピーターソン補佐官がソウル滞在中のケネディ特使に宛てた電報によると「6 月 15 日東京で愛知外相は尖閣問題を協議するために（to discuss Senkaku issue）中華民国駐日大使彭孟緝と会談した」と報告されている（*FRUS*, 134, n6）。しかしながら米国務省資料を読むと、日台協議は行われたが、ものわかれに終わったことが明記されている。調印後の 7 月 12 日に蔣経国はマコノイ大使（台北駐在）に対して「日台協議は行われたが、日本側は主題について意味のある対話を拒否した」（the Japanese so far have refused to talk in any meaningful way on the subject）と苦情を述べたことが明記されている（*FRUS*, 134, n.6）。

[*]　春名幹男氏は「尖閣領有アメリカは日本を裏切った」（『文藝春秋』2013 年 7 月号）で、台湾との協議についてのロジャース長官の要請について、「会談冒頭とはいえ、極めて抽象的なやり取りで、外務省は虚を衝かれ、アメリカの真意を受け取り損ねたともいえる」と評しているが、それまでの経緯からしてロジャース長官の趣旨は明らかであって、春名氏の評価は、日本外務省の重大な責任を免罪するものと私には思われる。

ロジャース国務長官の「懇願」を軽く扱った日本政府はその後、煮え湯を呑まされることになる。すなわち今日の尖閣紛争において、何ら有効な手段を持たない日本外交のジレンマなのだ。
　米国政府は、在米華人や留学生たちが保釣運動のために、『ニューヨーク・タイムズ』で意見広告を行ったこと、中華民国政府からも強い抗議が届いていたことに留意した事実はすでに触れた。実は米国政府が当時国交関係にあった中華民国側の動きよりもはるかに重視していたのは、周恩来の意向であったように見える。ニクソン・キッシンジャー政権は、沖縄返還の実質から尖閣諸島の扱いを切り離すことの高度に政治的な意味を熟考していたのではないか。表向きは尖閣についての一見「台湾への譲歩」だが、同時にこれは「北京に向けた微笑外交」の側面をもっていた。この裏面は、あたかも隠し絵のように、その後40年を経て、いっそう鮮やかに浮かび上がる。

　ニクソン政権が台湾の蔣介石政権に対してここまで丁寧な対応を行ったのは、日中戦争当時からカイロ宣言、ポツダム宣言に至るまで同盟軍であり、戦後は反共陣営の最前線の闘士として蔣介石を位置づけてきたおよそ30年の同盟関係史を踏まえたものである。そこから「尖閣抜きの沖縄返還」を主張する蔣介石の要求をニクソンはまず拒否したが、その根拠は「沖縄への残存主権をもつ日本」に「そのまま返還する」という論理からにほかならない。こうして日本が沖縄に対してもつ「残存主権」という新造語は、沖縄に対する「米軍統治の合法性」を保証する論理となり、同時にまた「沖縄返還の論理」ともなった。
　ここまでは論理の世界である。しかし、この「返還」とは「施政権のみ」の返還にすぎず、主権＝領有権とは、範疇的に区別されることをあえて、強調した。その理由は、蔣介石＝蔣経国父子の強い要求を容れたものである経過がいまや十分に明らかになった。実は、ここで米国の立場は、表向きは米国が外交関係をもつ中華民国のクレームを受け入れた形だが、ホワイトハウスも国務省も、中華民国（台湾）に対するサービスはそのまま中華人民共和国（大陸）へのサービスに直結することを当然ながら計算していたはずだ。
　こうして、尖閣返還は「施政権のみ」と限定する論理は、その後米国が日

中台関係に介入するうえでのピナクル＝尖角と化した。これは最初から意図した陰謀というよりは、苦し紛れの方便から生まれた窮余の一策にすぎないことは、経過を見れば分かる。とはいえ、「窮余の一策」もまた次の展開にとって「重要な布石」に転化できよう。それが外交的知恵の使い所ではないか。

5　沖縄返還をしぶしぶ認めた蔣介石

　沖縄返還前夜の1967年、返還交渉をめぐり、佐藤首相が蔣介石総統と会談していた。沖縄返還からおよそ30年後、『琉球新報』（2000年5月29日付）は、沖縄返還交渉の原点となった日米共同声明に先立って行われた佐藤・蔣介石会談を次のように報じている。

> 　沖縄復帰問題が大きく進展した1967年11月の日米首脳会談の2ヵ月前、佐藤栄作首相が台湾で蔣介石総統と会談し、沖縄の日本復帰が実現しても「米国の極東防衛体制の弱体化を招くことは本意ではない」と、沖縄の米軍基地機能を引き続き維持する考えを伝えていたことが、[2000年5月] 28日付で公開された外交文書から明らかになった。首相は同年11月のジョンソン米大統領との会談でこの考えを明確に表明。米側は返還時期や、返還後の基地の態様について言及を避けつつ、沖縄の施政権返還の方針を初めて示した。当時、中国の脅威を深刻に受け止めていた台湾から沖縄返還交渉への了承を得るため、首相は対米交渉方針を事前に伝達した。蔣総統は中国への大陸反攻に理解を求めたが、首相は「憲法は軍事的介入を禁止している」と拒んだ。
> 　――会談は9月8日に2回［午後の会談と夜の宴会での対話］行われ、沖縄問題は第二回会談で取り上げられた。この中で首相は「日本国民、沖縄住民は『沖縄の復帰』を願っている。自分も沖縄復帰を完成せねば、戦後は終わらぬという気持ちを持っている」と切り出し、沖縄返還後も米極東防衛体制を維持する考えを示した。総統は「沖縄問題は合理的に解決する日が来ると思う。しかし、すぐではない。日本国民もそう急がないでもよいのではないか」などと応じた。

蔣介石はこのような言い方で佐藤を牽制したが、そこには米軍の駐留を望む気持ちと、もし返還するならば、そこに一言注文をつけたい思惑が潜んでいたはずである。後者は『蔣介石日記』に明らかだが、日本側はこの側面をほとんど認識できていない。解説は続く。

　　これに先立つ第一回会談で、総統は中国の核について「アジア諸国は深刻な不安を感じている」などと指摘、中国打倒を訴えた。首相はこの後、東南アジア歴訪を経て訪米。ジョンソン大統領との会談で、沖縄が復帰しても極東の戦略的安全を阻害しない考えを伝え、両3年内に返還時期について合意すべきだと求めた。

　これらの事実を解説しつつ、同紙は佐藤の台湾訪問の目的が「沖縄返還に関する台湾の懸念を打ち消す努力をしたという米国向けのアリバイづくりだった」「台湾や韓国は当時、沖縄返還に伴う米軍基地機能の低下を非常に危ぐしていた。実際、蔣介石総統は会談で間接的に返還に反対している」と解説したが、蔣介石の意向は、これらの報道ではほとんど分からない。
　1967年9月8日、佐藤との会談を終えて、蔣介石は『日記』にこう記した。

　　招宴において佐藤が琉球問題を提起したので、私はこれを存分に話した。事柄の性質は米国の思惑よりも重大だ。名義上台湾は信託管理権を放棄するすべはないが、この問題に佐藤は然りと同意した（在宴請中佐藤提琉球問題余乃與之暢談、此事性質重要與美國之意度、現時在名義上無法放棄其託管權之理由彼甚以為然）。9月9日、昨晩招宴の後、佐藤栄作はソ連問題と琉球問題を再度提起した。私と佐藤、両者の見解は［共産主義の脅威に対する認識では］同じであり、食い違いはない。私が思うに佐藤の政治的言行は比較的実際的であり、私は「琉球の日本返還に反対しない」態度を明言した。わが国民党の政策は、琉球を勝ち取る方針ではないが、共産党は「琉球を中国に帰還させようとする」ばかりでなく、「日本への返還に反対」している（昨(8)晩宴後佐藤再提

赤俄與琉球問題彼此意見相同並無出入之處、余認為佐藤政治言行比較實際可行余對琉球一節對於歸還日本並不採取表示反對之態度明言。我國民黨政策並無爭取琉球之方針但共匪則不僅要琉球歸還中國而且與北韓亦然受其統治不可之野心甚明以提醒對共匪之（警?）黨非由我光復大陸日本無法生存之意作間接之示意彼似甚動容余認為此次佐藤來訪乃可增加其對我攻意義之重要而其結果如何自不得而知耳）（『蔣介石日記』フーバー図書館蔵）。

蔣介石のこの言明は、重要である。蔣介石の大陸反攻を「支持できない」という佐藤の態度はもどかしいが、大陸の北京政府がもし琉球「返還」を要求しているならば、蔣介石としてはこれに反対する、すなわち「日本への返還に反対しない」という態度を採る。蔣介石がここで「明言した」と記しているのは、初めて日本側に伝えたことを強調する狙いが読み取れる。逆にいえば、この佐藤会談までは、蔣介石は沖縄返還に反対であり、国連の信託統治か、さもなくば米台による共同管理を、少なくとも表向きとしては方針としていたことを意味しよう。蔣介石はここでカイロ宣言以来の立場をようやく修正し始めたことになる*。

* 日清戦争の敗北を踏まえて行なわれた下関条約＝馬関条約において、清国は台湾割譲にともない、初めて琉球諸島に対する日本主権を正式に認めた。この際、日本側は、尖閣諸島は琉球諸島に含まれているという立場から、尖閣を含む琉球列島の日本帰属を清国が認めたものと理解したのである。しかしながら、清国の継承国家である中華民国の蔣介石は 1943 年 11 月 23 日カイロ会談翌日の『蔣介石日記』に戦後処理案として尖閣を含む琉球を「中華民国と米国の共同管理」とするよう提案した事実が重要だ。1945 年 8 月の日本投降、中華民国から見ると 10 月 10 日の光復により、下関条約は再度見直されることになり、台湾及び澎湖諸島の返還は当然のこととして、中華民国は沖縄諸島に対する主権回復も主張した。これは 1943 年中華民国外交部長宋子文の言明以来、日本の敗色が濃くなるにつれてしばしば強調された。

6 沖縄返還の内実

沖縄返還をめぐる尖閣の扱いについての台北と北京の攻勢は、1971 年 10

月末に行われた米上院の外交委員会公聴会に向けて行われた。米国は、台湾の抗議や今後に予想される米中関係の展開を先取りして、慎重に考慮して沖縄返還とは、「施政権の返還」であり、「領有権の返還」ではない、と巧みな二枚舌を用いた。日本政府はこれに対して一片の抗議すらすることなく、単に「米国の事情を忖度する」にとどめた。なんとも歯がゆい属国根性丸出しの奴隷外交であった。他方、これを追及する野党の声も、いささか迫力を欠き、言い放しに終わった（本書第5章）。

2012年の時点で衝突の発生後に、「歴史的にも国際的にも日本固有の領土」と決まり文句を並べることしかできず、他方米国は「中立」を強調して、沖縄返還交渉での曖昧さはそのまま再現された。「外交不在、政治不在」はいま極点に達しつつある。

沖縄返還劇の背後にライシャワーの陰謀とさえ呼んでよいほどの提案の存在していた。沖縄返還は一般に、佐藤首相の日米共同声明（1967年11月15日）に始まると受け取られているが、実はその共同声明の2年前に陰謀が練られていた。

1965年7月16日付極秘文書によれば、当時の駐日大使エドウィン・O・ライシャワーが沖縄の「核つき、基地つき返還」のシナリオを提案していた。米国公文書館は1996年に、30年期限が過ぎた資料として「ライシャワー大使と陸軍高官たちとの沖縄についての極秘会合の記録」（Record Number 79651, Memorandum of Conversation "U.S. Policy in the Ryukyu Islands," July 16, 1965）を公開した。これはワシントンで陸軍長官と副長官など4人の陸軍高官、国務省官僚2人との極秘の会合で、ライシャワーが述べた分析である。

ライシャワーは1963年までは米国が沖縄を撤退する期限について憂慮したことはなかったが、ベトナム戦争の深刻化に伴い日本と沖縄における米国への反感や沖縄の復帰運動が高まる現実を見て、米国が沖縄を占領できる「残された時間」は短いと判断した。そこでライシャワーは「米国に有利な条件」を伴いながら、表向きは「日本に返還する」ことによって、自民党に花をもたせ、自民党にも米国にも有利な解決法を提案した。「もし日本が、沖縄を含む日本に核兵器を受け入れ、軍事的危機に際して沖縄の実質支配を米軍司令官たちにまかせると保証してくれるなら、施政権または『完全な主権（full sovereignty)』が日本に返還されても、われわれの基地を沖縄に保持することができよう」("U.S. Policy in the Ryukyu Islands," p.5.)。

『沖縄の怒』の著者は、怒りを込めて次のように告発している。「日本の完全主権による沖縄返還という表向きの言辞さえ提供すれば、基地は米国が自由に使用できますと言っている。『日本生まれで、日本人妻を持ち、日本の立場に配慮する名大使』であったとの評判を今でも保持するライシャワーが、占領者・植民者意識を露骨に表現した場面である。ライシャワーはロバート・マクナマラ国防長官とも会って、返還案を提案し、マクナマラの指示で、マクナマラとディーン・ラスク国務長官に文書として提出した。そして結果的に返還の形態はライシャワーの提案通りになっている」(ガバン・マコーマック、乗松聡子『沖縄の〈怒〉――日米への抵抗』法律文化社、2013年、53-54ページ)。

ここでライシャワーが返還以後について「フル・ソブリンティ(full sovereignty)」を語っていることは、この時点で米国政府が、事態をこのように認識していたことの証左となるものだ。ライシャワー証言に見られる「フル・ソブリンティ(full sovereignty)」が「単なる施政権のみ」と、「完全な主権」から区別される観念に豹変したのは、協定調印の直前であった。

しかも意志決定の当事者の一人であったキッシンジャーでさえ、4月13日の時点では、「ナンセンス提案」と一時は感じたほどの非論理的な扱いであった。ホルドリッジからキッシジャー宛1971年4月13日メモによると、米国は日台の対立する要求に評価を加えず、両者の解決を求める、すなわち日台の争いに対して「中立」の立場を保持する方針を採用した。ここで「尖閣を日本に返還しつつ」、なおかつ「尖閣の主権については中立の立場」を堅持するという国務省原案を知って、キッシンジャーは当初「ナンセンス」と批判した。すなわち「日本に返還しつつ、中立を語るのはナンセンスだ。より中立的立場は、どのようにしたら保てるか」と問うた。このときキッシンジャーは、「尖閣諸島の日本返還案」ではなく、「より米国の中立性を際立たせる案」を模索していたことが分かる(本書29ページでも触れた)。

沖縄「返還」の過程は、「現状維持」であったばかりでなく、返還というよりは、実際には「購入」であった。日本が基地存続を望んでいると分かると、米国は日本から引き出す値段を考えた。米国は正式に6.5億ドル(2340

億円）を、一括払いで要求した。「これは 1965 年に日韓関係の正常化に際して日本が韓国反政府に払った 5 億ドルと比べて桁外れであった」（『沖縄の怒』54 ページ）。

「6.5 億ドルは返還協定で正式に公表された金額 3.2 億ドルの約 2 倍」であり、「交渉責任者であった吉野文六外務省元アメリカ局長が『核兵器撤去費』は日本側だけで決めた積算根拠のない金額であったと暴露した」（『沖縄の怒』55 ページ）。なお、『毎日新聞』2011 年 2 月 18 日に「米、沖縄返還時に 6.5 億ドル要求、協定明記の倍額」という外交文書公開に関わる報道がある。日本政府は、いわば「根拠なきつかみ金で、沖縄を買った」のだ。買われた沖縄こそ迷惑千万であろう。これが「糸（繊維問題）で縄（沖縄）を買った」物語だ。

愛知外相からの極秘電報（図 4）に見える「六五の使途」とは、6.5 億ドルの暗号である。当時は、表向きの支払いは協定第 7 条に「3 億ドル以内」と明記されており、「残りの 3.5 億ドル」は秘密の裏金扱いとされた。日韓国交正常化に際して日本政府は 35 年にわたる植民地支配の賠償として「3 億ドル（1 ドル＝ 360 円）と円借款 2 億ドル」（ほかに民間借款 3 億ドル以上）を約束したが、この金額とよい対比になる。ちなみに当時の韓国の国家予算は 3.5 億ドル、日本の外貨準備額は 18 億ドル程度であった。

繰り返すが、一方は旧植民地への賠償である。他方は、基地租借への賃貸料のはずだ。貸借の論理からいえば、これは米軍が賃借料として沖縄県民に支払ってもおかしくはないはずではないか。実際には、「賃租を許した側」の日本政府が許された米国政府に支払った。なんと寛大な政府、国民であることよ。40 年後に、改めて沖縄返還の真相に接して、驚き呆れる読者は少なくないと思う。

私が本書でこれから課題とするのは、「日本の完全主権による沖縄返還」という「表向きの言辞の内実」を検証する仕事である。「完全主権」（full sovereignty）とは、ダレス流の「残存主権」（residual sovereignty、外務省の定訳では「潜在主権」）とツイになる概念だ。

日本は敗戦により、連合国の管理下に置かれた。しかし沖縄の占領行政は、英中ソ三ヵ国を排除して、「米国のみ」が行うためには、「日本との協定」に

依拠するという虚構を必要とした。すなわち日本国に対して「残存主権」を認めつつ、「残存主権をもつ日本」との協定の形で沖縄行政を進めた。60年代半ばに至り、ベトナム戦争のエスカレーションにより、もはや前線爆撃基地としての沖縄基地の維持が危うくなった時点で、沖縄返還が行われたが、返還の真の狙いは、「米軍基地の温存」であり、いわゆる「核抜き、本土並み」とは、日本国民と沖縄県民の目を欺く虚偽宣伝にほかならない。しかもこのような猿芝居の費用は日本政府が支払わされた。ここまでは『沖縄の怒』あるいはその他、先行著作が分析してきたことである。

　私がいまこれに加えようとしているのは、ケネディ=ライシャワー路線からニクソン=キッシンジャー路線に為政者が交代したとき、返還の「内実」にどのような「突然変異」を生じたかである。国際情勢の最も大きな変化は、国連総会において中国代表権問題が結着し、台北政府に代わって北京政府の声が大きくなり始めたことである。

　それによって新たな様相を帯びることになったのが、「日米中三角関係の頂点（ピナクル）（＝尖閣）としての尖閣問題」にほかならない。五つの小島と三つの岩礁からなる尖閣諸島の総面積は、わずか5平方キロメートルに満たないが、40年後の今日、日米中三角関係の喉のトゲと化している。誰も住まない無人島がなぜ喉に残る小骨と化したのか。

　これはペリー艦隊による米国の沖縄発見と、明治維新以後、近代国家への邁進を急ぐ日本と清国の関係（李鴻章）、近代化の出発点で挫折し、遅れて世界に登場した中国との三つ巴の先進・後進（蔣介石と周恩来）、帝国主義宗主国・植民地国、一見平等なタテマエのもとの支配国と従属国（ダレスと吉田茂、ニクソンと佐藤栄作）との接点に尖閣が位置するからにほかならない。

7　中華民国の国連脱退と蔣介石引退

　1971年半ばに展開された戦後世界の転換劇を象徴する一つは、中華民国の国連脱退、即蔣介石の政治引退である。これをもって蔣介石の中国国民党と毛沢東の中国共産党の国共内戦の国際局面における勝敗に結着がつく。軍事面での結着はすでに1949年中華人民共和国の成立によってついていたが、

蔣介石の中華民国は「光復大陸」すなわち大陸反攻のタテマエをその後20年堅持した。しかしながら大陸反攻に若干の光が見えたのは朝鮮戦争中だけであり、朝鮮休戦以後は、ほとんど希望は消え、台湾海峡は東アジア冷戦の前線として、緊張にさらされ続けた。
　米軍の第7艦隊は常時パトロールを維持して蔣介石政権を支え続けた。一時はベトナム戦争の戦火が中国大陸に拡大するかに見えたときさえも、あったとはいえ、1960年代末から70年代に入ると、もはや蔣介石流の「大陸反攻」に期待をつなぐものは外部世界には皆無であった。フランスとカナダは60年代央に中華人民共和国と外交関係を結んでおり、この潮流はいまや世界を包もうとしていた。
　身近な友人の証言を紹介したい。アメリカ人研究者マーク・セルデンの妻入江恭子は、返還協定のおよそ数年前の台北の政治をこう感じていた。

　　1963〜64年の雰囲気は不思議でした。手を振れば気付いてもらえるような対岸に中国の人がいるのに、マーク達フルブライトの大学院生は心理作戦風船を投げるように言われました。私は風船を飛ばすことが出来ませんでした。たぶんマークも。また、台北市でバスに乗ると「大陸光復」というスローガンが貼ってありました。映画館に行くと、起立して国歌を聴き、蔣介石の映像を観ました。人びとの生活は明るく楽しそうで穏やかでしたが、すこし公のこととなると緊張が感じられました。台湾独立を願う人が話しに来た夜は、かすかな物音にも動揺していました。彭明敏（1923〜、台湾の国際法学者、台湾大学教授。1964年に「台湾自救運動宣言」を発表し、懲役8年の実刑判決を受けた。のち亡命し、1992年に帰国。著書『台湾の法的地位』東大出版会、1976年）が逮捕されていました。とりわけ台湾の人びとと、つぎには山地人といわれる人びとと、知り合いましたが、一方よい外省人にも出会いました。考えてみると、面白い時期のひとつに居合わせたのかもしれません。……中央研究院、なつかしい名前です。マークがよくそこに通っていました。沖縄はすぐ近くですね。ずっと前、大陸と台湾の関係がむずかしかったころ、台湾の南端から小型飛行機に乗って島へ行きました。

金門島といったかと思います。対岸に中国が見えました。人も何人か見えました。(矢吹への2008年8月の私信メール。ここで彼女が「中央研究院」に言及したのは、著者がこの宿舎に滞在し、ここからメールを書いたことによる)。

著者自身は1969年秋に初めて台湾を訪れ、台北市内で「莒に在るを忘るなかれ（勿忘在莒）」(「勿忘在莒」は『呂氏春秋・直諫』に見える。莒はタロイモだが、ここでは山東省莒県を指す。台湾に敗退した後、蔣介石が座右銘として大陸光復を呼びかけた）のスローガンに接して、国共内戦の継続を意識させられたが、大陸反攻はそもそも信じていなかったので、単なるアナクロニズムしか感じなかった。こうして今は昔、「大陸反攻の夢」が一つ一つ消えてゆく最後の砦こそが国連における中国代表権問題にほかならない。蔣介石の政治的運命に引導を渡す意味をもつ中国代表権問題の結着が迫りつつあった時、老いた蔣介石は世界の潮流をどのように認識していたのか。

スタンフォード大学フーバー図書館に寄託されている『蔣介石日記』によると、北京とワシントンでピンポン外交が準備されていた当時、蔣介石はこう記した。

「1971年4月7日、釣魚台列島問題の政策と処理方針は以下の通り（關於釣魚台列島問題之政策與處理方針）：甲、当該列島（釣魚台列島）の主権は歴史的にも地理的にも台湾省に属することについて問題はなく、論争の余地はない（該列島主權在歷史上與地理上而言、其屬於台灣省的乃無問題、亦無可爭辯）。」

その趣旨は、1970年9月16日に周書楷大使を通じて、米グリーン次官補に口上書として手交済みであり、またこれに先立ち中華民国外交部長魏道明が釣魚台は地理的近接さ、測地構造、歴史的背景、台湾漁民が継続的に使用してきたことからして中華民国の一部であると声明していた（1970年8月26日付）。

蔣介石日記は続く。「乙、事実上は米軍が現に占領しており、それをどこの国に帰属させるかはまさに米国がこれを決める（事實上現為美軍佔領、其為屬何國當有美國定之）。丙、もしそれを一時的に日本に渡すならば、わが

方は国際法廷に提起して国際法でこれを解決する（如其臨時交歸日本、則我應提交國際法庭以法律解決之）。丁、この件は軍事的解決策はありえない。わが方にいまこの列島に駐軍し防衛する能力が欠けており、わが兵力を分散するならば徒に共匪［中国共産党という匪賊］の乗ずるところとなるので、わが現有基地を保てない（此事不可能以軍事解決、以我此時無此能力駐防該列島、如我兵力分散則徒為共匪所乗、則我現有基地且將不保矣）。戊、わが国策は『光復大陸、拯救同胞』［大陸を取り戻し、同胞を救う］をもって第一とすべきである（我之國策應以光復大陸、拯救同胞為第一）」。

　沖縄返還の前夜、蔣介石がこのような認識をもっていた事実を敗戦国日本としては、十分に認識する必要がある。日本人のほとんどは日華平和条約の締結をもって、中華民国との問題はすべて解決したものとみなしているが、肝心の相手の認識はこのようなものであった。

　4月14日、外交部長に就任するため離任した周書楷大使（1913〜1992、1971年3月〜72年5月中華民国外交部長）が、大統領ニクソンに大使離任、外相就任の挨拶を行った際の報告によれば、「大統領は特使を派遣して中華民国側との間で国連代表権問題と釣魚台問題を協議したい由だ。余［蔣介石］が思うに、これは情をかけるリップサービスだけだ（外交部長新任周部長談其在美向尼氏辭行時之語與情形、彼將派其私人代表來此與我商討聯合國代表權問題及釣魚台問題、餘認為其表示人情而已）」。

　敗軍の将・蔣介石は事態の急変を読み切っていたことがわかる。1週間前の4月7日の時点では、尖閣問題についての基本政策を確認して、処理方針を四ヵ条に整理していたが、その7日後、14日の日記では、ニクソンの厳しい対応について「情をかけるだけのリップサービス」と底意を見抜いている。腹心周書楷の帰国報告を通じて、米国大統領が仇敵中国共産党との関係改善を試みようとしていること、国連代表権問題では最後まで努力するとの伝言にもかかわらず、それがリップサービスにすぎない。この日記を書いた時点で、蔣介石は「光復大陸、拯救同胞」構想の終焉を否応なしに再確認させられたのではないか。

　こうして調印日を迎える。「6月17日、経児［父蔣介石が子蔣経国を呼ぶ愛称］と釣魚台列島問題を語る。米国はすでに日本にわが方と協議するよう

第1章　尖閣衝突は沖縄返還に始まる

促している。今日は米日が琉球返還に調印する日なり（與經兒談釣魚台列島問題、美國已促日本與我商談矣。今日美日簽訂交換琉球書）」。

日米間で沖縄返還協定が調印されたその日に、蔣介石が愛児蔣経国に後事を委ねつつ、「釣魚台列島問題を語る」と記したことは、含蓄に富む。一つは米日、米中関係の逆風のなかで蔣介石が引退を決意するに至ったこと。一つは米国が半ばリップサービスを含みながらも、蔣介石のクレームを容れて日本との協議を促したとする報告を聞いたからだ。後者はむろん、ロジャース国務長官がパリで愛知揆一外相に伝えた事実について米国側から報告を受けたことを指す。米側の立場は、「日本へは施政権のみの返還であり、領有権については、中華民国と日本との間で協議されよ」というものであり、この点は蔣介石の要求を米国が呑んだ形であった。

だが、米国の打算と思惑は、それにとどまらない。尖閣問題について「領有権を主張し始めた北京」の動向が背景にある事を、蔣介石は国連の代表権問題を通じて、熟知していた。その蔣介石の心境はいかばかりか。まさに「四面楚歌」のなかで、追い詰められる項羽の立場で、後事を蔣経国に託すことになる。

蔣介石は72年6月肺炎で危篤状態に陥り、その後持ち直したものの、75年4月5日死去した。享年87。これを待つかのように周恩来は76年1月8日死去し、毛沢東は9月9日に死去した。尖閣はこうして、蔣介石から見ると、沖縄に対する「米中共同管理」という見果てぬ夢の最後の尖角であり、毛沢東や周恩来にとっては、台湾統一という大事の前の、当面棚上げするほかには手だてのない小事であった。

8 尖閣射爆撃場は台湾の要求

ここで蔣介石の残した置き土産二つを整理しておく。一つは、1971年5月26日に、米国務省が中華民国に対して公的な覚書を送り、「ワシントンが釣魚台諸島の施政権を［日本に］移転することは、これらの諸島に対する中華民国の主権請求に対して影響するものではない」（Washington's transferring of administrative rights over these islands does not affect the ROC's claim of sovereignty over the Diaoyutai Islands.）と約束したことである（FRUS, 134）。

　さらに 1971 年 6 月 7 日蔣経国副院長は、D・ケネディ繊維交渉特使を通じて、国務省に次の一件を約束させた。それは「釣魚台諸島の最終的状態は未定であり、この問題について日本側に中華民国と協議するよう働きかけること」（FRUS, 134）であった。愛知外相はパリでのロジャース会談の際には、「調印後の事後説明」と答えたが、その後日本は中華民国とどのような協議を行ったのか。7 月 12 日、蔣経国は台北駐在の米国大使マコノイに対して、「日本は尖閣問題について意味のある協議を拒否している」と苦情を述べたことから、日台協議がもの分かれに終わったことを確認できよう（FRUS, 134）。

　この点について中島外務省条約課長は、知らぬ存ぜぬの一点張りである。中島曰く「そういうことがあったのですかね。これとは別に、愛知外相が『もう早くまとめてくれよ』と述べていると条約局長から伝わってきたことはありましたけれども。どう処理したのか、私は全然聞いておりません。愛知さんもその後そんなに経たないで辞められたのではないでしょうか。その後については、あまり聞きませんでした」（本書第 6 章参照）。

　中華民国の周書楷駐米大使の後任、沈剣虹大使は 1971 年 5 月 13 日に尖閣に射爆撃場をつくる提案（『蔣経国総統文書』No. 005-010205-00159-015）を行い、翌 72 年 3 月 26 日には周書楷外交部長も台北駐在の W・マコノイ大使に対して尖閣諸島を米軍の射爆撃場とするよう提案（『蔣経国総統文書』No. 005-010205-00013-002）している。前者は返還協定調印の約 1 ヵ月前であり、後者は返還協定が実行される約 2 ヵ月前であった。

　沖縄選出の照屋寛徳議員の「尖閣諸島と日米地位協定に関する質問主意書」に対して、当時の菅直人首相は 2010 年 10 月 22 日、尖閣 5 島（8 島のうち岩礁を除く）についてこう答弁した。

「大正島は国有地であり、その他の 4 島は、民間人が所有している。4 島のうち魚釣島、北小島及び南小島は、2002 年 4 月から国が賃借している」「久場島は、72 年 5 月から、安全保障条約第 6 条および日米地位協定第 2 条に基づき、米軍の使用に供するために、国が賃借している。久場島は民間人 1 名、大正島は、国が所有している」「前者は『黄尾嶼射爆撃場』、後者は『赤尾嶼射爆撃場』として、米軍による使用が日米で合意された。黄尾嶼射爆撃場及

び赤尾嶼射爆撃場は、米軍がその水域を使用する場合は、15日前までに防衛省に通告することとなっている」「1978年6月以降はその通告はなされていない」（から「使用されていない」かもしれないが）、「米側から返還の意向は示されておらず、政府としては、両射爆撃場は、引き続き米軍による使用に供することが必要な施設及び区域であると認識している」。

　この内閣答弁書はまことに奇怪千万である。まず何よりも、なぜ「久場島」に設けられた基地が「黄尾嶼（射爆撃場）」、「大正島」に設けられた基地が「赤尾嶼（射爆撃場）」と、中国流で呼ばれているのか。名は体を示していないか。米軍が中国流の呼称を用いていることに対して、日本政府はなぜそれを容認し、返還以後も改めさせないのか。

　第二の疑問は、二つの射爆撃場が沖縄返還以後もＡリストに載せられ、基地として継続使用扱いされることになった経緯である。久場島／黄尾嶼は1955年以来、大正島／赤尾嶼は1956年以来射爆撃場として指定されていたが、1972年の返還以後は78年まで、わずか6年のみ「使われた形」になっている。実はこれは演習申請書からの推断にすぎず、申請書提出が直ちに演習を意味するものではない。一説によると、返還以後一度たりとも実際に演習が行われた形跡がないという。これら二つの射爆撃場は、米軍にとって真の軍事的必要から返還対象から外され、基地として残されたのかどうか、疑わしいところがある。

　ここで改めてピンポン外交に至る米国の対中国大陸政策の軌道修正を点検すべきであろう。ピンポン玉は後の「ニクソン訪中」に大化けした。その前夜には第7艦隊の台湾海峡パトロールを修正するなど、さまざまの緊張緩和措置が、周恩来に宛てたメッセージを裏付ける行為として進行中であったことは、蒋介石とマコノイ大使との会見記録に明らかだ（*FRUS*, 52）。この流れから推して中国大陸に最も近い位置にある久場島／黄尾嶼、大正島／赤尾嶼を射爆撃場として使用しないことは、対北京を睨んだ緩和路線に役立つ。

　しかしながらニクソン政権の北京シフトについて台湾政府が安全保障に対する不安を抱き、とりわけ尖閣諸島の日本返還に強い抵抗を示し、米軍による留保を求めている立場への配慮措置としては、「基地として継続使用を約束する」ことによって、引続き米軍の管理下にある姿を示すことの有効性は、

当然想定できるであろう。

　すでに指摘したように、ホルドリッジが国務省原案を提示した際に、キッシンジャーは自家撞着を指摘して、「米国の中立性をより際立たせる手段」を模索した。尖閣を含めて日本に返還するが、尖閣の主権に関わる最終状態（final status）は未定であり、中華民国の潜在主権を認める裏付け措置としては、米軍の事実上の継続管理措置としてきわめて有効な扱いになる。要するに蔣介石政権の官僚たち（蔣経国、周書楷、沈剣虹ら）をなだめるための保証として、射爆撃場温存を決断したと解してよいのではないか。

　あえてもう一度繰り返す。ニクソン政権は最終的に尖閣諸島を含む沖縄を日本に返還したが、同時に中華民国側に対しては「尖閣の主権問題は日台間で係争中」であり、「主権の最終状態」（final status）は「未定」である旨を台湾側に約束し、日本側にもこの問題で台湾側と協議するよう強い圧力をかけていた。ケネディ特使に至っては、尖閣のみは沖縄から切り離して、「返還棚上げ・一時米軍預かり」扱いとし、日台で領有権問題が結着した暁に改めて最終処理を行うことさえ提案していた。このケネディ特使提案に呼応する形で、台湾側は尖閣諸島を「米軍の射爆撃場」（U.S. firing range）とする提案を行ったと読むことができよう。

　そこには二重の意味が込められていた。一つは、米軍が引き続き管理することによって日本への返還を骨抜きにすること。もう一つは中華民国政府の安全保障を守るという「米国の約束」の象徴として「射爆撃場を置き、米軍が引続き管理する」という意味だ。これら二つの思惑を込めた「象徴としての米軍基地」だからこそ、そこに中国島名が残され、しかもその射爆撃場は実際には、その後用いられるには至らなかった。いかにも「象徴」にふさわしい基地ではないか。

　ここでもう一つ、補足すべきポイントがある。この地域を自衛隊の防空識別圏（ADIZ）に含めたことの意味である。楢崎弥之助議員は、韓国と紛争状態の「竹島／独島が防空識別圏から外されている」のに対して、「尖閣諸島が含まれる」のは、中国に対する挑発となりかねないので、防空識別圏から外すべきではないかと国会で追及した（本書第5章、国会問答で後述）。この射爆撃場もまた尖閣諸島を事実上「米軍の管理下におく」という隠された

第1章　尖閣衝突は沖縄返還に始まる

目的に照らせば、当然に防空識別圏（ADIZ）から外すことはできない。表向きは自衛隊の防空識別圏に加えるが、事実上は米軍の防空識別圏にほかならない。これも中華民国の安全保障上の危惧に対する配慮と読むならば、当然に識別圏から外すわけにはいくまい。

ただし、1979年米国は北京政府と国交正常化を行い、台湾の中華民国政府と断交した。以後、米台関係、米中関係は新たな構図に変化し始め、今日に至る。これに対して日台関係、日中関係は米国より一足先に変化し始めたが、その後の展開は順調ではない。71〜72年の構造変化から40年後、沖縄返還協定に埋め込まれたダイナマイトが爆発した。

本章でスケッチした尖閣紛争の経緯を、本章末に**表1**として整理しておく。

〔補〕 日台漁業取り決めについて

交流協会（日本）と亜東関係協会（台湾）は2013年4月10日、台北賓館（台北市、元台湾総督官邸）で、日台民間漁業協議を行ない、「日台漁業取り決め」に合意し、1996年から17年に渡って話し合いを続けてきた懸案を解決した（図5）。

今回の日台漁業取り決めによると、「対象となる水域」は、①「法令適用除外水域」と、②「特別協力水域」からなる。前者は、尖閣諸島周辺を含む「日本側排他的経済水域の一部」を台湾の漁船が自由に操業できるよう譲る地域である。後者は、法令適用の除外水域とはしないが、台湾漁船の操業を最大限尊重する水域である。そのほか3地点で、台湾側がこれまで主張してきた漁業操業ラインである「暫定執法線」を越える部分に「法令適用除外水域」が制定された。これによって台湾漁船が操業できる漁場は新たに約4530平方キロメートル拡大された。

馬英九政権は、2012年8月に「東シナ海平和イニシアチブ」を提唱し、領有権問題を避け、海洋資源の有効活用を訴えていたが、今回の合意は、馬イニシアチブを実現したことになる。この取り決めは尖閣諸島の領有権問題には触れていない。双方の漁船の自由な操業を認める「法令適用除外水域」には尖閣諸島周辺12カイリの範囲が含まれず、この範囲は棚上げした形で

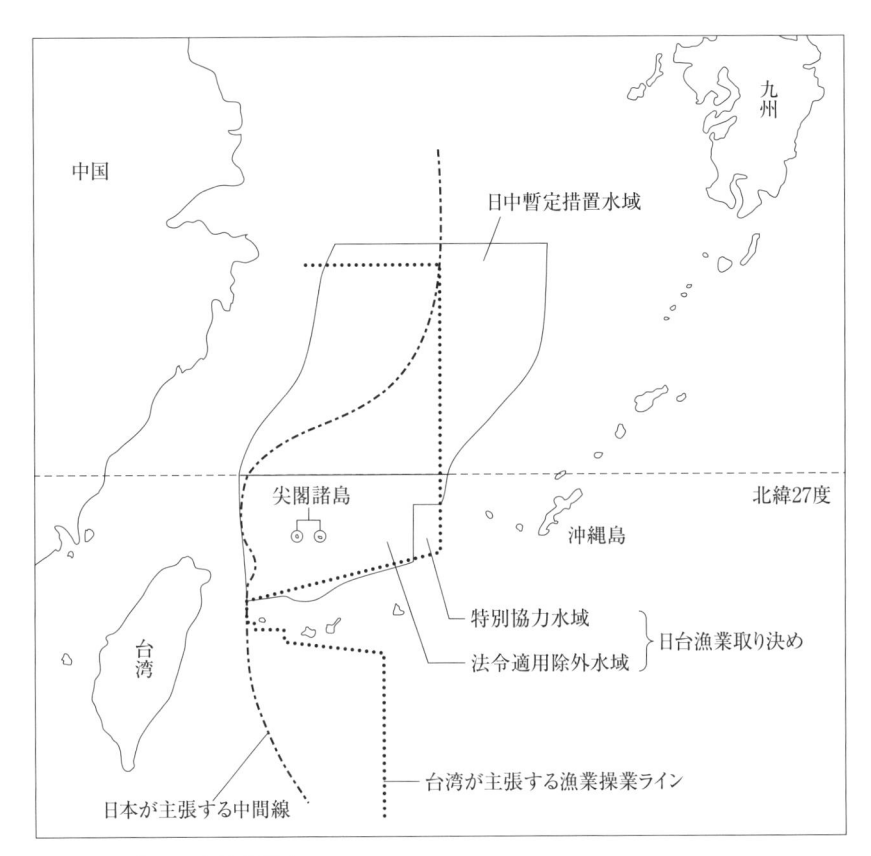

図5　日台・日中漁業協定

ある。この部分については、日台双方が領有権を主張している。ちなみに林永楽外交部長は調印式後の記者会見で「合意文書の中には、台湾側の利益を損なう文言は一切含まれていない」とコメントして、「取り決め合意」は領有権問題には影響しないと強調した。

　では、この日台協定と既存の日中協定との関係はどうか。日中両国は1997年に漁業協定を締結しているが、これは北緯27度以北を対象としたものである（図5）。今回は北緯27度以南を対象としたので、日中協定を前提としつつ、そこに含まれない南方の部分について補足した形となる。「釣魚台／尖閣諸島は由来台湾の付属島嶼である」とするのが中国政府の見解であるから、日台取決めを基礎として日中協議、中台協議を進める上で不都合はない。

それが行われるならば、出口の見えない尖閣諸島紛争を解決する契機となりうる可能性がある。

表1 尖閣紛争の経緯（1943～1978年）

年月 (出来事)	連合国		敗戦国日本 の認識
	中国の主張	米国の対応	
1943年 11月22日 英米中カイロ会談	（民）四ヵ条。甲、旅順、大連の公有財産及び建設類は無償で中国に引渡す。乙、南満洲鉄道と中東鉄路は無償で中国に返還。丙、台湾及び澎湖列島の公有財産及び建設類は無償で中国に引渡す。丁、琉球群島を国際管理・非武装区域とする。『蔣介石日記』の1943年11月23日の項。「領土問題を語る。東北4省および台湾澎湖列島はすべて中国に帰属すべきだ」「琉球は国際機構に委託して中米共同管理とする」。	ルーズベルトの対応。中国側の記録によるとルーズベルトが、「中国による琉球の支配を歓迎していた」ことを示唆するが、国務省領土小委員会にとっては、「考えられないような発言」。ルーズベルトは「中国が琉球を欲していると本気で信じていた」「ルーズベルトは中国を四大国の一員とみなすことを蔣介石に示して、中国の自信を強めようとした」（エルドリッヂの評価）。	
1945年8月			ポツダム宣言受諾。
1957年6月		アイゼンハワー大統領が琉球に対する日本の「残存主権」を確認。	
1961年		ケネディ大統領が琉球に対する日本の「残存主権」を確認。	
1962年 3月1日		ケネディ大統領「琉球のための執行命令」において「琉球は日本本土の一部と認識」し、「自由世界の安全保障上の利益が日本に対する完全な主権の返還を許す日の到来するのを期待する」と言及。	
1967年 9月8～9日	（民）佐藤栄作・蔣介石会談。8日「佐藤が琉球問題を提起したが、名義上信託管理権を放棄するべなし」。9日佐藤は琉球問題を再度提起。「琉球の日本返還に反対しない」態度を蔣介石が佐藤に明言した（言外に尖閣の日本返還は反対）（『蔣介石日記』）。		
1970年			
8月26日	（民）中華民国外交部長魏道明が「釣魚諸島は中華民国の一部」と声明。		
9月2日		CIAの台湾情勢報告。「中華民国は急速に時代の終りに近づきつつあり」「数年内に台北の国際的地位は大変化に見舞われよう」「台湾社会は急速に都市化している」。	
9月16日	（民）駐米周書楷大使がグリーン国務次官補に4ページからなる「覚書」を手渡す（*FRUS*, 22）。		

第1章　尖閣衝突は沖縄返還に始まる

1971年			
3月15日	（民）駐米周書楷大使から国務省宛てに「尖閣口上書」を送り尖閣の領有を主張（*FRUS*, 115）。		
4月7日	（民）蔣介石の釣魚台列島の處理方針4ヵ条：甲、当該列島の主権は歴史的にも地理的にも台湾省に属することについて問題はなく、論争の余地はない。乙、事実上は米軍が現に占領しており、どこに帰属させるかは米国が決める。丙、もしそれを一時的に日本に渡すならば、わが方は国際法廷に提訴して国際法でこれを解決する。丁、この件は軍事的解決策はありえない。戊、わが国策は「光復大陸，拯救同胞」を第一とせよ（『蔣介石日記』）。	蔣介石の4ヵ条は米国に直接伝えられたものではないが、その趣旨は外交ルートで米国に伝えられ、米国は当惑するが、旧連合国の一員として無視はできない。	
4月10日	（民）ワシントンで台湾留学生等が保釣デモ（*FRUS*, 113）。		
4月12日	（民）午前、周書楷大使がニクソン大統領に離任挨拶し、尖閣の主権を主張。ニクソンは初めて尖閣問題を認識した。午後3時31分から47分までキッシンジャー補佐官と米台関係を協議。周書楷は4月10日のワシントン保釣デモに言及しつつ、尖閣諸島に対する主権を主張する。キッシンジャーは初めて尖閣問題を認識し、ホルドリッジに問題点の要約を指示した（*FRUS*, 113）。		
4月13日		ホルドリッジが要約した周書楷口上書（71年3月15日）にキッシンジャーは次のコメントを書き加えた。「一方で尖閣の日本返還を行いつつ、他方で『米国の立場は中立』と語るのはナンセンスだ。もっと中立的なやり方はないものか」（*FRUS*, 115）。	米国の動きに鈍感。
4月14日	（民）蔣介石が周書楷から帰国報告を聴取した印象を日記に記す。「大統領は私的な特使を派遣して中華民国側との間で国連代表権問題と釣魚台問題を協議したい由だ」「余が思うに、これは情をかけるリップサービスにすぎぬ」（『蔣介石日記』）。蔣介石はピンポン外交の行方を深く憂慮した。	ニクソンは台湾の安全保障のために特使派遣を約束し、特使にもたせる土産を検討。	日本は台湾と米国の動きにきわめて鈍感。
5月3日	（民）繊維交渉担当のD・ケネディ特使が台北で蔣介石と会見。尖閣も語り合う（*FRUS*, 121）。		

5月10日		4月21日付周恩来発ニクソン宛メッセージ（ヤヒア・カーン経由）にニクソンが返信。「高級対話の用意あり」（FRUS,125）。	
5月13日	（民）新任駐米大使沈剣虹が尖閣に射爆撃場を作る提案を行う。『蔣経国文書』No.005-010205-00159-015.	米国は尖閣の軍事基地化を検討。	尖閣射爆撃場受け入れ。
5月23日	台湾の米国留学生が保釣運動。	『ニューヨーク・タイムズ』に「保衛釣魚台」の意見広告。	
5月26日	（民）米国務省が中華民国に公的覚書。「ワシントンが釣魚台の施政権を移転することは、中華民国の主権請求権に影響せぬ」（FRUS, 134, n.6）。		
5月29日	（共）周恩来総理はニクソン訪中の準備のためにキッシンジャー博士訪中を歓迎。		
6月7日		午後3時25分〜4時10分、ニクソン、キッシンジャー、ピーターソンがキャンプディビッドで最終協議。「尖閣日本返還の立場を変えない」と最終決裁（FRUS, 134）。	
6月7日	（民）蔣経国行政院副院長がケネディ特使を通じて、国務省から「最終状態は未定」の言質をとる（FRUS, 134）。	釣魚台諸島の「最終状態は未定」であり、米側は中立と説明しつつ、日台協議を愛知外相に求める（FRUS, 134）。	愛知はロジャースに調印後に説明すると返答。
6月7日		ピーターソンがニクソンに伝えたケネディ特使の尖閣論。「尖閣の領有は係争中」「日本返還を棚上げし、係争解決まで米国預かりが望ましい」（FRUS, 134）。	
6月9日		パリでロジャース長官と愛知外相が会談して協定案に日米が結着（FRUS,134）。	
6月11日	（民）中華民国外交部の琉球群島および釣魚台列嶼に関する声明。		
6月15日	（民）駐日大使彭孟緝、愛知外相と尖閣問題と会談（FRUS, 134, n. 6）。		
6月17日 沖縄返還協定に調印	（民）蔣介石が蔣経国と釣魚台列島問題を語る。「米国は日本にわが方と協議するよう促す。今日は米日が琉球返還に調印日なり」（『蔣介石日記』）。	米声明「沖縄返還は中華民国の潜在的請求権を損なわない」（FRUS,134, n.6）。	

第1章　尖閣衝突は沖縄返還に始まる

6月21日	（共）周恩来が米キートレイ記者に「尖閣は台湾の付属島嶼にすぎぬ。台湾と一括解決」論を語る（*China File*, December 31, 2012）。		
7月12日	（民）蔣経国が台北駐在の米国大使マコノイに対して、「日本は尖閣問題について協議を拒否」と苦情（*FRUS*, 134）。		
12月30日	（共）中華人民共和国外交部声明（尖閣の帰属）。		
1972年			
3月26日	（民）周書楷外交部長が台北駐在マコノイ大使に尖閣を米軍の射爆撃場とするよう提案。『蔣経国文書』No. 005-010205-00013-002.	沈剣虹大使提案を周書楷外交部長が再度要求し、米国がこれに応ずる。	基地化受け入れ。
5月9日	（民）中華民国外交部の琉球群島および釣魚台列嶼に関する声明。		
5月15日		沖縄返還施行。	
9月25〜28日			田中・周恩来会談。
1978年			
4月12〜18日	（共）尖閣諸島周辺に200隻近くの中国漁船集団が集結し、大騒ぎとなる。		
8月10日			園田直・鄧小平北京会談。
1979年1月1日	（共）米国と中華人民共和国（北京）が国交正常化。米台関係は民間交流に格下げ。	

*　おもに1971年10月までは中華民国が代表し（民）、以後は中華人民共和国が代表（共）。
資料）(1) *FRUS*, 1969-1976, China, 1969-1972 に収められた文書による。*FRUS*, 134のように文書番号で示した。(2)『蔣経国総統文書』（President Chiang Ching-kuo Archive）。(3)『蔣介石日記』。

Ⅱ　敗戦・沖縄占領から返還へ

第2章　米国による沖縄の戦後処理構想

　1942年8月、米国務省では、戦後政策を検討する特別調査部領土小委員会に極東班が編成され、主任にクラーク大学教授で国際関係論専門家のジョージ・ブレイクスリーが就任した。この国務省極東班が沖縄の領土問題に着手したのは1943年4月中旬であった。それまではヨーロッパ問題に忙殺され、太平洋問題に目を向ける余裕がなかったからだ。極東班主任ブレイクスリーは、翌43年7月、米国の基本方針をまとめた「日本の戦後処理に適用すべき一般原則」を起草した。

＊「日本の戦後処理に適用すべき一般原則」State Department Documents of the Interdivisional Country and Area Committee, 1943-1946. 極東班主任のブレイクスリー（George H. Blakeslee）が、1943年7月、米国の基本方針をまとめて起草した「日本の戦後処理に適用すべき一般原則」（T-357）は、戦後対外政策諮問委員会（Advisory Committee on Post-War Foreign Policy）の領土小委員会（Territorial Subcommittee）において議論された。さらに、この議論をもとに1944年3月に「米国の対日戦後目的」（CAC-116 = PWC-108）が起草された。この案はIDACFEおよびPWCでの検討・修正を経て「CAC-116b = PWC108b」となり、後に国務・陸・海軍三省調整委員会（SWNCC、スウィンク）で作成される「初期対日方針」（SWNCC150）の原型となった。

　ブレイクスリーは、これをもとに1944年3月「米国の対日戦後目的」（Japan: The Postwar Objectives of the United States in regard to Japan）を作成した。これは、2月に陸軍省と海軍省が国務省に対して行った極東地域の占領統治に関する質問に対する回答であった。

　この案は日本に対して「あまりにも寛大なもの」であるとして国務省最高レベルの委員会である戦後計画委員会で強く批判されたが、同年5月にまとめられた修正版も、依然として対日宥和的な政策を基調としていた。この案は対日政策を三段階に分け、第一段階では海外領土の剥奪や武装解除などの厳格な占領、第二段階では緊密な監視下での軍国主義の一掃と民主化、そし

て第三段階では日本の国際社会への復帰が想定されていた。対日占領政策の「原型」ともいうべきこの文書をもとに、のちの「初期対日方針」が作成された。

1　沖縄の中国帰属を視野に収めたマスランド報告

　沖縄に関する最初の文書は、「琉球諸島T-343」と題されたが、俗称「マスランド報告」と呼ばれた。8ページにわたるこの文書はマスランドを中心とするスタッフが行った研究の一部であった。マスランド（John Masland, Jr.）は、ほかにも南方諸島や新南群島の報告も書いている（T-323, Nanpo Shoto (Bonin and Other Islands), May 25, 1943. T-324, Spratly and Other Islands (Shinnan Gunto), May 25, 1943）。

　以下、年表風に五報告の発展過程を概観しておく（表2）。

　1943年7月、マスランド報告がまとめられたが、これは沖縄の中国返還さえ、選択肢に加えられていた。中華民国は日中戦争の被害国であるとともに、戦勝した連合国の一員であり、その主張に考慮したものである。

　1944年10〜11月、ボートン報告 (Hugh Borton, CAC-307 Preliminary, Japan:Territorial Problems: Liuchiu (Ryukyu Islands), October 7, 1944.)。これは1944年12月5日に開かれた第171回極東地域委員会の会議で承認され、米国国務省のいわば原案となった。沖縄は日本に返還するとしている。ボートンは日本問題の専門家（1903〜1995、アメリカの日本史研究者、「天皇制民主主義」による「戦後日本の設計者」と呼ばれる。著書に『ボートン回想録』朝日新聞社、1998年）であり、しかも日本問題に詳しいブレイクスリーの見識が活かされた報告であった。

　1945年12月〜46年3月、エマーソン報告で微修正が行なわれた。ハーバード大学教授で極東調査部に所属するエマーソン（Rupert Emerson）が起草した「琉球諸島の処遇」（PR-35、準備報告）である。これは沖縄陥落後に書かれ、国務省から見て、軍部の「非合理な要求」に対抗する性格をもつ。中国の沖縄に対する権利は根拠が弱く、米国による沖縄統治も沖縄の信託統治化も、ボートン報告よりも強く否定した（R・D・エルドリッヂ『沖縄問題の起源』名古屋大学出版会、52-53ページ）。

表2　沖縄（琉球諸島）に関する国務省極東班の戦後処理構想の変遷

1943年7月 マスランド報告 （T-343、琉球諸島）	①中国に返還する。 ②国際機関の管理下に置く。 ③非軍事化の上、日本に返還する。
1944年10月～11月 ボートン報告 （CAC-307）	①日本に返還する。 ②中国が返還を要求した場合、国際調査委員会を設置する。 ③主権を問わず、国際警察軍のために基地を置く。
1945年12月～46年3月 エマーソン報告 （PR-35、琉球諸島）	①基地が必要であれば、可能な限り最小限の戦略的信託統治の下に設置する。 ②（以上の続き）北部（北緯28度40分以北）は、日本に返還する。残りは通常信託統治下に置く。 ③日本に返還すべき弱小島と認める。 ④沖縄住民が日本に復帰する事を望まなければ、国際調査委員会を設置する。 ⑤中国が信託統治に反対する場合、中国を説得するように努力する。 ⑥基地が残される前提で領土の処理を行う。
1946年11月～48年2月 フィアリー報告 （琉球諸島の処遇）	①非軍事化の上、日本に返還する。 ②①が可能でなければ、基地を借りる。 ③②が可能でなければ、沖縄を信託統治下に置く。
1948年4月～5月 カーゴ報告 （琉球諸島の処遇）	①米国を施政国とする北緯29度以南の信託統治を設定する。 ②日本と基地の租借協定を行う。 ③四大国による長期的安全保障の約束の下、琉球諸島で米国のための施設を置く。

出所）エルドリッヂ『沖縄問題の起源』41ページ。

　1946年11月～48年2月、フィアリー報告で微修正が行なわれた。フィアリー（Robert A. Fierey）は、グルー駐日大使の個人秘書を務めた経験をもつ日本通である（Memorandum from Fearey to Vincent on Disposition of the Ryukyu Islands, April 7, 1947）。「米中を共同施政権者とする沖縄の信託統治案」が国務省から排除されたにもかかわらず、ここで選択肢として再び取り上げられたのは、蔣介石の著書『中国の運命』の改訂版（1947年）が出版されたことによる。蔣介石は、改訂版で、琉球諸島に対する中国の要求および中国の防衛における琉球諸島の戦略的重要性を強調した。ちなみに1943年初版ではこの要求は見られない。フィアリーの提案は軍部代表との非公式会談を経て書かれたものとエルドリッヂは推測している（エルドリッヂ、120ページ）。

　1948年4～5月、カーゴ報告で微修正が行なわれた。これは国際法のラスク教授の指示で従属地域課のカーゴ（William I. Cargo）が起草したものである。①北緯29度以南の琉球諸島に米国を施政国とする通常の信託統治を

実施する。②日本と基地租借協定を結ぶ。あるいは③琉球諸島に米国の施設を確保する。ケナンの起草した PPS28 号では「恒久的」という語句が用いられたのに対して、カーゴの覚書では「長期間」という語句に変えられている。これは「（米国の）恒久的な領土保有」と誤解されるのを避けるために、カーゴが意識してケナンの語句を避けたものであった（エルドリッヂ、162-163 ページ）。

　マスランド報告に戻ると、その沖縄イメージはつぎのようなものであった。「沖縄島民は日本人に近いが、島民は日本人に対して人種的劣等感を抱いており、また自分達が日本人とはいくらか異なると感じている」「日本政府は琉球人を同化しようとしてきた。日本政府による教育や徴兵、自治体の監督制度を通じて、島民は自分達が日本帝国の不可欠の一員と考えるようになった」「もし終戦とともに台湾が日本の手から離れれば、琉球の戦略的重要性は大部分失われよう」（エルドリッヂ、38-39 ページ）。

　沖縄の処遇についてマスランド報告は、三つの解決策を示した。第一は、琉球を中国領とする案。1942 年 11 月 3 日に中華民国外交部長宋子文が外相就任初の記者会見で琉球を中国に返還するよう述べたことが根拠として挙げられていた。しかし、「中国が琉球を自国領とする根拠は薄弱であり、琉球諸島は文化的、行政的、経済的に日本本土と緊密に結合している」「島民が日本統治に対して敵意を抱いているという報告もあるが、これは島民が中国による支配を支持することにはつながらない」として、中国返還論には懐疑的なコメントを付した。これが国務省の良識であった。

　第二の選択肢は、琉球を日本から分離して「国際管理」（international administration）とするもので、北太平洋会議（North Pacific Council）の管轄とする案であった。マスランドは信託統治とは呼んでいないが、1918 年以降の日本による太平洋委任統治領のように、軍事的利用を排しつつ、国際的な管理を行うものであった。

　第三の選択肢は「条件付きの日本保有」（conditional retention by Japan）であった。ここで条件とは、まず①日本の武装解除、②次に朝鮮、台湾、委任統治領の分離、③最後に琉球諸島の軍事施設の解体と国際組織による査察体制の

確立、であった。1943年11月27日にカイロ宣言が発表されるまで、マスランド報告は領土小委員会における唯一のまとまった研究として扱われた。

2　カイロ宣言と沖縄

カイロ会談に招かれた中華民国総統蔣介石は、この会談に備えて、中華民国軍事委員会参事室に対して、カイロ会議で提起する対日戦後処理案を検討させた。

カイロ会議出席の3巨頭。左から
蔣介石、ルーズベルト、チャーチル。

そこでまとめられた文書（総統府機要檔案、「軍事委員会参事室呈蔣委員長関於開羅会議中我方応提出之問題草案」。陳志奇輯編『中華民国外交史料彙編（12）』6014-6017ページ。国立編訳館、1996年）にはこう記されていた。「日本の無条件投降時に接受すべき条款」11項目のうち第6項は、「日本は以下に列記する地域を中国に帰還すべし」とする領土条項であり、そこには、次の四ヵ条が列記されていた。

　　甲　旅順、大連（両地の一切の公有財産及び建設類は無償で中国に引き渡す）
　　乙　南満洲鉄路と中東鉄路（無償で中国に返還）
　　丙　台湾及び澎湖列島（両処の一切の公有財産及び建設類は無償で中国に引き渡す）
　　丁　琉球群島（国際管理あるいは非武装区域とする）

ちなみに、これに続く第 7 項は「朝鮮の独立を承認すること」であった。
　いわゆるカイロ宣言には「満洲、台湾及澎湖島の如き日本国が清国人より盗取したる一切の地域を中華民国に返還する」と書かれていた。これは蔣介石原案の甲・乙を「満洲」の二文字にまとめ、丙を「台湾及澎湖列島」と表記し、「丁 琉球群島」についての言及を避けたものであった。丁項の削除は、カイロ会談に招かれながら、その意向は必ずしも反映されるには至らない中華民国の立場を反映したものと読み取れる。中国国民党＝中華民国の立場は中国共産党のそれと対比して、危惧される内戦問題をも含めて、微妙な立場に置かれていたからだ。
　『蔣介石日記』（フーバー図書館所蔵）によると、カイロ会談翌日 1943 年 11 月 23 日の項には、次のように記されている。

> 三、領土問題を語る。東北四省および台湾澎湖群島はすべて中国に属すべきである。思うに琉球は国際機構に委託して中米の共同管理とする。私がこのように提案したのは、一つには米国を安心させ、二つには琉球が甲午戦争［日清戦争］以前に日本に属したこと、三つには琉球を米国と共同管理することは、中華民国が専有するよりも妥当だからである（三、談領土問題、東北四省與臺灣澎湖群島應皆均屬中國、惟琉毬可由國際機構委託中美共管、此由餘提議、一、以安美國之心、二、以琉毬在甲午以前已屬日本、三、以此區由美國共管比收我專有為妥也）（この趣旨は産経新聞社編『蔣介石秘録 14』産経新聞社、1977 年、122 ページにも紹介あり）。

　カイロ宣言の文面には琉球についての言及がないが、その舞台裏がよく分かる。蔣介石は琉球＝沖縄の場合、日清戦争以前から日本が領有した史実に鑑み、台湾や満洲と違って「無条件で返還すべき対象とは区別した」ことが一つ。そして何よりも「米国を安心させるために」こそ、「米国との共同管理案」を提案したのであった。ここには来るべき国共内戦を予想して、米国の支援に頼らざるをえない蔣介石の戦略（というよりは苦衷）が浮きでている。すなわち、蔣介石が領土的野心をもつと米国に思わせないこと、米国を安心さ

せることであり、その方法として「米国との共同管理」案を提起したのであった。

　ケネディ大統領が1962年3月19日に「琉球は日本本土の一部である」とする認識を表明し、自由世界の安全保障上の利益が許すならば日本の主権が回復されようと述べた翌日、蔣介石は1962年3月20日の日記に「ケネディが中華民国との事前の協議なしに沖縄を日本の領土とした声明は、われわれに対する侮辱だ」と記している。蔣介石は「1971年の沖縄返還協定の前夜まで」沖縄に対する主権要求を堅持し、最終段階で「尖閣抜きの沖縄返還」を了承するとともに、尖閣諸島については主権を要求して米国側に圧力をかけ続けた。

　とはいえ、蔣介石は尖閣諸島をめぐって日台間がぬきさしならぬ関係におちいることは、北京に漁夫の利を与えることになるので、それを強く警戒していた事実も、たとえば周書楷外相の1972年3月26日宇山厚駐中華民国大使への談話から分かる。「もし中華民国と日本が深刻な不和に陥るならば、北京が漁夫の利を得る」と。

　ではこの蔣介石案をルーズベルトはどのように受け止めたのか。エルドリッヂはこう説いている。中国側の記録は、蔣介石に琉球の獲得を望むかという質問をしたルーズベルトが、むしろ「中国による琉球の支配を歓迎していたことを示唆する」。では重要かつ直近の大西洋憲章で「戦争による領土の獲得」を否定したにもかかわらず、「なぜ彼がこのような提案を行ったのかは興味深い」「もちろん、国務省の領土小委員会にとっては、予想もしない発言であった」。

　だが、ルーズベルトは「中国が琉球を欲していると本気で信じていた」ように思われる。「（ルーズベルトは）恐らく、中国を四大国の……一員とみなしていることを蔣介石に示して、中国の自信を強めようとしたのかもしれない」「もともと日本になんの思い入れもないルーズベルトは、中国に日本の地域大国としてのパワーを抑制することを期待し、琉球を中国の支配下におくことは、その目的に資すると考えたのであろう」（エルドリッヂ、42-43ページ）。これがエルドリッヂの分析によるルーズベルトの観点であった。

3　沖縄の日本返還を説いたボートン報告

　大統領ルーズベルトは、戦中の会談をことごとく国務省を外して行い、カイロ会談も例外ではなかった。このため、国務省の官員たちは、カイロ宣言の内容を検討しつつ、具体的な政策策定を検討することになった。

　1943年12月3日、イザイア・ボーマンがリーダーシップを発揮する国務省極東班（政治調査部）はカイロ宣言で表明された領土問題についての対日方針を討議した。この会議で極東問題の権威ブレイクスリーはこう発言して、カイロ宣言の不備を指摘した。

「琉球は千島列島、小笠原諸島、火山列島［硫黄島］、南鳥島などと同じく、カイロ宣言にいう『暴力によって奪取した領土』には該当しない。琉球王朝は、中国と日本の両方に朝貢してきたが、最終的には薩摩藩によって征服された」「琉球の併合に関連して、台湾ではわずかな暴力行為（slight violence）が見られたが、これはカイロ宣言が指摘した類のものではない」「どの領土がカイロ宣言の文言に該当するかを論ずべきであり、1895年という時点［日清戦争と下関条約］や北緯30度ライン［屋久島とトカラ列島を隔てる緯度］が日本の領土の処遇に際して決定的な基準とはなりえない」（エルドリッヂ、43-44ページ）。

　ここにはブレイクスリーの日本情勢に対する認識が相当に的確であることが示されている。

　1943年10月、ブレイクスリーを議長とし、ボートンを秘書代理とする部局間極東地域委員会（Inter-Divisional Area Committee on the Far East, IDACFE）が発足した。メンバーはバランタイン、ヒス（極東局）、バンデンボッシュ、フィアリー（領土調査部）、モファット（解放地域部）、イーグルトン、ブレイスデル、ライト（安全保障および国際組織課）、ディックオーバー、ウィリアムズ、ヨハンソン（日本課）、ビンセント、クラブ（中国課）、レーマー（戦略局調査部）、ドゥーマン（前駐日本大使館参事官）など、極東、日本問題の専門家を網羅した委員会であった。

　この委員会に結集した専門家たちは日本事情に詳しいために「日本に対し

て同情的」と見られることがあり、「ワシントンで支配的であった厳しい対日姿勢と必ずしも一致しなかった」「（これは）天皇制をいかにすべきか、といった問題と関連していたが、沖縄に関してもこうした傾向を適用できよう」（エルドリッヂ、45ページ）とエルドリッヂは指摘している。

エルドリッヂのいう「ワシントンで支配的であった厳しい対日姿勢」とは、ホワイトハウスや軍部の対日イメージであった。パールハーバー奇襲で攻撃を受けた軍部の立場と、たとえ戦争中であれ、和平交渉を行うべき国務省とは、対日スタンスに食い違いが見られた。

1944年10月3日、米軍統合参謀本部はマッカーサー元帥とニミッツ提督に対して「琉球列島のいくつかの地点を1945年3月1日を目標として確保せよ」という軍令を出した。米軍はフィリピンで日本軍の激しい抵抗に遭ったために、沖縄侵攻は数週間遅れて着手された。

こうした戦局を踏まえて、ボートン報告書「日本、領土問題、琉球諸島」が用意されたが、これは日本が敗戦後も「琉球諸島を保持する」提案（CAC-307 Preliminary, Japan: Territorial Problem: Liuchiu（Ryukyu Islands）, Oct.7, 1944）であった。

ボートンが起草した3ページの草案は、まず琉球諸島（奄美、沖縄、先島、大東を含む）の地理的、歴史的、文化的背景、そして日本本土との関係を描いた。彼はカイロ宣言には特に触れずに、琉球諸島に対する中国の要求を否定しつつ、日本が（潜在的）主権をもつと強調した。

なぜ琉球の「中国返還」論は妥当ではないのか。ボートンはこう説いた。「歴史的根拠が薄弱であり、中国が諸島の防衛に責任を持つとすれば、海軍、空軍力を増強する必要がある。さらに、琉球諸島は中国にとって経済的負担となり、沖縄に居住する75万人の日本人は［中国支配のもとで］深刻な少数民族問題をもたらす」（エルドリッヂ、46ページ）。

ボートンは、中国への返還論をこの理由で拒否しつつ、日本復帰論をこう説いた。

「台湾と太平洋の委任統治領の島々が日本から取り上げられれば、琉球諸島の戦略的重要性はごく限られたものとなる」「日本が非武装化され、そして

日本の軍備が効果的に査察され統制されるようになれば、日本が琉球諸島を保持してもそれは北太平洋における安全保障の脅威となることはない。歴史的経緯や民族性、地理的な近接性の点からいっても、日本は琉球を保持する根拠を有している」(エルドリッヂ、46-47 ページ)。

　このボートン草案は 10 〜 12 月の数回の審議を経て、以下のように修正された。

（1）歴史的経緯や民族性、地理的な近接性、あるいは民族的言語的な類似性に鑑みて、日本は琉球を保持する正当な請求権（strong claim）を有する。米国は琉球諸島に対する主権を日本から取り上げるべきではない。
（2）しかしながら、もし中国政府が講和時に琉球諸島の全部あるいは一部に対する要求を申し立て、主張しつづけるならば、あるいは連合国が琉球諸島を占領した結果、島民の間に主権の変更を希望する意思が認められるならば、国際的な調査委員会によって、①住民の意思を確認し、主権の変更によって引き起こされる政治経済上、および安全保障上の問題を確定する。②太平洋の平和と安定に寄与することが期待される国連に解決策を提示する。(3) 琉球諸島の最終的な処遇は、国際組織の権威のもとに琉球諸島に建設される基地に影響を与えることがあってはならない (エルドリッヂ、48-49 ページ)。

4　米国の対日戦後処理方針の策定

①初期対日政策の要綱草案（1945 年 4 月）

　1945 年 4 月、陸軍省の要請に応じて国務省は、ほぼ 1 年前に作成した文書「米国の対日戦後目的」を基に「初期対日政策の要綱草案」を新たに作成した。これは、国務・陸・海軍三省調整委員会（State-War-Navy Coordinating Committee = SWNCC、スウィンク）の極東小委員会（Subcommittee on the Far East, SFE または SWICCFE）に提出され、陸軍省から経済政策面での 補強を求められた。国務・陸・海軍三省調整委員会（スウィンク）は、戦後の占領政策について国務、陸軍、海軍三省の意見調整を図るために、1944 年 12 月に設置された米国の機関である。各省の政策はスウィンク会議において調整され、

統合参謀本部の賛成を得た上で、アメリカ政府の政策となった。

　スウィンクの下部機関として、極東小委員会（SFE）が設置され、対日占領政策の原案作成に当たった。スウィンクの主要な政策決定としては、「降伏後に於ける米国の初期の対日方針」（SWNCC150/4）や「日本の統治体制の改革」（SWNCC228）などがある。

②対日政策の基本文書４バージョン（SWNCC150 ～ SWNCC150/4）

　その結果、6月11日に国務省がスウィンクに提出した対日政策の基本文書（SWNCC150）では、新たに経済条項が追加された。7月末に発表されたポツダム宣言を受けて、直接軍政を規定した「スウィンク150」は修正され、8月11日付（SWNCC150/1）には、間接統治の意味合いが含まれた。

　翌12日、若干の修正が加えられた後（SWNCC150/2）、日本の降伏が予想外に早まったため、緊急措置として修正案作成の主導権は対日占領の直接命令者である陸軍省に移された。陸軍省が大幅な修正を加えたもの（SWNCC150/3）では、天皇を含む既存の日本の統治機構を通じて占領政策を遂行するという間接統治の方針が明確化される一方、主要連合国間で意見が相違する場合には米国の政策がこれを決定するとの一節が挿入された。

　その後、同文書は統合参謀本部による修正を取り入れ、8月31日のスウィンク会議で承認された（SWNCC150/4）。続く9月6日に大統領の承認を得て、22日国務省がこれを発表し（SWNCC150/4/A）、日本では24日付けで各紙に報道された。最終版（SWNCC150/4）では、占領の究極目的として、平和的で責任ある政府の樹立と自由な国民の意思による政治形態の確立をうたっていた。

　これに対して日本外務省は、9月30日付けの「降伏後ニ於ケル米国初期対日方針説明」において、米国は天皇制を含む日本の統治形式の存続を保障している訳ではなく、「過去の経緯」及び「自国の利害打算」から、変革が外部から強要された形を取ることを避け、日本の政府、国民が「自発的」に現存の統治制度を改革することを期待していると分析した。

③トルーマン大統領承認の「日本敗北後の本土占領軍の国家的構成」（1945

年8月18日）

　これは統合参謀本部の承認を受け国務・陸・海軍三省調整委員会（SWNCC）によって承認（1945年8月11日）された「敗北後の日本占領軍の国家的構成」（SWNCC70/5）をトルーマン大統領が8月18日付覚書で承認したもので、日本占領と軍政に関わる他の連合国の責任と分担に関する米国政府の政策である。本文書は、最高司令官をはじめ主要な司令官は米国が任命し、米国が軍政において支配的発言権を行使することを規定する一方で、四大国のうち英中ソは、米国とともに占領軍への実質的な貢献を求められるとし、「米国の主導権を堅持」しつつも、「他の連合国との協調的政策の形成」方針がとられた。本文書はその後、極東諮問委員会といった連合国対日占領管理機関の設置をめぐる議論の中で修正を受けたが、最終的には日本本土の占領は米占領軍が主力となったので、（ドイツのような）分割占領は回避された。

④「極東諮問委員会付託条項」（SWNCC 65/7）

　国務・陸・海軍三省調整委員会（SWNCC）が1945年8月21日に決定した連合国最高レベルの対日占領管理機構の権限・組織等に関する案（SWNCC65/7）である。米政府案として、正式に中英ソの各政府に送付された。この案では、極東諮問委員会は、軍事作戦の遂行や領土の調整にかかわる問題を除く、日本による降伏文書の履行に関する政策の立案に関して、関係諸政府に勧告を行う「諮問機関」であると規定された。本部をワシントンに置き、順次極東地域の連合国を委員会に追加でき、委員会の任務終了は、米英中ソのうち一ヵ国が希望したときとされた。

　しかしこれに関して、米国主導であることや単なる諮問機関に過ぎないことに対する批判、また対日管理機構は東京に設置すべきだとの主張がみられた。さらに、ソ連は極東諮問委員会への不参加を明確にし、予定されていた10月23日の発足会議は1週間延期された。結局、この対日占領管理機構に関する問題は、12月のモスクワ外相会議に持ち越された。

⑤ ポツダム宣言

　ナチス・ドイツ降伏後の1945年7月17日から8月2日にかけて、米国、英国、ソ連の三ヵ国首脳（トルーマン、チャーチル、スターリン）がベルリン郊外ポツダムで、戦後処理を協議した。このポツダム会議において、カイロ宣言の主な条項はそのまま引き継がれた。

　以上の経緯を経て、沖縄における国務省極東地域委員会の政策は、ブレイクスリー、ボートンの主導のもとに形成された。

第3章　占領下沖縄の残存主権とは何か
―― ダレス方程式の形成と展開 ――

　ここでは、サンフランシスコ対日平和条約草案の起草に当たったダレスが、一方で新生国連の憲章を十分に意識し、その場合に安全保障理事会の常任国・ソ連の発言権を無視できないこと、他方で、沖縄の東アジア軍事情勢における決定的な位置から、米軍の長期的な駐留を不可避とするための具体的な処理をどのように行うか、熟考の末に、ついに沖縄への残存主権（residual sovereignty）を認めるに至った経過を分析する。実にこの残存主権論こそが、一方で米軍駐留の根拠を作り、他方で後日の沖縄返還の根拠を作ったのだ。

1　尖閣にも日本の残存主権

　中国で異例の反日デモが吹き荒れて1ヵ月後の2012年秋、時事ワシントン電は「米、尖閣諸島は日本に残存主権」と題した40年前の沖縄返還交渉に関わる特電を報じた。興味深いニュースなので全文を紹介することから始めよう。

　　1971年6月の沖縄返還協定調印直前、当時のニクソン米大統領とキッシンジャー大統領補佐官（国家安全保障担当）が尖閣諸島を沖縄の一部とみなし日本の「残存主権」が及ぶことを確認していたことが、［2012年10月］2日までに分かった。カリフォルニア州のニクソン大統領図書館がこの時のやりとりを記録した音声資料を保存していた。「残存主権（潜在主権）」は、外国施政下にある地域に潜在的に有する主権を指す。オバマ政権は現在、日中が争う尖閣問題では「主権問題に関与しない」との立場を取っている。音声資料によれば、ニクソン大統領とキッシ

ンジャー補佐官らは同年 6 月 7 日午後、ホワイトハウスの大統領執務室で約 20 分間、10 日後に迫った沖縄返還協定の調印と当時の中華民国（台湾）が日本への返還に反対していた尖閣諸島の地位について検討を行った。キッシンジャー補佐官はこの中で、1945 年に日本が台湾から撤退した際、尖閣諸島は「沖縄と共に残された。51 年のサンフランシスコ講和条約で、沖縄の日本の残存主権はわれわれによって認められた。その時にこれらの島々に関する大きな決断は成された」と主張した。中華民国の反対をめぐっては、講和条約から 71 年に入るまで尖閣諸島に関する「特別な交渉は一切行われていない。既に（中華民国から）手放され、自動的に沖縄に含まれた。これが（今日までの）歴史だ」と指摘。ニクソン大統領も、沖縄返還交渉を「台無しにすることはできない」と応じ、同補佐官の意見を支持していた（時事ワシントン電 2012 年 10 月 3 日）。

　この記事で注目すべき箇所はどこか。「オバマ政権は現在、日中が争う尖閣問題では『主権問題に関与しない』との立場を取っている」（しかし 71 年 6 月 7 日午後、ニクソン大統領とキッシンジャー補佐官との会話で、51 年のサンフランシスコ平和条約で）「沖縄に対する日本の残存主権を米国が認めていた」とする電話録音が、「カリフォルニア州のニクソン大統領図書館に残されていた」事実を確認したことである。
　尖閣問題では、現在、日本、中国、台湾が主権を争っているが、米国は 1971 年の沖縄返還以来、「立場をとらない」「中立」（takes no position, neutral position）を明言してきた。そして米国の立場は、サンフランシスコ条約に基づいて米軍が沖縄占領を始めて以来、この立場で一貫していると主張してきたことは、私自身もそう書いてきた通りである（たとえば矢吹晋『尖閣問題の核心』花伝社、2013 年、第 8 章）。
　しかしながら沖縄占領の前提となるサンフランシスコ平和条約では、米国の立場は、日本が沖縄に対してもつ「残存主権」（Residual Sovereignty）を明確に認めていた（Jean-Marc F. Blanchard, *China Quarterly*, March 2000 p.110）。ここでの残存主権とは、米国が「琉球諸島を日本以外の国に返還しない」ことに

ほかならない。当時、米国政府のこの意図を再確認したのは、サンフランシスコ講和会議の英国代表ヤンガー（Kenneth Younger）であり、彼は「サンフランシスコ平和条約は琉球の主権を日本から切り離すものではない」（*China Quarterly,* p.110）と述べた。アイゼンハワー大統領は 1957 年 6 月、岸信介首相に琉球諸島に対する残存主権とは「米国が一定期間、権利を行使した後、主権は日本に返還されるであろう」と語った（*China Quarterly,* p. 117.）。

　ある資料（*China Quarterly,* p.109）は、「残存主権」（Residual Sovereignty）を否定する側の論理を次のように解説した。「米国政府は尖閣を含む琉球諸島を米国が併合するか、国連信託制度下で長期的に施政権を行使し続けるかを議論していた」。これは明らかに、日本の「残存主権」を認めない主張、すなわち沖縄没収の論理を説明したものだ。なるほど冷戦の激化する過程で「米軍内部」においてこのような議論が行われたのは、当然予想しうることだ。しかしながら、これは「米国の領土を拡張しない」とする大西洋憲章にまったく背馳することも自明であり、国務省にとってはとうてい受け入れられない考え方であったはずだ。

2　1971 年の豹変

　1962 年 3 月、ケネディ大統領は琉球のための執行命令において、「私は琉球を日本本土の一部と認識し、自由世界の安全保障上の利益が日本に対する完全な主権の返還を許す日の到来するのを期待している」（*China Quarterly,* p. 118）と述べている。このケネディ命令には、琉球諸島から尖閣諸島を切り離す意図はなく、明らかに尖閣諸島を含めて、全沖縄を日本に返還するものと米議会のための CRS（Congress Reserch Service）報告（『中国の海洋権益要求』、November 12, 2001）は指摘している。

　時事通信ワシントン電の趣旨は、サンフランシスコ講和会議では「日本の残存主権」を認めておきながら、いまになって米国が「中立」のみを語るのは、信義に反する。これが記者やデスクの感覚であろう。以上の検討から明らかなのは、51 年の講和会議と 71 年の沖縄返還との間で、米国政府が「立場を変え、豹変した」事実である。

顧みると、サンフランシスコ講和会議で「残存主権」を公言して、戦敗国であり、当該国である「日本の同意」を得る形で出発したのが沖縄に対する占領行政である。しかしながら1972年の沖縄返還に際しては、単に「施政権のみ」を返還する、「主権、領有権については立場を採らない」というスタンスに豹変した。ここで米国が「施政権と領有権との区別」論に転換したのは、まさに「1971年前半」に生じた国際情勢の激変が生じたからであった。すなわち1971年央だからこそ、強調されなければなかった区分論と見るべきである。当時の国際環境の激変とは何か。

　71年4月に東京の世界卓球大会に参加していたアメリカチームが突然北京を訪問するピンポン外交が行なわれた。6月に『ニューヨーク・タイムズ』副編集長のトッピング夫妻、『ウォールストリート・ジャーナル』の国際問題担当記者ロバート・キートリー夫妻が周恩来に招かれて北京を訪問した。7月9日キッシンジャー米大統領補佐官が秘密裏に訪中し、周恩来と会談して「72年5月までにニクソン大統領訪中」で一致した（このニュースは1971年7月15日に発表され、世界を驚かせた）。

　繰り返す。そもそも沖縄返還交渉はなぜ行われることになったのか。日本が「残存主権を保持した」ゆえに、「返還されることになった」ことは自明だ。というのは、そもそも日本が沖縄に対して何も権限をもたないならば、返還すべき根拠はないはずだ。

　問題は尖閣返還のあり方だ。このとき、米国は「施政権のみの返還」を強調する一方、「主権争いについては中立」と逃げた。その理由は、当時からむろん推測できたことだが、その後の事態に照らせば誰でも分かるように、表向きは「蒋介石の意向」を尊重しつつ、合わせてこれから正常化交渉を始めようとする中華人民共和国・北京の動向を見据えたものであったことは明らかだ。ニクソン訪中がすでにホワイトハウスの政治日程に入っており、相手側の主張に十分配慮しつつ、交渉を進めようとキッシンジャーは計算していた。

　上院外交委員会公聴会の記録には、尖閣諸島の扱いについてさまざまの代替提案が見える。典型的な例は、尖閣諸島は台湾（中国）に帰属するので、返還協定から外すべきだという、蒋経国や華人系米国市民のものであった

(*Hearings*, p.112)。

　米国務省は、尖閣諸島について、①日本の期待する領有権返還、②中国・台湾の期待する日本への返還対象から尖閣諸島を除く案、これら「両者の中間案」を決定したことになる。すなわち尖閣諸島を日本に返還するが、それは「施政権のみの返還であり、領有権を含まない」とする分離案だ。

　領有権については米国は「中立の立場を堅持する」という折衷案であった。そして国務省は、「中立の立場」をことさらに強調して、台湾（＝中国）への配慮を印象づけたが、これは中華民国側が強く要求した条件に応えたものにほかならない。これは同時に、ニクソン訪中へ向けた、「土産の一つ」ともなった。米国は、一方では中国の立場に十分に配慮していると指摘しつつ、他方では、日米安全保障は「日本の施政権の及ぶ範囲に適用するものだ」と説明して日本を安心させ、中国を牽制したのであった。

　米国がこのようなスタンスに転換したのは、沖縄返還交渉の最終段階において、キッシンジャー・ニクソン訪中の構想が浮上したからと見てよい。要するに、沖縄返還協定に調印した6月17日の4ヵ月後、10月25日に国連安全保障理事会における中国代表権問題が結着するという間の悪さが日本の不運、米中の幸運をもたらしたことになる。

　返還交渉を進める米国側は、これら二つの外交課題に象徴されるベトナム戦争以後の冷戦体制を深く認識しつつ米日交渉を進めていたのに対して、中国代表権問題で最後まで米国の指揮に従う「愚忠」を貫いたわが外務省には、米国への警戒感は微塵もなく、対米追随の奴隷外交を少しも疑わなかったように見える。その結果、経済面におけるいわゆるニクソン・ショックだけではなく、国際関係におけるニクソン＝キッシンジャーの謀略はまるで眼中に入らない。返還交渉の最後の切り札として登場した「施政権と主権の分離論」の意味にまるで無頓着、「施政権の返還とは、主権の返還と同義である」「潜在主権を完全な主権に戻すことが施政権の返還である」とする、米国とは同床異夢の解釈を国会で繰り返した。議会では、その詭弁を論駁することができず、その矛盾が遂に40年後に爆発した。

　話を元に戻すと、沖縄返還に際して、米国は20年前に日本から得た「施

政権」を、「そのまま返還するもの」と強弁した。「そのまま」とは何か。米軍施政権行使の20年間に米国は沖縄の主権状態に対しては、「何ものも付加せず、何ものも減じていない」、「単に施政権を行使し続けたのみ」と強弁した。通常の法的秩序からすれば、借地を継続するならば、借地権が発生するし、いわんや日本敗戦に伴う敗戦処理をひきずる沖縄租借とその返還劇であり、その国際・国内環境に対する影響は甚大だ。この間の変化はまことに大きい。

　これを十分に認識しつつ、米国は、国際社会における中華人民共和国の登場を踏まえた上での米国のスタンスを決定するために、いわば「チャイナ・シフト」を模索していた。返還協定の大きな不備に日本が気づくのは調印後であり、その不備を苦い体験として再確認させられるのは40年後であった。

　ただし、本書の主題は「沖縄問題一般」ではない。日清戦争前夜に領有を閣議決定し、沖縄県の一部として扱ってきた尖閣諸島の帰属問題だ。いまや尖閣問題は、四半世紀の日本の戦後復興を経て沖縄返還の前後には、沖縄返還全体を揺るがすほどの怪物に成長した。その直接的理由は、国連アジア極東委員会の調査報告で「尖閣周辺には巨大な石油資源が眠る」という資源情報のためであり、一介の無人島が巨大な妖怪のごとく海中から浮かび上がり、日中関係の全局を左右し始めた。あたかも「犬の尻尾が犬を振り回す図柄」である。この悲喜劇に幕を下ろすには、問題の由来を解くことが必要だ。

3　沖縄に対する日本の「残存主権」——ダレス方程式

　では、ダレスの考えた「残存主権」（Residual Sovereignty あるいは Residual Authority）とは、そもそもなにか。これとツイになるのは、当然に「完全な主権」（Full Sovereignty）であろう。『世界大百科事典』は、「残存主権」をこう解説する。

> 国際法上確定した特定の意味のある言葉ではない。対日平和条約署名のためのサンフランシスコ会議で、アメリカの全権 J・F・ダレス［1888～1959。1950年トルーマン政権下のディーン・アチソン国務長官のも

とで国務長官顧問に就任。51年サンフランシスコ平和条約を主導した〕が、沖縄・小笠原について「アメリカはサンフランシスコ平和条約3条によって施政権をもつが、日本はなお Residual Sovereignty をもつ」と述べて注目された。

* ダレス演説の概要は以下の通り。「第3条は、日本の南・西南に位置する琉球諸島を扱う。日本降伏以後、琉球諸島はアメリカ合衆国の施政権下にある。連合国の一部［中華民国］は日本の主権放棄を主張した。連合国の一部［国務省のリベラル派］は日本への主権返還を主張した。意見の食い違いに直面して、合衆国として、『日本に琉球諸島の残存主権を許し、国連の信託統治制度のもとにおき、合衆国が施政権を行使する』ことが最良と判断した」(*Foreign Relations of United States,* American Foreign Policy, 1950-1955, Basic Documents, Vol. 1, Washington, D.C.: Government Printing Office, 1957, p.453.)。

さらに『世界大百科事典』は、「Residual Sovereignty は『潜在主権』とも訳されるが、『潜在する主権が将来顕在する』というよりも、むしろ『日本に残された主権』という意味であるから、『残存主権』と訳すほうが適切である」と補足されている。この解説から明らかなように、サンフランシスコ講和会議の当時、ダレスは、国務省に根強く存在したリベラルな考え方、すなわち「沖縄の即時日本返還」ではなく、軍部の主張する「沖縄占領の継続論」に傾斜した。

ちなみに当時の国務省では1941年8月9〜12日チャーチルとルーズベルトによって調印された大西洋憲章（Atlantic Charter）の第1条「両国は領土的その他の増大を求めず」、第2条「両国は関係国民の自由に表明する希望と一致せざる領土的変更の行われることを欲せず」とする領土不拡大の原則を堅持するリベラルな見解が多数を占めていたのである。

リベラル派と対日強硬派の軍部との綱引きのなかで産まれた苦肉の策が「日本が残存主権をもち」、「米国が施政権を行使する」という「残存主権・施政権」の分離論なのであった。その精神は、サンフランシスコ平和条約の第3条には、こう書かれた。「日本国は、北緯29度以南の南西諸島（琉球諸島及び大東諸島を含む）、孀婦岩の南の南方諸島（小笠原群島、西之島及び火山列島を含む）並びに沖の鳥島及び南鳥島を合衆国を唯一の施政権者と

する信託統治制度の下におくこととする国際連合に対する合衆国のいかなる提案にも同意する」。「北緯29度ライン」は、トカラ列島と奄美大島の中間に位置する（図3）。つまり種子島、屋久島までは講和条約段階で鹿児島県に戻り、トカラ列島の南に位置する奄美諸島以南（沖縄本島、宮古、八重山群島）においては、引き続き米軍の施政権下における「信託統治」という名の占領が続けられたわけだ。

その根拠は何か。米国が国連にそのような提案を行い、「国連が米国の提案を認めた」というのがそのタテマエである。国連の創設において米国は主導的な役割を果たしていたことからして、米国の提案を国連が受け入れるのは自明だが、米国が「国連の信託」の名において行う統治形態を選択したのは、やはり大西洋憲章以来の米国の第二次大戦処理方針の枠組みのなかで行う方法を尊重したものであろう。

ただし、ここで「国連の権威」は用いつつ、連合国軍としてではなく、「合衆国だけを唯一の施政権者」とし、さらに「国連安全保障理事会」のもとに置くことをしなかったことには、深謀遠慮があった。ソ連や中華民国の干渉を排して、米国が英国（および英連邦諸国）の支援を得つつ自由に施政権を行使できる枠組みを構築したのであった。

「合衆国を唯一の施政権者とする信託統治制度の下におく」とする「国連に対する合衆国のいかなる提案」をも「日本国が同意した」形で沖縄の施政権を行使するという大義名分は、国際政治的にも、日米関係にとっても決定的に重要な枠組みであったと見てよい。

ここで肝心なのは、一方で「国連の権威」を掲げつつ、他方では「安全保障理事会のその他の連合国軍参加国の干渉」を排する枠組みとしたことである。さらに、沖縄占領の継続は、「敗戦国・日本の同意」に基づいて行われるとしたことである。秀吉以来、あるいは江戸時代以来の沖縄と本土の歴史、さらには明治以来の沖縄県の歴史を知る日本人にとっては、「日本国の同意」は当然に見えるが、東アジアの日本の近隣諸国には、たとえば中華民国の蒋介石のように、これを当然とは見なさない動きが根強く存在したことも見逃してはならない。この事実に対して日本人の歴史認識はきわめて甘い。これがアジアの近隣諸国からしばしば「歴史問題」として批判されるものだが、

批判に対して反発するあまり、いよいよ「歴史問題」を軽視する過ちを繰り返しているように見える。

日米戦争中の米軍の「沖縄帰属」に対する認識には、さまざまの試行錯誤があったが、これをいわば統一してみせたものが「ダレス方式」にほかならない。

(1) 大西洋憲章に見られる領土不拡大のリベラルな精神を守るためには、米国の沖縄占領には大義名分が必要だ。これに答えるのが「国連による信託統治」論である。
(2) 他方で朝鮮戦争に見られるように東アジアでは冷戦が始まっており、そこではゼロサムの領域獲得競争が行われている。もし沖縄の即時返還を行えば、日本の左翼政権がソ連を同盟国として扱い、「沖縄にソ連軍基地が設けられる」極端なケースもありえない話ではない。
(3) さらに国連は、組織としては創設されたものの、その運営においてはさまざまの力関係を反映して、順調な運営が可能か否かは未知数である。ここで米国にとって他国（特にソ連）の干渉を排しつつ、米国の国益を追求するには、国連組織規定のどの条項を選ぶべきか慎重な検討を要する。

これら「複雑な三ヵ条を同時に満たす解」としてダレスの考えた方式こそが「日本国は沖縄に対して残存主権をもつ」という観念にほかならない。ここで吉田内閣との交渉になるが、その場合「天皇の意向」として日本国民の総意をまとめることの有効性をダレスは深く認識していた。こうして米国は吉田内閣を表の窓口、実質的には天皇の意向、両者を合わせて日本国家の意志と認識し、これに「残存主権」を賦与した。

国務省リベラル派は、講和会議をもって日本本土の占領が終わるのと同時に、「沖縄占領も停止して日本に返還すべし」とする意見を主張し、他方米軍は冷戦態勢のカナメとして沖縄基地を位置づけて永久基地化を狙っていた。とりわけ沖縄作戦で血を流した米軍が沖縄占領の永続化を主張した背景には、真珠湾の奇襲を繰り返させないためには、沖縄の死守が必要だと見る観点が色濃く反映し、サンフランシスコ平和条約構想は、日米安保体制の樹立とセッ

トの形で進められた。もし平和条約締結時に国務省リベラル派の構想する「沖縄の即時日本返還」が実現していれば、連合国間の協議の下で、尖閣諸島は台湾の一部として、中華民国に帰属していたであろう。

こうして、初歩的に姿を見せ始めた冷戦構造への対応措置としての講和会議である以上、しかも米国は被占領国・日本の同意を根拠として、沖縄占領を続けるとする大義名分を掲げる以上、日本側に対して「契約当事者としての資格・権限」を賦与しておく必要が生じた。逆にいえば、敗戦国日本が沖縄に対する一切の権利を失う場合には、租借に同意を与える資格を持たないことで、租借論は成り立たない。これら内外の諸条件を解く連立方程式の解として産まれたものこそ「ダレス・フォーミュラ」、すなわち「残存主権論」にほかならない。

当時、近隣の中華民国（台湾）や韓国、そして中華人民共和国（北京）、ソ連陣営が沖縄に対する主権をどのように考えていたかについては、ここでは立ち入る余裕がないが、明らかなことはこれらの諸国がサンフランシスコ講和会議に参加していない事実である。[*]

[*] 署名国は、アルゼンチン、オーストラリア、ベルギー、ボリビア、ブラジル、カンボジア、カナダ、セイロン、チリ、コロンビア、コスタリカ、キューバ、ドミニカ、エクアドル、エジプト、エルサルバドル、エチオピア、フランス、ギリシャ、グアテマラ、ハイチ、ホンジュラス、インドネシア、イラン、イラク、ラオス、レバノン、リベリア、ルクセンブルク、メキシコ、オランダ、ニュージーランド、ニカラグア、ノルウェー、パキスタン、パナマ、パラグアイ、ペルー、フィリピン、サウジアラビア、シリア、トルコ、南アフリカ、英国、米国、ウルグアイ、ベネズエラ、ベトナムなど48ヵ国であり、インド、台湾（中華民国）、ソ連および東欧諸国、韓国、中華人民共和国などとは、後から個別に条約等を結んだ。北朝鮮とは依然として結ばれていない。これらの地域を見ると、アジアの冷戦がこの地域を境界としていたことが分かる。

ダレス国務長官は、冷戦構造における西側の陣営作りを意識して、「全面講和」ではなくあえて「片面講和」を選んだ。そのためにこそ、沖縄に対する「日本の残存主権」を設定し、「残存主権をもつ日本」の同意を得て、沖縄占領を継続する形式が必要となった。

比喩的にいえば、帝国主義戦争に敗れた宗主国・日本から「沖縄という旧植民地」を剥奪する構図とは、異なる統治形態をダレスは選んだ形になる。

沖縄における占領行政は、ニミッツ布告＊に始まり、連合軍最高司令部訓令SCAPIN677号（資料2）を経て、沖縄（琉球政府）の地理的境界を再指定した米国民政府布告USCAR27号（資料3）に至る。

＊　ニミッツ布告――1945年3月26日に慶良間諸島に上陸したアメリカ軍は、太平洋艦隊司令長官・太平洋区域司令官兼米国軍占領下の南西諸島及びその近海の軍政府総長チェスター・ニミッツ・アメリカ海軍元帥の名で米国海軍軍政府布告第1号（いわゆる「ニミッツ布告」）を公布した。つづいて沖縄本島に上陸した1945年4月1日にも同名の布告を公布、4月5日には読谷村比謝に軍政府を開設した。この布告第1号は日本政府の全ての行政権の行使を停止し、南西諸島及び近海並びにその居住民に関するすべての政治及び管轄権並びに最高行政責任が、占領軍司令官兼軍政府総長、米国海軍元帥であるニミッツの権能に帰属すると宣言した。植民地台湾に日本軍が駐屯している中で、無人島の尖閣諸島は、自動的に沖縄駐留米軍の管轄下に置かれることになった。

　この過程を通じて、「信託統治反対、即時祖国復帰」を主張する「沖縄の民意」は根強く存在し、他方で日本国上層部からの働きかけも無視するわけにはいかない事情もあった。後者の文脈で特に注目されるのは、宮内庁御用掛の寺崎英成の工作である。彼は1947年9月19日、日本橋三井ビルの3階におかれていたＧＨＱ政治顧問シーボルドを訪問したが、その目的は、琉球諸島の将来および米軍による沖縄の軍事占領継続について、天皇の考えをマッカーサーに伝えるためであった。

4　「沖縄の民意」と「天皇の意向」からダレス方式へ

「シーボルドがマッカーサー司令官宛にまとめた寺崎英成との会談メモ」（John Michael Purves氏の個人ホームページniraikanai, Document Archive、1947年9月20日）には、次のように記録されている。

　宮内庁御用掛の寺崎英成氏は、沖縄の将来に関する天皇の考えを伝えるため来庁した。寺崎は天皇が米国が「沖縄と琉球の他の島」の「軍事占領を継続するよう」望んでいると述べた（重要なので英原文も付す）。 Mr. Terasaki stated that the Emperor hopes that the United States will continue the military occupation of Okinawa and other islands of the Ryukyus.

天皇の意見では、そのような占領は米国の利益となるばかりでなく、日本自身の防衛にも役立つ。天皇が思うに、そうした措置は日本の人々の中で広く受け入れられよう。日本国民はロシアの脅威を恐れているばかりでなく、占領が終わった後に左右の勢力が台頭し、日本に内政干渉する根拠としてロシアが利用しうる「事件」を引きこすのではないかと懸念した。In the Emperor's opinion, such occupation would benefit the United States and also provide protection for Japan. The Emperor feels that such a move would meet with wide spread approval among the Japanese people who fear not only the menace of Russia, but after the Occupation has ended, the growth of rightist and leftist groups which might give rise to an "incident" which Russia could use as a basis for interfering internally in Japan.

　天皇はさらに沖縄（および必要とされる他の島）の米国軍事占領は、日本に主権を保持しながら「25年から50年以上の長期租借」というフィクションに基づいて行われる必要あり、と感じている。The Emperor further feels that United States military occupation of Okinawa (and such other islands as may be required) should be based upon the fiction of a long-term lease – 25 to 50 years or more – with sovereignty retained in Japan.

　天皇によると、この占領方法は、米国が琉球諸島での永久的な計画がない事を日本国民に納得させるとともに、特にソ連・中国による、類似の権利要求を封ずる事ができよう。According to the Emperor, this method of occupation would convince the Japanese people that the United States has no permanent designs on the Ryukyu Islands, and other nations, particularly Soviet Russia and China would thereby be stopped from demanding similar rights.

　手続きに関して寺崎は、（沖縄と琉球の他の島の）「軍事基地権」取得は、日本と連合国の平和条約としてではなく、米国と日本の二国間租借条約によるべきだと感触を述べた。というのは連合国との平和条約方式は、押しつけられた講和になり、将来日本国民の好意的理解を危うくする恐れがあるからだ。As to procedure, Mr. Terasaki felt that the acquisition of "military base rights" (of Okinawa and other islands in the Ryukyus) should be by bilateral treaty between the United States and Japan rather than form part of the Allied peace treaty with Japan. The latter method, according to Mr. Terasaki, would savor too much of a dictated peace and might in the future endanger the sympathetic understanding of the Japanese people.

　シーボルドは2日後の9月22日に国務省に報告した。

　注目すべきことだが、天皇は「米国が沖縄と琉球の他の島々への軍事占領を継続すること」を期待している。これは天皇自身の利益に基づいた希望であると見て疑いない。It will be noted that the Emperor of Japan hopes that the United States will continue the military occupation of Okinawa and other islands of the Ryukyus, a hope which undoubtedly is largely based upon self-interest.

　天皇はまた、中長期の租借形式で、米国がこれらの島々の軍事占領を続けることを予想している。天皇の意見では、日本の国民は、米国が下心を持たない事を確信し、防衛目的のための米国の占領を歓迎する。The Emperor also envisages a continuation of United States military occupation of these islands through the medium of a long-term lease. In his opinion, the Japanese people would thereby be convinced that the United States has no ulterior motives and would welcome United States occupation for military purposes.

　天皇のメッセージは9月30日に国務省極東局に届いた。この日、極東局のボートンは、琉球における米軍基地は、「信託統治」方式ではなく、「基地だけの租借」方式とすることを軍部・国務省の代表者に提案した。軍部には「沖縄基地をソ連の軍事基地として使わせてはならない」とする強い決意があり、その観点からボートン提案を拒否した。国連がらみのテーマとした場合、ソ連が拒否権を発動する危険性は明らかであった。そこで米国政府は、「日本の残存主権」を想定し、その日本との同意に基づいて米国が占領を続ける方式を選択した。これこそが「ダレス・フォーミュラ」の成立にほかならない。

5　残存主権から返還交渉へ

　苦肉の策として生まれたダレス方式が生まれた経緯について、1971年10月27日の上院外交委員会・沖縄返還協定公聴会でのロジャース国務長官報告

を見てみよう（*Hearings*, p.4-6）。

(1) サンフランシスコ平和条約の起草が嚆矢である。日本は「残存主権」（Residual Authority）を持つ。1951年9月5日平和会議への平和条約を起草した時、ダレス大使は、一部の連合国が、条約のためには日本がその主権を放棄する必要があると要請していると指摘した。

(2) 他方、他の連合国は「（沖縄）島嶼は完全に日本に返還されるべきだ」と主張した。連合国の分裂に直面してダレス大使は、最良の方策は日本に残存主権の保持を許し、国連の信託統治とした上で米国の施政権下におくことだと米国は考えると述べた。

(3) これらの島嶼を国連の行政的権威のもとで国連信託統治制度下におくことを可能にするには残存主権の方式は、明らかに次の思想を日本と世界に伝えるものであった。すなわち米国は「安全保障のために一時的に管理する」とはいえ、かつて日本の領域であったものを「永遠に日本から切り離し、戦争の結果として米国が領土を獲得する」ものではないことを明示する形が必要であった。

(4) 1953年12月に米国は沖縄列島の北部地区・奄美大島を日本の施政下に返還した（USCAR27号）。その後1957年6月には、アイゼンハワー大統領と岸首相の共同声明で琉球に対する「日本の残存主権」を再確認している。

(5) 日本の残存主権の認識（Recognizing of Japan's Residual Authority）。

　1961年6月、ケネディ大統領と池田首相も同じ形で残存主権（Residual Authority）を再確認した。翌62年3月、ケネディ大統領は琉球政策を研究する米政府タスクフォースのために下した命令でこう述べた。島の行政に関わる行政命令との関わりで、琉球を「日本本土の一部」として認識するとともに、「自由世界の安全保障上の利益が日本による主権回復を許す日の到来を期待する」と。

(6) ニクソン大統領と佐藤首相は、1969年11月21日の共同声明で「1972年内に返還を達成する協議」に同意した。どの大統領もどの米国政府も認識してきた「日本の残存主権」は、占領の終焉に伴って回復する、と(*Hearings*, p.5)。「1970年には10年を期間とした日米安保が終り、条約はいずれかが1年前に通告すれば終わる」ことになる。「予想されていた米軍基地に対する

暴力的なデモが起こらなかったのは、共同声明によって72年の沖縄返還が動き出そうとしていた」からであろう。

残存主権の本質

　そもそも主権（ソブリンあるいはソブリンティ）とは、何か。それは分割したり、加算したりできるものであろうか。ダレスが「残存主権」なる新語を創造するまで、「残存」とか、「完全な」とか、形容句のつくソブリン概念は存在しなかった。少なくとも国際法ではソブリンはソブリンとして単一であり、分割不可能な概念として措定されていた。施政権と足し算したり、引き算できる概念ではなかった。ダレスがこの用語を発明したのは、あくまでも政治的必要に迫られた苦肉の策にほかならない。この文脈であくまでも政治用語なのだ。

　日本政府・外務省は、米軍の沖縄占領以後、日本に残されたのはResidual Sovereignty, Residual Authorityと認識して、1972年の施政権返還によって、これを加えるならば、〈潜在主権＋施政権〉＝〈完全な主権〉と信じて疑わなかった。これは国会における福田赳夫外相の答弁などに明らかである（図6）。

　だが、ニクソン政権は返還協定の最後の段階で、尖閣諸島に関してのみ、

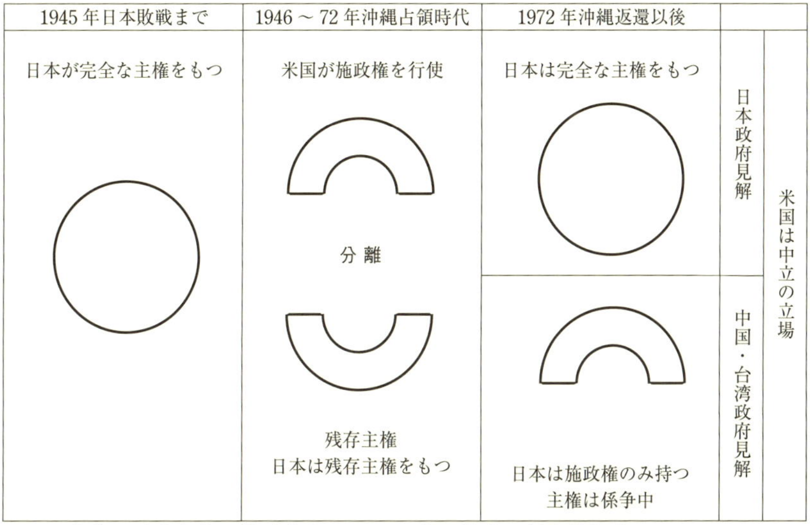

1945年日本敗戦まで	1946〜72年沖縄占領時代	1972年沖縄返還以後		
日本が完全な主権をもつ	米国が施政権を行使　分離　残存主権　日本は残存主権をもつ	日本は完全な主権をもつ	日本政府見解	米国は中立の立場
		日本は施政権のみ持つ　主権は係争中	中国・台湾政府見解	

図6　主権、残存主権、施政権とは？——尖閣諸島の領有権紛争

中華民国（および中華人民共和国）にソブリン主張のあることを認めて、中華民国（および中華人民共和国）による「潜在的主権請求権」(undelying claims of the ROC, PROC) を認定し、尖閣の「主権紛争、日台中の紛争」に対して米国は「中立の立場」(neutral position) を保ち、日台中いずれの主張にも与しない (U.S. takes no position) と法的立場を説明した。

　米国は沖縄占領中、1957年アイゼンハワー大統領（対岸内閣）、1961年ケネディ大統領（対池田内閣）と続けて、日本のもつ残存主権を確認し、ダレス方式を追認してきた。しかしながら、1971年の沖縄返還に際しては、特に尖閣諸島に対して、中華民国（および中華人民共和国）が領有権を主張していることに鑑み、彼らの主張を容認して、既存の立場を軌道修正した。どこを変えたのか。

　米国が沖縄に対して施政権を行使してきたと自己規定して、その施政権を「そのまま」日本に返還したとする点では、一貫している。米国政府がもしこれだけを語ったならば、無用の紛争は避けられたかもしれない。しかしながら、ニクソン政権は、台湾政府との繊維交渉、北京政府との対話再開などの諸条件を勘案して、（沖縄列島全体ではなく）尖閣諸島についてのみ、中華民国（および中華人民共和国）の主張を容れて、関係国の協議を呼びかけた。これは日本政府にとっては、想定外の出来事であったが、この事態に対する状況認識はお粗末きわまるものであった。その結果、日本の自己認識と、周辺隣国との認識のギャップが拡大し、今日の事態を招いた。

　要するにソブリンという概念は、切り分けることの不可能な概念である。それゆえ、その扱いはきわめて難しい。これに比して、漁業資源や海底資源は、単なるモノである。それゆえ、数で分割可能だ。分割できない主権は主権として棚上げし、分割できる資源を分割する……この試みが馬英九尖閣論文の核心である。彼はこの発想で博士論文（ハーバード大学）を執筆し、2012年8月には「東シナ海平和イニシヤチブ」を提起した。2013年春に日台漁業協定が成立したのは、（日本政府の決断も一方の要素だが）馬英九の発想を基礎としたことに注目すべきである。この民間レベルの漁業協定もまた主権の扱い方の難しさを逆証明している。

III　沖縄返還協定をめぐって

第4章　なぜ尖閣問題か
——沖縄返還協定の米上院公聴会——

　1971年6月27日に沖縄返還協定が日米政府間で調印されたことを受けて、米上院外交委員会は、同協定の批准の是非にむけて、71年10月27日から29日までの3日間、沖縄返還協定の公聴会を開催した。公聴会には、ロジャース国務長官、パッカード国防副長官はじめ4名の政府当局者、ならびに沖縄問題にくわしい専門家、さらには返還協定に意見を寄せている関係者、計12人が招聘された。本章は、この沖縄返還協定に関する米上院公聴会の記録（*Okinawa Reversion Treaty, Hearings before the Committee of Foreign Relations, United States of Senate,* Ninety-Second Congress, First Session on Ex. J. 92.1, *Hearrings* と略記）こそが、米国の豹変、すなわち政策大転換の舞台裏を読み解く最良のカギであることを示す。上院公聴会における米国政府の答弁こそが、尖閣問題を生み出した直接的契機の解説である。記録を解読する本章によって、その秘密が暴かれるであろう。

1　ロジャース国務長官の報告

報告

　公聴会の冒頭報告でロジャース国務長官は、対日講和条約（サンフランシスコ平和条約）によって規定された沖縄の残存主権について経緯を紹介した上で（第3章参照）、沖縄返還のさしせまった意義を説明した。
　サンフランシスコ平和条約では、沖縄は一時的に米軍の施政権下に入ったが、いずれ日本に返還されるべきものであり、沖縄住民の祖国復帰の要求は、復帰運動の先頭に立っている屋良朝苗氏が主席に選出されるように強いものがあり、同時に、米軍にとって沖縄は戦略的にきわめて重要である。沖縄返

還についての 1969 年 11 月 21 日のニクソン・佐藤共同声明では、米軍の存在が極東、とりわけ韓国・台湾の安全にとって枢要であり、米軍の機能の障害にならないかたちで沖縄が日本に返還されること、すなわち日米安保条約の適用下に置かれることを確認。今回、日本政府も沖縄返還に際して、3 億 2000 万ドルを支払うなど応分の負担をすることになっている。もし沖縄返還がこれ以上遅れて、沖縄の祖国復帰運動が強まれば、沖縄駐留の米軍の機能にも重大な支障をきたしかねないとして、返還の実施を上院議員たちに強く訴えた (Hearings, p. 2-7)。

質疑
沖縄・尖閣諸島の主権問題

フルブライト委員長「提出レポートを読んで厄介な問題と感じているが、尖閣諸島に関わる点について米政府は、『主権を決定せずに残す』ということか？」

ロジャース国務長官「聞いて下さってありがとう。この条約はこれらの『島の法的状態に何も影響しない』ことを明らかにしておきたい。『条約に先立つ法的状態』のあり方が『条約の発効後』にも、そのまま同じ法的状態となる。」(Hearings, p. 11)

フルブライト委員長「戦後の日本と連合国との平和条約で米国は『日本の保有する主権を接収しなかった』のは、事実であるとしてよいか？」

フルブライト委員長「然り、その通り。」

クーパー議員「ソ連は琉球に対する主権を要求しなかったのか？」(Hearings, p. 22)。

国務長官「われわれの知るかぎりソ連はそれを要求しなかった。」

クーパー議員「日本は北方諸島の主権をソ連に割譲したのか？」

国務長官「主権が割譲されたとは考えていないが、ソ連は北方島嶼を占領しており、そのために条約ができていない。日本はこの問題を沖縄返還と同様の観点から幾度かソ連と議論してきたが、まだ成功していない。」(Hearings, p. 23)

クーパー議員「ソ連は北方島嶼の施政権を日本に返還するつもりがあるか

どうか、長官は承知していないということか？」

国務長官「現在の情報を基礎として判断するかぎり、ソ連は北方領土について柔軟性はないと教えられている。」(*Hearings*, p. 23)

大陸中国と台湾に関わる米国の立場

ジャヴィッツ議員「長官よ、大きな問題を一つだけ伺いたい。最も単純化した対比をやってみたい。もしわれわれが日本の主権回復のために沖縄を日本に譲るとして、世界における日本の立場を強化し威厳を高めるが、台湾は中国の一部とすることで一致している蔣介石と毛沢東は、返還に同意するのか、台湾は大陸に譲るのか？」(*Hearings*, p. 24)。

国務長官「然り。私は昨日の陳述（陳述は10月27日、質疑は28日）でそれを指摘した。国連における投票結果は米国と台湾政府との関係には影響しない。米国と国民政府との関係は投票から影響を受けないというのは、台湾との防衛協定は続くということだ。米国は国府と外交関係を保持しており、二国関係には影響しない。国連の代表権問題では密接に協力して議論してきた。台湾は当然に失望しているが、米国はいかなる意味でも台湾を放棄することはない。国連における座席継続のための攻撃的な努力に台湾は喜んでいる。だからそこへ私の注意力を向けてくれてありがとう。もう一度いうが、国連における投票結果によって米台関係が変わることはない。」(*Hearings*, p. 24-25)

ジャヴィッツ議員「ところで長官よ、対話の前提は米国がトルーマン宣言に固執するのは、台湾の大陸反攻に加わったり、これを煽動するためではないと思うが、どうか？」

長官「その通りだ。」

ジャヴィッツ議員「だから米国の立場は両面で整合性（台湾の擁護と大陸反攻の牽制）が必要だ。」(*Hearings*, p. 25)

2　パッカード国防副長官の報告

報告

公聴会でパッカード国防副長官は、「返還の時期は到来した」と次のよう

に証言した（*Hearings*, p.42-44）。

　——沖縄は国連の西太平洋における主要防衛勢力として、5万の兵力を展開している。これには軍隊の重要な部隊組織とすべての分野の部隊組織を擁している。沖縄の戦闘部隊と後方兵站部隊は、東アジアにおける前線基地の主要部分を構成している。日本への返還に伴い、これらの兵力は沖縄にとどまり、返還後も任務を継続する。しかしながら、米軍の活動は、従来とはちがい、本国における活動と同じレベルの自由をもつのではなく、ホスト国たる日本との間で了解された範囲の自由に制約される。これらの部隊が外国の領土で展開されるに当たっては、外国政府の見解に関心を持たないほうが容易であり望ましいが、一定の条件だけについて合意することが現実的である。

　沖縄はユニークな歴史のゆえに、この原則の例外として扱われてきた。まず戦争で征服された領域であり、それから日本との平和条約下で施政が行われてきた。しかし日本および沖縄の人々との関係を正常化すべき時期が到来した。こうして日本と沖縄の返還要望に応えるのである。端的にいえば、返還以後、沖縄における米軍の活動は、日本本土で展開する米軍と同じ条件にしたがうことになる。これらの条件は、日米安保と関連協定に基づいて設定される。これは米日両国の安全保障上の利益に役立つ素晴らしい条約である。われわれは3万の兵力を日本に駐留させているが、この部隊は西太平洋における防衛態勢の重要な要素として役立つ。

事前協議

　日米安保と関連する交換公文に定められた規定のもとで、東アジアにおける国際平和と安定維持に関わる日本防衛のために、そして他の軍事活動のために、日本で展開する米軍の数、主要な装備の増減、そして日本防衛以外の直接的戦闘のために在日基地を用いることについては、それを行う前に日本政府の了解を要する事前協議を経て、われわれの武装勢力を用いることができる。実際の条件としてはこれら三つの制約は、次のことを意味する。第一に、日本政府の許可なしに米国は米軍の増強をしてはならない。しかしながら、小部隊は展開してよいし、これは単に日本政府に通告するだけで、しばしば行われるであろう。

返還以後の沖縄の直接的防衛

　1969年11月の佐藤ニクソン共同声明で合意したように、佐藤首相は日本がいずれ沖縄の防衛に責任をもつことを約束した。日本との交渉の一つの局面は、日本が責任をとる方式である。沖縄交渉チームの軍事代表たるウォルター・カーチス准将と防衛庁の代表［久保］の間で交渉が行なわれた。この防衛協力は、返還以後に自衛隊が展開する陸上、海上、航空自衛隊の兵力を記述している。目標は1973年7月までに沖縄を日本が自衛することである。沖縄に兵力を展開する防衛庁の計画は、想定される使命を十分に果たすものと信じている。これらの交渉は米日間の防衛協力を象徴する密接な協力精神を表している。自衛隊が沖縄防衛の使命を果たす際には、われわれは年間3500万ドルを国防総省の他の予算にふりむけることができる。この場合、われわれの兵力の一部は撤兵し、他の任務に回される。こうして年間3500万ドルの節約が可能になる。

返還後の沖縄民政

　国防総省は陸軍省を通じて、米国政府のために琉球と大東諸島で施政権を行使してきた。現在の琉球政府高等弁務官ランパート中将は有能な将校であり、この委員会の証人である。米国の施政権機能と沖縄への責任を日本に引き渡す具体的に説明する準備ができている。返還または返還の拒否は沖縄の基地の日常活動にどのような影響を与えるか。端的にいえば返還によって米国とりわけ国防総省は沖縄の民政に対する責務を解除され、沖縄の統治は日本政府と沖縄県庁の責務となる。これによって米国の予算は年間2000万ドルの節約となるが、これは返還交渉に先立つ援助を含めて米国民政府の経常費用である。

パッカードとの質疑

　クーパー議員「パッカード副長官とランパート中将の証言は、きわめて有益で役立つものである。昨日のロジャース証言を論理的に裏付けるものだ。第二次大戦後、連合国が日本と結んだ平和条約において、米国は日本に対して主権の停止を求めることはしなかった。米国は今回、単に日本に対して施政権を返上するだけである。この解釈は正しいか？」

パッカード副長官。「その通り。」

クーパー議員「米国とは違ってソ連は日本に対して千島列島の大部分などの主権の譲り渡しを要求した。」(*Hearings*, p.57)

3　専門家などの証言

尖閣諸島の射爆場はなぜ？——ノーベル賞学者楊振寧の証言

　楊振寧は 1927 生まれの中国系米国市民で、1957 年度ノーベル物理学賞受賞者。周恩来に招かれて 1971 年夏に訪中している。楊振寧は新聞記事「米国海軍は尖閣諸島の黄尾嶼と赤尾嶼に射撃場をもっているが、これは訓練用としてほとんど用いられていない。米国が尖閣諸島にもつ唯一の施設である」を引用して、こう追及した (*Hearings*, pp. 76-80)。

　——なぜこれらを米国が保有するのか。日本が米国に課した計略にすぎないのか。中立の原則とは真逆の立場に米国海軍が立つことを意味することに議会は気づいているのか。地理的には小さいが、国際緊張の厄介ものになる可能性を帯びた点の説明を抜きにして条約を批准することを議会は求められているのか。米国市民は過去において米国の利益ではなかったものについて立場をとることを言外に求められているのか。これらの疑問は私を深く悩ませるものだ。

　楊振寧はさらに「日本軍国主義の復活への危惧」を続けた。

　——3ヵ月前に［71 年 7 月か］、私は中華人民共和国を 4 週間訪問した。中国について抱いていた多くの誤解が明らかになったことで、きわめて教育的な旅行であった。ただ今日の討論のために、中国の人々と指導者たちが日本軍国主義の復活を深く危惧しているとしたジェームズ・レストン記者のレポートを確認するだけにとどめたい。北京である日の午後、私は二つの日本映画を見たが、レストン記者のコラムでも同じ映画を見たと記してある。二つとも日本映画を中国でコピーしたものだ。映画のタイトルは 1969 年に製作された「日本海大海戦」と 1968 年に製作された「連合艦隊司令長官・山本五十六」であった。両方とも日本の映画会社東宝の作品である。制作者は両方とも田中友幸である。前者は日本海軍が 1905 年にロシア艦隊を全滅さ

せたことを描いたもの、後者は第二次大戦における日米戦争、真珠湾攻撃の少し前における両国海軍の遭遇の物語である。山本は疑いなくご記憶と思うが、真珠湾攻撃を立案した日本の提督である。両者ともに日本海軍を賛美するものだ。これら二つの映画は日本軍国主義の復活の可能性を示すものか。私の評価は確かにその通り、である。この映画を作り、支えた人々は、日本海軍の復活を主張する人々である。そのこと自体が私を驚かせるが、真に明らかになったことは、過去の日本の「栄光に満ちた」軍事展開が世界と日本の国民に非道徳的かつ悲惨な結果をもたらしたことへの歴史的反省の欠如を暴露したことである。田中氏やその友人たちは歴史から教訓を学ばない人々である。

　映画に対する楊振寧の評価が妥当か否かは、ここでは問わない。日中国交回復前夜の中国でこの映画は「日本軍国主義の復活」を意図した宣伝作戦として位置づけられ、中国で反面教師として上映され、話題になった。「佐藤栄作政権下の日本の右傾化」を象徴する作品として位置づけられ、批判のために上映された。これは娯楽が限られていた文化大革命下の中国の観客に少なからぬ影響を与えたようだ。たとえば林彪の長男である林立果はこの映画に感銘を受け、「５７１工程」（ウーチーイー）（武装蜂起計画）のなかで、毛沢東へのクーデター組織を「連合艦隊」と名づけた。

中国に犠牲をしいる沖縄返還協定——呉仙標の証言
　呉仙標は、デラウェア大学の物理学・天文学教授で、その後デラウェア州副知事となる中国系米国市民出身の政治家である。中国側のスタンスに立って釣魚島の扱いをふくめ沖縄返還協定への批判の論陣をはっていた。
　呉はまず、ロジャース国務長官の「返還協定に釣魚台諸島は含まれるか」という問い合わせに対して、主権については中立とするロバート・スター（東アジアおよび太平洋担当法律顧問代理。日本ならば法制局長官代理に相当）の書簡を次のように紹介した。
　「尖閣諸島の帰属については、中華民国政府と日本政府とで意見の食い違いがある。中華人民共和国政府もまた、同諸島の主権を主張している。尖閣諸

島の施政権は日本に返還されるが、日本が受け取る権利は、尖閣諸島に対するいかなる潜在主権をも損なうものではない。米国は日本から引き渡された施政権をそのまま返還するのであり、返還によって権利が増えることも減じることもない。米国は尖閣諸島に対して、いかなる権利も主張しない。尖閣諸島に対する主権の争いは、関係当事者が解決すべき事柄だ。」(*Hearings*, p.91)

　その上で呉は次のように述べた (*Hearings*, p.91-94)。

　——この地図に現行協定に影響する地域を画定する6点を記して示した。沖縄協定付属文書の第1条は、すべての島嶼 (islands, islets, atolls, and rocks) が日本に返還されるとしている。それゆえオリジナル文書と協定の間には大きな変化がある。その違いは中国側の犠牲において生じたものだ。なぜそのような線引きが中国の犠牲において行われたか。……この変化は国際協定によって変化したものではない。琉球民政府布告27号に基づくものだ。国務省でさえもそのような布告は法律的には「米国と日本との了解事項」以上のものではないと認めるであろう。議会担当国務次官補代理ハリソン・M・シーメスの手紙を引用したい。1951年のサンフランシスコ平和条約において、米国は北緯29度以南の南西諸島の施政権を獲得した。この条項は尖閣諸島を含むものと「理解される」。

　中国を犠牲にした気まぐれの行為 (capricious act) は、中国側の反対を招くのではないか。むろん中国は『人民日報』評論員論文 (評論員論文とは高官の筆名を意味する——原注) でつぎのように述べている。「米国は沖縄を日本の人々に返還すべきだが日米反動派が中国の神聖な領土釣魚島等の島嶼を沖縄返還のペテンを利用して横取りすることを既成事実とすることを許さない。台湾における中華民国の立場も断固たるものであり、外交部スポークスマンは釣魚台諸島の日本への引き渡しはまったく受け入れがたいものだ」と。

　国務省の立場は控え目に言ってもきわめて曖昧だ。一方では領土紛争では中立だと主張しながら他方で布告27号に基づいてこれらの島嶼を日本に渡そうとしている。国務省は二つの島を射撃場とすることについて、日本の許可を求めている。1971年6月28日付『ワシントン・ポスト』によれば、日本の外務省広報官は、射爆場の許可申請こそ米国が日本の主張を支持してい

る証拠であるとしている。米国は租借によって日中紛争の渦中に立つこととなり、これは軍事衝突に傾く危険性がある。

　上院議員のみなさん、正直なところ、現在の国務省の立場は、米国の国益を損なっているのではないか。「始めよくても、道半ば」というが、ニクソン訪中以後の最初の具体的紛争が釣魚島になるおそれがある。米国は明らかな二枚舌だ。米国の最良のイメージを伝えるものか。誠実さを伝えるものか。世界の安定に対するアメリカの良識を伝えるものか。

　次に、真に中立的な立場を米国がとる場合、近年最も低潮といわれている日米関係にどのような影響を与えるのか。この問いに答えるに際して、米日関係の違いを区別すべきである。当初の境界を変更したのでは、自民党の主流派とりわけ佐藤首相はきわめて不愉快であろう。だが、私見では佐藤政府と日本国民を区別すべきである。数年前中ソ衝突が珍宝島であり、中国は超大国ロシアと中ロを隔てるウスリー江にある小さな島（珍宝島／ダマンスキー島）で武力衝突の危険を冒した。これは無人島で、戦略価値はないし、石油もない。中国がもしロシアと同様に、釣魚島を守ろうとした場合に、日本は布告27号だけで、釣魚島を占領できるか。私の感覚では、日本人は中国人とともに、公正で法的なやり方で相違点を平和的に解決すると思う。さもなければ、多くの日本人と中国人は、米国が故意に日中間の紛争のタネを蒔いて、極度に重大な問題としたと感じるであろう。批准を待つ返還協定は世界平和に不安定をビルトインするものになるであろう。

基地付きの返還は問題──歴史学者マーク・セルデンの証言

　ワシントン大学歴史学部助教マーク・セルデンは、冒頭、返還協定条文には異議があり、ただちに沖縄の主権が日本に返還されるべきとした上で、⑴問題の返還条件として「軍事基地付き返還」の矛盾を指摘する。次いでこれらの返還条件が、⑵沖縄の人々に対してどのような影響を与えるかを考察する。そして、ロジャース長官と牛場大使が調印を祝している姿と沖縄の反基地闘争に立ち上がった人々が機動隊に制圧される姿とを並べた『ニューヨーク・タイムズ』紙を紹介しつつ、⑶軍事支出の犠牲にされる大衆の利益と願望を論ずる。

次いで、(4)米国の政策は以下の誤った想定に基づくことを指摘する。①沖縄の基地は日本と太平洋の安全に不可欠、②中国の民族解放闘争と対決し阻止する自衛の砦として必要、③日本は陸軍（空軍、海軍にあらず）の負担を増やし米陸軍の削減に貢献すべき、④日米協調と東アジアにおける中国の脅威、という想定だ。

現実には、(5)日本の防衛のためにはもはや米軍は不要だが、東南アジアや中国への作戦の足場として沖縄基地に意義があるにすぎず、「防衛性よりは攻撃性が強い」ものだ。(6)軍事同盟の想定を変えていないのは、ベトナム戦争から教訓を学ばず、冷戦から教訓を学ばないものだ。そして、(7)創造的な新外交の条件は成熟しつつあるにもかかわらず、ニクソン・佐藤共同声明は、韓国や台湾という旧日本植民地の安全を口実に軍事同盟の意義を説いている。日米安保は「日本の軍事的覇権主義を支えるもの」に転化しはじめている。

最後に、(8)望ましい新外交の目的を破壊する返還協定として、沖縄協定を批判し、アメリカは世界の憲兵の役割を止めて、沖縄から軍事基地を除いて返還することを主張した。

委員からも賞賛された格調の高い陳述であった（*Hearings*, p.95-98）。

これは「返還せざる協定」——レイモンド・ウィルソンの証言

この上院公聴会記録を読み進めて、最も驚いたことの一つは「沖縄基地返還」というよりは、沖縄基地は「返還せず（Treaty of Retention Rather than Reversion）」というレイモンド・ウィルソンの証言である。ウィルソンは普連土教会、すなわち絶対平和主義を標榜するクェーカー教徒たちが1943年にアメリカで結成したロビー活動のための団体（Friends Committee on National Legisration, FCNL）の名誉主席である。

著者は彼らの平和主義、良心的兵役義務拒否のことは多少知っていた。しかし沖縄返還協定の批准前夜に彼らが次のような意見を上院で述べていたことはまるで知らなかった。

「わが委員会は、沖縄を日本に返還する政治協定を記した第１条を支持する。しかし第２条、第３条では沖縄の軍事基地を残すとされているので、沖縄の非軍事化の交渉が整うまで、すべての米軍基地が琉球から撤退されるま

で、われわれは断固として協定の批准を上院は延期するよう求めたい」「この返還協定は120基地のうち88基地を返還しない、すなわち73％を返還しないのであるから、"返還協定"というよりは、"返還せざる協定"（a treaty of retention）と呼びたい」（*Hearings*, p.100）。

沖縄返還の内実は、まことにこの上院公聴会の識者の指摘通りであったことが40年後の実態を見れば、明らかだ。

ウィルソンは、尖閣諸島についての中国の主張についてもこう指摘していた。「返還協定がいかなる点でも中国のセンカクに対するクレームを排除したり、予断しないことを上院外交委員会は明確に示すことを希望する」（*Hearings*, p.101）。

戦略的歴史的関係からみた日米関係――フィンチャー教授の証言

ジョンズ・ホプキンス大学教授のフィンチャーは、次のように述べた（*Hearings*, p.115）。

――米日同盟に対する中国の戦略的歴史的態度および日本軍国主義に対する中国の恐れと米国自身の恐れとを検討しよう。日本人の真の多数派ではないとしても、かなり多くの者によって共有されている見方は、米国の核能力と日本の通常兵器の能力の組合せが、たとえばフランスのように、原爆は持つが中国に対して「限定戦争を行う」ことはできない軍事力とは異なって、中国の脅威となっている。

中国人は戦後日本の反中政策の多くが米国の政策によることを記憶している。日本における米国の占領政策は1940年代遅くに中国が共産化したことによって、日本をますます反共産主義化した。中国はソ連とあからさまな同盟を組むことによって日本の脅威に対抗した。中国はそこで、日本だけを名指しして批判し、他の盟友の名［米国］を挙げることをしなかった。最後に、中国は1950年にソ連に味方して朝鮮戦争に参加した。しかし日本に基地をおく兵力が中国の北東国境を脅かし、蔣介石が避難した台湾省への接近を妨げた。日本は国連に席次をもつ蔣介石政府と別個に平和条約を結び、米国に追随した。

中国から見ると、釣魚島は日米結託の好例である。これこそが日本の通常

海軍力を中国が恐れ、日本陸軍の拡大とともに、釣魚台問題を米日軍事結託の危険な例とみなす理由なのだ。新華社1971年5月14日電によると、共同5月11日電を引いて米国の軍用地図を日本が使用したことを攻撃している。

第5章　沖縄国会における尖閣論議

　沖縄返還という戦後日本にとって、主権回復のための最後の交渉を日本政府はどのように扱ったのか。外務省はどのような交渉を行なったのか。それらの過程は、立法府においてどのように討論され、検証されたのか、国会会議録検索システムを用いて、議事録からキーワード「尖閣」を抜き出し、国会論議の一端を点検してみよう。

　佐藤栄作・ニクソン共同声明を契機として沖縄返還が政治日程に上ったのは、1969年11月だが、その前年から日中平和友好条約を批准した翌々年まで、すなわち1968年から80年に至る12年間の国会議事録を一瞥してみよう。

　国会議事録のうち、衆院議事録では、「キーワード・尖閣」を含む会議は192、参議院では152である。これらを各委員会ごとに数えると、表3のごとくである。われわれの狙いは沖縄返還における尖閣論議であるから、対象をおもに衆・参院の本会議と沖縄特別委員会および予算委員会にしぼり、尖閣問題がどのような文脈で討論されたかを抜き書きしておくと、本章末の表4のごとくである。

　沖縄返還協定は1971年6月17日に調印されたが、その3週間後にキッシンジャーが秘密裏に中国を訪問した。ベトナム

表3　衆参両院における尖閣論議回数（1968～80年）

衆議院		参議院	
外務委	44	外務委	35
沖縄委	30	予算委	28
内閣委	27	沖縄委	18
予算委	25	農林委	14
商工委	19	本会議	12
本会議	13	商工委	11
決算委	10	決算委	9
農林委	6	内閣委	7
科技	6	大蔵委	7
運輸委	4	運輸委	6
法務委	2	社労委	1
大蔵委	2	法務委	1
石炭委	1	議運委	1
社労委	1	公害環境	1
交通委	1	交通安全	1
公害委	1		
計	192	計	152
衆院参院計			344

戦争の末期に「ベトナムを支える後方基地」の観のあった中国を米国の大統領補佐官が訪問することは、世界を驚かせ、これが最後の一撃となって 10 月 25 日国連総会は、中国代表権を台湾の中華民国から奪い、中華人民共和国に与えた。

* 　国連の設立に際して中華民国は創設メンバーとして参加し、拒否権をもつ安全保障理事会の常任理事国となった。しかし、その後国共内戦に敗れ、台湾に逃れ、亡命政権となった。亡命政権が中国大陸をも含めた全中国の代表とする虚構への批判は、国連総会の多数を占めるに至り、ついに 1971 年に中華人民共和国を支持するアルバニア案は多数派を制し、中華民国は安全保障理事会常任理事国のポストを奪われた。蔣介石はこれに抗議して、国連自体から脱退を決定した。米国等は安全保障理事会のポストは中華人民共和国に与えつつ、中華民国を台湾地域のみを代表する形で国連にとどまる道を模索したが、これは蔣介石の受け入れるところとならなかった。ここで重要なのは、台湾の脱退と北京政府の国連参加が、「国連における中国代表権」という議題で冷戦構造の枠組みのなかで扱われたことである。戦勝五大国のもつ拒否権のために、安全保障理事会レベルでは、このような重要事項を決定することができず、結局は理事会ではなく、総会の決定事項とされ、しかも総会における 3 分の 2 の多数票を要する「重要事項」として扱われた。過半数から 3 分の 2 までの道のりは長かったが、ついに 1971 年秋に実現した。

　沖縄返還協定が調印された 1971 年央という時期は、冷戦体制のなかで、西側陣営の一員として復興する道を余儀なくされてきた日本が、その後の進路を自ら主体的に選択する契機となしうるはずの好機であった。現実にはそれにまったく失敗した。その失敗を示す負の帰結こそが 40 年後に東シナ海に巻き起こった尖閣衝突にほかならない。

　沖縄返還は戦後の冷戦体制の大きな再編成の契機となるが、日本から見ると、それは沖縄復帰、分断された日本の統一であり、対外的には中華民国との外交関係を断絶し、中華人民共和国との国交を正常化するものであった。そして、ここにこそ東アジア冷戦のいわば前線基地が置かれ対峙していたために、歴史的経過と国際情勢の変化を見据えたうえでの的確な判断が求められることになったが、日本の国会は問題をどのように認識して、どのような対応を行ったのか。その功罪が 40 年後に露呈、暴露された。歴史の曲折は後から見ると、くっきりと浮かび上がる。

　沖縄返還が国会で議論され始めた 1968 年 8 月ごろ、尖閣をめぐる議論は、台湾漁民が尖閣諸島周辺に出没する問題であった。70 年 4 月には尖閣諸島

の資源調査の必要性が論じられた。なお、引用中の［　］内は著者矢吹のコメントである。

1　返還交渉をめぐって──1970年8月～71年4月

尖閣の領有権を中華民国も主張している事実

　尖閣の領有権を台湾の中華民国も主張している事実を挙げて政府の見解を質したのは1970年8月10日、川村清一議員（日本社会党）の質問が嚆矢である。
「この尖閣列島は明治時代に現在の石垣市に編入され、戦前は日本人も住んでいた。しかし、油田開発の可能性が強いと見られるだけに、台湾の国民政府は、尖閣列島は日本領土でないとして自国による領有権を主張し、舞台裏で日本と争っていると伝えられる。今後尖閣列島の領有問題をめぐって国民政府との間に紛争が顕在化した場合、わが国としてはどのような根拠に基づいて領有権の主張をし、どのような解決をはかるおつもりか。」
　これに対して愛知揆一外相はこう答えた。
「尖閣列島については、南西諸島の一部であるというわがほうのかねがねの主張・姿勢は、過去の経緯からして、国民政府が承知しているはずだ。わが国の姿勢・立場に対して国民政府から公式に抗議・異議を申してきた事実はない。しかし、御指摘のように、尖閣列島周辺の海底の油田に対して国民政府側として関心を持ち、ある種の計画を持ってその実行に移ろうとしていることは、政府としても重大な関心を持っている。中華民国側に対して、この石油開発、尖閣列島周辺の大陸棚に対して先方が一方的にさようなことを言ったり、また地図、海図等の上でこういうことを設定しても、国際法上これは全然有効なものとはならないことを、こうした風評を耳にいたしたときに政府として公式に申し込れをしている。」

中華人民共和国もまた領有権を主張

　中華民国の領有権主張に加えて、中華人民共和国もまた領有権を主張している事実に着目したのは、1970年12月8日、國場幸昌議員（自由民主党、

沖縄選出）の質問が嚆矢である。

「尖閣列島の領有権問題について12月4日の新聞報道によると、尖閣列島に対して、さきの中華民国の領有権主張とは別に、新たに中共も領有権を主張してきておる。尖閣列島は八重山石垣市登野城の行政区域に属しており、戦前には同市在住の古賀商店が伐木事業及び漁業を経営していた島であって、琉球列島の一部としてその領有権は日本にあることは明白である。領有権をめぐる他国の主張に対して、日本政府は明確な論拠をもってその立場を明らかにし、日本国の固有領土であることを国際的に認めさせる努力をすべきである。」

これに対して愛知外相はこう答えている。

「尖閣列島の領有権の問題、主権の問題は、あらゆる角度から見て、これが本来固有の日本の領土であることについては一点の疑いもない。この点については、過般外務委員会において西銘委員［西銘順治議員、沖縄選出］からも貴重な資料の御披露があったこともその一つの有力な根拠であり、いかなる点からいっても領有権には一点の疑いもない。平和条約第3条によって、施政権が米国の手で行なわれてきたが、その施政権の対象となっている地域の中にも、きわめて明白に尖閣列島はその中に入っているので、沖縄の施政権返還の場合に、これまた何らの疑いなしに当然本土に復帰する。こういうわけで、尖閣列島の主権は、いかなる国との間にも交渉するとかあるいは国際的に論議を提供するとかいう問題ではない。たとえば、どこかの国の人が鹿児島県はおれのほうのものだと言っているのと同様であって、何人も鹿児島県が日本のものであるということには疑いがない。尖閣列島の主権についても、日本としては何らのゆるぎなく、これは自分の主権下にあるものであるという厳然たる態度をとっておることでもって十分である。これが政府の態度である。ただ、東シナ海の大陸棚の問題は、領域の主権の問題とは、必ずしも同一には扱えない。国際条約その他の根拠なくして、ある国が一方的にその地域の資源開発のために調査をする、ボーリングをすることを一方的に主張し得るものでないこと、これもまた当然のことだが、そういう問題については、これを主張し、あるいは何かやりたいという国との間に話し合いを持つということはあり得る、これが日本政府の態度である。」

*　西銘順治議員の12月4日衆院外務委における発言は、尖閣列島の領有権については、中華民国も戦前から同諸島が沖縄県に所属していたことを認めていたはずだというもの。表4該当個所参照。

「尖閣列島の主権」を論ずるにあたって、鹿児島県を引き合いに出すのは、相当に乱暴な論理だが、ここには台湾の中華民国に加えて、大陸の中華人民共和国も尖閣の領有権を主張している事実に直面した日本外相の狼狽ぶりを読み取ることができよう。

　こうして、1970年末には、沖縄返還問題のさまざまの論点・争点のなかに、尖閣問題が加わることが日本国会のレベルで意識されるに至った。

　川村清一議員は、12月16日再度この問題に触れた。
「私は、8月10日の本委員会において初めて尖閣列島の問題について質問した。その際、将来東シナ海の大陸棚開発をめぐって台湾政府、韓国あるいは中国との間に問題が起きてくることを予想して、この問題を指摘し政府の見解をただした。その後の経過を見ると、私が指摘したように、尖閣列島の問題をめぐって国民政府との間に、あるいは中国との間にもいろいろと問題が複雑に発展してきた。この際、8月10日以降の推移について外務大臣から概略の御説明をいただきたい。」

　愛知外相はこう答えた。
「尖閣列島の問題は、尖閣列島自身の［領有権］問題と、それから東シナ海に及ぶ大陸棚の問題と、二つある。尖閣列島の帰属すなわち主権の問題は、日本の領土であることは、間違いない。サンフランシスコ平和条約第3条によって米国が施政権を持つ、その施政権の範囲からしても、当然これが復帰されることはあまりにも明白な事実だ。これについていかなる国がいかなることを申しても、話し合いを持つとか協議するという性質の問題ではない。

　もう一つの大陸棚の開発問題についても、これは国際法上ある国が一方的に権利を主張し得べき性質のものではないという基本的な立場をとっており、かりに他国がこの海底の開発等に対して一方的にその他の国、あるいはその他の団体、その他との間にいかなる話し合いをしたりあるいは仕事を進めよ

うと思っても、そうした一方的な一つの国の計画を承認するわけにはいかない。国民政府が何らかの計画あるいは処理をし、あるいは第三国の団体、会社等との間にいろいろの計画を設定するというようなことについては、重大な関心を持って抗議を申し入れ、そして、その経過あるいは考え方等を十分調査するとともに、日本側としての見解というものを明らかに先方に申し入れることが絶対に必要であり、国民政府に対して申し入れ、話し合いをしている。国民政府との間は、まだ結着までは行っていないけれども、十分くぎをさしておる。中華人民共和国側でも大陸棚の問題について主張しておるようだ。新華社の記事等によって、そうした意見を持っていることがわかっているけれども、具体的な申し入れには全然接していない［日本国と中華人民共和国との間には、この時点で外交関係はない］。」

　愛知はここで、「尖閣の日本領有は疑いない」としつつ、資源開発でより問題となる「大陸棚については、関係諸国との協議にまつ」と強調していることが注目される。

尖閣列島は返還区域の対象か

　1971年5月17日、返還協定の調印1ヵ月前の時点で、長谷川仁議員（自由民主党）がこう質問した。

「外務大臣の報告によると、返還される沖縄の領域は、平和条約第3条の地域から奄美、小笠原両返還協定によって返還された残りの全域である。この場合、いわゆる尖閣諸島は当然疑いなく返還区域に含まれると考えていいかどうか。これは歴史的にも日本領であることは間違いないけれども、総理大臣も日韓条約のときにたいへん苦労された竹島の問題もあるし、尖閣列島が第二の竹島になりはしないか心配を持つ。沖縄が祖国に正式に返る日は4月1日を希望されていると伺っているが、この4月1日が沖縄の歴史からいうと実に悲しい不幸な出発の日になっておる。たとえば1609年の4月1日には、薩摩の島津藩が沖縄に侵略して260年間の圧政に苦しんだ。これが4月1日である。1945年の4月1日、これが悲しい記録を残した米軍の沖縄本島への上陸。1952年の4月1日、これが米軍占領下の琉球政府の樹立と、こうした記録がある。したがって沖縄の方々は、やはり祖国に返る日はこうし

た日は避けてもらいたいと思う。」

愛知外相はこう答えた。

「尖閣島は、明らかに返る中に入る。これは条約文の上からいっても、すでに平和条約第3条で米国が施政権を持っているものの中から奄美、小笠原を除いたすべての領域ということで非常に明確である。それでも安心ができないということならば、他の適当な方法も考えたい。条約文には何々島、何々島とは書かないのが通例で、そういう点で必要にして十分な規定を置きたい。4月1日の問題は、外務委・沖縄特別委員会でも与野党から質問があるように、たとえば琉球立法院の考え方などは、4月1日が望ましいとして、政府にも要請がある。会計年度等の関係から見て4月1日が望ましい。ただいま御指摘のような意見があるとすれば、なお慎重に現地の方々の意見を承知しておく必要がある。」

沖縄返還協定の範囲に尖閣諸島が含まれることについては、愛知外相はいくどか繰り返してきたが、それでも国民の間に疑念が残っていたことを長谷川議員の質問は示す。同議員はさらに島津藩の侵略、米軍の沖縄上陸、米軍下の占領行政の開始がいずれも4月1日である事実を指摘して、会計年度上の純技術的扱いは沖縄の心をふみにじるものとしているのは注目される（安倍内閣は2013年に4月28日を「主権の日」と定め、記念式を行ったが、主役たるべき沖縄県知事は欠席した）。

〔補〕 尖閣周辺海底に石油あり──「エメリー・リポート」

1961年、東海大学新野弘教授（1905～1973）がエメリー博士との共同論文「中国東海および南海浅海部の沈積物」（Niino, H., Emery, K.O., "Sediment of Shallow Portions of East China Sea and South China Sea," Geological Society of America, *Bulletine*, Vol.72, 1961）で、尖閣列島周辺海域に石油埋蔵の可能性があることを指摘したのが、「尖閣と石油」騒動の嚆矢である。後に1967～68年、アメリカ海軍の海洋調査船がひそかに調査し、空中より磁気探査を行い、石油埋蔵の可能性を確認したといわれる。

その後、国連アジア極東委員会（エカフェ）Economic Commission for Asia and the Far East（ECAFE）のもとにアジアオフショア地域における鉱物資

源調査の合同委員会 Comittee for Co-ordination of Joint Prospecting for Mineral Resources in Asian Offshore Areas（C.C.O.P.）が設けられ、1968年10月12日〜11月29日東シナ海と黄海で米日台韓の共同調査が行われた。

調査には水産大学の海鷹丸を使用し、日本からは新野のほか、石油開発公団の技術者2名（小林、林）が参加した。この調査に基づき、*Geological Structure and Some Water Characteristics of the East China Sea and the Yellow Sea*（「東シナ海と黄海の地質構造と海水の特徴」）と題する調査報告（通称「エメリー・リポート」）が発表された。[*]

[*] この報告書は、K. O. Emery（Woods Hole Oceanographic Institution, U.S.A.）, Yoshikazu Hayashi（Japan Petroleum Development Corporation, Tokyo）, Thomas W. C. Hilde（U.S. Naval Oceographic Office）, Kazuo Kobayashi（Japan Petroleum Development Corporation, Tokyo）, Ja Hak Koo（Geographical Survey of Korea, South Korea）, C. Y. Meng（Chinese Petroleum Corporation, Taipei）, Hiroshi Niino（Tokyo University of Fisheries, Tokyo）, J. H. Osterhagen（U.S. Naval Oceographic Office）, L. M. Reynolds（U.S. Naval Oceographic Office）, John M. Wageman（U.S. Naval Oceographic Office）, C. S. Wang（National Taiwan University, Taipei）, Sung Jin Yang（Geographical Survey of Korea, South Korea）の連名で発表された。

「エメリー・リポート」が発表されるや、中華民国政府は1970年8月に大陸棚条約（1958年）をあわてて批准すると共に、中国石油公司（台湾）は米国の石油企業4社（ガルフ1970年7月、オセアニック1970年8月、クリントン1970年9月、テクスフェル1972年6月）と共同開発の協定を結んだ。ニクソン政権は1971年4月、石油開発一時停止措置（oil exploration moratorium）を採ったので、米台間の契約は、不可抗力の事情（force majeure clauses）による中断扱いされた。日本政府は台湾側の開発協定に抗議しつつ、自らはエッソ・東洋石油に開発許可を与えたりしている。なお、この調査を主導したのは新野弘[*]である。

[*] 新野弘は、水産講習所助教授、東京水産大学教授を経て東海大学海洋学部名誉教授。海洋地質学、とくに日本近海の礁堆の研究で知られる。栃木県出身。東北帝大卒。著作は『海とその資源』（1951年）、『海の地学』『海洋湖沼』（1953年）等。エカフェ調査の後、1969年6〜7月、日本総理府が「尖閣列島周辺海域の海底地質等に関する学術調査隊」（隊長・東海大学新野弘名誉教授）を行い、さらに1970年6月、総理府は「尖閣列島海底地質調査隊」（団長・東海大学星野通平教授）を行い、『尖閣列島周辺海底地質調査報告書』（1971年、総理府刊、東海大学編）が刊行されている。

2　ピンポン外交と沖縄返還協定調印
　　── 1971年4月～72年3月

　日本の国会論議がいま一つ、返還協定の諸問題の核心に迫りきれていない1971年4月、周恩来のいわゆるピンポン外交が始まった。5月末、『ニューヨーク・タイムズ』紙は、在米華人組織による1ページ大の「意見広告」（An Open Letter to President Nixon and members of the Congress）を掲げた。「保衛釣魚台」の五文字がめだつ文面は、ニクソン大統領と米議会議員たちに対して、返還協定に尖閣諸島が含まれることに対して、強い抗議の声を上げたものであった（本書16ページ）。

　そして、日本国民や沖縄県民が協定の内容やその含意を十分に理解できないうちに、米国の戦略家キッシンジャーは北京に飛び、毛沢東や周恩来と密談をこらしていた。ピンポン外交や『ニューヨーク・タイムズ』紙に掲載された珍しい「保衛釣魚台」の五文字に世界が驚いて、米中の緊張緩和を見守ったが、そこで最も大きな伏線というよりは、時限爆弾にも似た装置が仕組まれたことを日本国民やマスコミはほとんど知らなかった。

　返還協定とその付属文書「合意議事録」をようやく読んだ日本の国会議員たちは、さまざまの疑念を国会で追及した。たとえば、以下のごとくである。

尖閣に米軍基地を残すな
　日本社会党の爆弾質問男、楢崎弥之助議員は調印から1ヵ月後の1971年7月21日にこう発言した。
「アメリカは台湾海峡の第7艦隊のパトロールをやめた。あるいは渡航制限の緩和をやった。アメリカの具体的なあかしに対して中国はこたえた、いわゆるピンポン外交の展開である。沖縄返還協定の中で尖閣列島が一緒に返されることになった。領土の帰趨については、中国も抗議をしておるし、台湾も抗議をしておるし、アメリカは、尖閣列島の問題に介在するとたいへんなことになるということで、先だっての上院の外交委員会の小委員会でも、米国は尖閣列島の領土権には絶対介入しちゃいかぬ、そうしないと、せっかく

なりかかった米中改善がこれだけでこわれるという警告を発しておるぐらい、この尖閣列島の領土問題を中国はきびしく見ておる。この尖閣列島──返還協定を見てみると、返還後、依然として米軍基地を提供するようになっておる。米軍に基地を提供することはやめるべきである。防衛庁は［尖閣諸島を］ADIZ（防衛識別圏）の中に含めているが、含めるべきではない。総理さえ決断すればすぐできる。沖縄の特殊部隊、これも認めるべきではない。」

　日本のADIZ（防衛識別圏）の中に尖閣諸島を含めることは、確かに焦点の一つとみてよい。というのは、後に見るように、韓国との紛争になっている竹島／独島は、防空識別圏から除外されていたからだ。

尖閣領有の根拠を明らかに

　松下正寿議員（民社党）は12月1日こう質した。
「台湾政府も、また中華人民共和国も、この尖閣列島が中国の領土であることを主張している。尖閣列島の問題については、いわゆる大陸棚の地下資源の問題が含まれておって、きわめて複雑な様相を呈している。日本は、初め日本を中心とする国際的な協力により尖閣列島周辺の海底地下資源開発の計画を進めていたが、中華人民共和国政府の声明（外交部声明）が出された直後放棄された。これが偶然の一致であるか、あるいはその他何らか日中関係を考慮してなされたものであるか、国民はその点について大きな疑いを持っている。尖閣列島の帰属に関して、総理はどう処理されるか。私は、歴史的にまた法的に考えて、尖閣列島に対して日本が領土権を有すること、及びこの領土権は米国による施政権の中断によって絶対に影響を受けるものでないことは、国際法学者の一致した意見である。台湾政府や中華人民共和国の主張に対して日米間に成立した沖縄返還協定を持ち出しましても、これはきめ手にならない。日本政府は、尖閣列島に対するわが国の領土権を、歴史的、法的に根拠を示して有効に主張する自信を持っておられるか。」

　佐藤栄作首相はこう答弁した。「この尖閣列島の領有権についてはいろいろの御懸念があるようだが、十分協定の中身をごらんになればその懸念は解消すると思う。いわゆる大陸棚は、別の問題である。大陸棚開発については別途の関係国間の協議を必要とする」。つまり、大陸棚は別だが、尖閣諸島

の日本の領有については、懸念無用と答えたのである。
　しかしながら、40年後の混乱が示すように、「台湾政府や中華人民共和国の主張に対して日米間に成立した沖縄返還協定を持ち出しましても、これはきめ手にならない」（松下）どころか、米国は「施政権の返還、領有権、主権については中立」と逃げを打っていたのが現実であった。この問題は当時どのように認識されていたのか。

尖閣の主権に関与しないというアメリカに抗議せよ
　森元治郎議員（日本社会党）は12月15日、こう質した。
「米国上院の審議過程において、尖閣列島だけが特に問題として取り上げられたのを見て奇異の感じを免れない。米国の言い分によれば、尖閣列島の施政権は日本に返すことになるが、その領土主権の帰属については関与しない、もし領有権を主張する国がありとすれば、関係国の話し合いによってきめたらよかろうというもののようだ。米国は、どこの国のものか分からないこれらの島々の施政権を押えていたというのか。そのくせ、返還後も演習場として使用することになっている。キツネにつままれたようで、何とも不愉快な話である。」
　福田赳夫外相はこう答えた。
「米国上院外交委員会はその報告書において、この協定は、尖閣列島を含む沖縄を移転するものであり、尖閣列島に対する主権に関するいかなる国の主張にも影響を及ぼすものでないと言っている。これをとらえてのお話、心情はよくわかる。私といえども不愉快な感じもする。これは他の国から米国に対していろいろと話があった、それを反映しているんじゃないかというふうな私は受け取り方もしているが、この問題は御指摘を受けるまでもなく、すでに平和条約第3条において、これは他の沖縄諸島同様に米国の信託統治地域、またそれまでの間の施政権領域ときめられているので、それから見てもわが国の領土である。台湾や澎湖島と一線を画す地域であることはきわめて明瞭である。」
　森議員「福田外務大臣から、尖閣列島の領土権について答弁をいただいたが、納得できないのは米国政府の態度である。尖閣列島は、石垣市に編入さ

れており、魚釣島、久場島、南小島と北小島は個人の所有地、大正島／赤尾嶼その他は国有地である。米軍は、久場島と大正島を射爆撃場として使用し、所有者に対し年間1万ドル以上も使用料を支払っている。今回の米軍基地了解覚書Ａ表の（84）黄尾嶼射爆撃場は久場島であり、（85）赤尾嶼射爆撃場は大正島である。この事実から見て日本に施政権は返還するが、その帰属には関係しないと称している米国政府の論理はあまりにも得手勝手であり、国際法上も認められるものではない。政府は、米国政府に強く抗議すべきである。」

福田赳夫（外相）はこう答えた。「尖閣列島で米軍の射爆撃場なんかがあってけしからぬじゃないかと、こういうお話だが、米軍射爆撃場としてＡ表で提供することにした、これこそは、すなわち尖閣列島がわが国の領土として、完全な領土として施政権が今度返ってくる、こういう証左を示すものであると解していただきたい」。

福田のいう「完全な領土として施政権が今度返ってくる」という言い方は、「施政権」と「領有権」を意図的に区別する米国の見解とは、まったく異なる。福田は米国の区別論を知りつつ、日本の立場としては、返還されるものは「施政権」だけではなく「領有権」も含まれるとする見解である、と単に日本側の主観的な解釈を述べたにとどまる。40年後の混乱を生み出した直接的契機は、佐藤首相・福田外相（前任は愛知外相）の対米追随、軟弱外交にあることは、いまや誰の目にも明らかだ。

翌12月16日森元治郎議員（日本社会党）はこう質した。「尖閣列島の領有権は問題なく日本だ、大陸棚と尖閣列島の問題は別個の問題である、もう一つは、もし、第三国から話し合いがあった場合には、正当なる申し入れなら話し合うだけで必要かつ十分だと思う。外務大臣としては中国に調子づけたような恰好は必要ないので、もっと牛歩的な態度でしっくりいかれたらいい。なぜ米国は領有権の問題について奥歯に物のはさまったようなことを特に言うのか、この真意は。さきに竹島問題という問題があり、あれも同じである。領有権について問題があると自分がすうっと引く。返還したなら返還するだけで黙っておれば必要にして十分だと思うのに、帰属はわからないと、そういうふうな言い方はどういう意味か」。

福田外相は、こう答えた。「帰属はわからないとは言っていない。沖縄返還協定は、この協定によってこの帰属に影響を及ぼすものではないと言っている。私どもとすればはっきり日本のものですよ、と言ってくれれば大変有難いが、これはお察しのとおりのいろんな事情があるんではないか、そのような感じがする。……今度の条約が影響を及ぼすものではないとは、まことに蛇足であり、言わずもがなだと思うが、何かいきさつがあった。しかし、抗議するというほどのことでもない」。

　森議員の怒りに対して、福田外相は「いろんな事情があるんではないか、そのような感じがする」と評論家風情で米国の意図を忖度し、結局は「蛇足」と問題を矮小化して、「抗議するというほどのことでもない」と逃げてしまった。「いろんな事情」とは、一つは米国と外交関係をもつ台湾政府の抗議、一つは米国がこれから関係を正常化しようと工作を始めた中華人民共和国の立場を配慮したことは明らかである。

　しかし、米国政府の土壇場での裏切りの意味を当時の佐藤内閣は的確に認識できず、米国への抗議を決断するには至らなかった。この対米軟弱外交は、核持ち込みの密約問題や沖縄県民の請求権の放棄、思いやり予算等の不当な支出とともに、対米属国外交の欠陥をあますことなく露呈したものと見るべきであろう。佐藤首相が沖縄返還をまとめた功績で「ノーベル平和賞」とは、ほとんどブラック・ジョークの類ではないか。

中国の動向にどう対処するか

『読売新聞』は1972年3月3日付でニューヨーク山本特派員発の衝撃的なニュースを伝えた。およそ半年前に国連代表権を得たばかりの中国代表が、これまでと違って蚊帳の外ではなく、国連に代表部をもつ大国として自らの主張を始めたのである。その第一声が「尖閣列島はまさしく中国のものである」という主張であった。これによって日本政府の希望的観測は大きく揺らぎ始めた。中国は尖閣諸島に対する領有権を主張するばかりではなく、大陸棚についても、自らの主張を展開した。

　沖縄選出の國場幸昌（自由民主党）議員は、この『読売新聞』記事を読み上げた。

ニクソン訪中がもたらした米中共存ムードも中国の台湾、沖縄問題への態度にはまったく影響を与えていないことを示した。3日の海底平和利用委員会は初参加の中国が海洋問題でどういう態度を打ち出すかが注目されていたが、一般演説に立った安致遠代表は「超大国」が領海の幅や海洋法を決める独断的な力を発揮していると攻撃しつつ、中国は、領海200カイリを主張して、米帝国主義の海洋支配と対決しているラテンアメリカ諸国の闘争を力強く支持すると公約した。安致遠はつぎに台湾・沖縄問題にふれ、米国は今日にいたるまで中国の一省である台湾を力ずくで占領しており、最近では日本の反動派と結んで「沖縄返還という詐欺行為」を行なった。この沖縄返還詐欺には、「台湾に属する釣魚島などの島々」を「日本領にしようというねらい」がある。米国は過去数年、日本や蔣介石一味と協力して、中国の沿海・海底資源を略奪するための大規模な海洋資源調査をしばしば行なってきたが、「台湾と釣魚島は中国の神聖な領土の一部であると主張した」。

そしてこれまでは違って国連の場で口を開き始めた中国の動向に驚きを隠しきれなかった。
　1972年3月8日、國場幸昌議員（自由民主党）はこう発言した。「尖閣列島の領有権問題に対しては、再三にわたる本委員会また他の委員会においても、古来の日本の領土であることに間違いはない」としてきたが、「今日のような新聞に報ずるがごとき問題をかもしておって、資源開発ができるか」「この問題は日本の領土だということで押しつけて、その資源を開発せんとするときには、国際間における紛争も予期される」と危惧を表明した。
　そして「米国のスチーブンソン国連大使は、中国やラテンアメリカ諸国から向けられた対米非難を『いっさい拒否する』と答えただけで、答弁権は行使しなかった」という記事を紹介しつつ、いまや中国毛沢東政権のみならず、台湾も、宜蘭県に行政区域を定め、3月にはこの尖閣列島に対するいわゆる事務所を設置する、と伝えられる、と危機感を表明した。
　福田外相は、従来の見解を繰り返すのみであった。「尖閣列島問題は、こ

れは非常に当面重大な問題だという認識を持っている。この重大な問題について、國場委員からるる開陳があったが、私も全く同じ所見である」「最近になり、国民政府からあるいは中華人民共和国からいろいろ文句が出ておる、これが現状である」「隣国の動きは非常に不明朗で、非常に心外である」と不快感を表明するのみであった。

　國場議員は、「領土権と大陸棚の問題は別」だが、「大陸棚の上に尖閣列島が乗っかっておる、そうすると領海権は、昔は3海里といわれたが、いまは12海里説もあるし、あるいはまた30海里、70海里というような思い思いの領海権主張をしておる国々があるわけだが、いわゆる領海権と大陸棚権、これをどう調和させるかという問題がある」と、不安を繰り返した。

　日本の世論の大勢は沖縄返還を喜び、中国の国連代表権問題の解決を喜ぶ反面、沖縄返還に隠されたトゲが中国の領有権主張への逃げであることをしだいに知るに及んで、日本政治は、新たな中国とのつきあい方をめぐって、大きく揺れ動くことになる。

尖閣領有決定の経緯

　1972年3月21日、楢崎弥之助議員は衆院予算委員会第2分科会で、尖閣諸島の領有決定の経過を鋭く質した。領有の経過について、これがほとんど唯一のやりとりである。福田外相や高島条約局長は曖昧答弁に終始した。

　楢崎弥之助議員の質問。

「尖閣列島の問題に入りたい。私の記憶する限り、本格的な論議がなされたことはないのじゃないか。つまりこちら側が領有権の問題について聞き、外務省はその見解を述べるというにとどまったのがいままでの経過ではないか。去る［71年3月］3日に国連の海底平和利用委員会で、初めて中国代表と日本代表とこの領有権の論議をやった。日中正常化の話し合いの中で、この尖閣列島があるいは現実的な障壁になるという可能性について私は憂える。領土問題というのは非常にデリケートな問題であり、隣国感情としても国民感情としても、これはお互いにシビアーなものがある。どこに問題があるかを見きわめる必要があろう。この問題は日中の話し合いでこれは解決されるべきものであり、第三国の介入する余地はない。具体的に言うならば、アメ

リカの見解は必要ではない。アメリカの意見をこの問題に求めることは根本的な誤りである。大陸棚の資源開発問題とこの領有問題は、これまた別個の問題であるという立場で日中間の話し合いに持っていく必要がある。沖特委員会で、外務大臣の領有権の根拠についてのお話も承ったが、非常に論拠が弱い。私の質問に対する回答書では、『歴史的に一貫してわが国の領土たる南西諸島の一部を構成し』とある。この『歴史的に一貫して』ということは、いつからの歴史か。明治17年に古賀さんが尖閣列島のことを知って、それに基づいて沖縄県知事が、国標を立てたいという上申書を提出された。それから十年間何故うやむやになっておるか。28年に閣議決定するまで、なぜうやむやになっておったか、その間の理由は何か。」

「資料によると、明治18年太政大臣あて、魚釣島、久場島及び清国福州との間に散存せる島に国標を立てたいという上申書を出した。これに対して外務卿の井上馨が、まず一つは、島嶼が清国福建省境に近いということ、2番目に、叢爾たる小島であること、3番目に、清国側に日本が台湾付近の清国領を占領した等の風評がある、その理由で、国標の建設と島嶼の開拓は他日に譲るほうがいいとして、同年12月に、内務卿から知事あてに国標の建設の必要はないと指示した。その後、明治23年1月と26年11月の2回にわたって、知事から上申書が出され、これも却下されておる。日清戦争の勝利の見通しが立った段階の27年12月27日、閣議にかけることが了承され、28年1月14日に閣議決定された。この10年間は、日本の内務省や外務省の調査で、尖閣列島が琉球列島に属しておることがはっきりしなかったか、あるいは中国領であることがはっきりしておったからではないか。結局は28年、つまり日清戦争勝利の見通しが立ったということで、一気になされたという印象を受ける。閣議決定から勅令13号だが、勅令に尖閣列島を領土に編入するということばはない。明治29年勅令第13号は、沖縄県の郡編成をきめただけであり、尖閣列島を日本領土に編入することは書いてない。ただ、八重山郡は八重山諸島を当てることが書いてある。八重山諸島の中に尖閣列島が含まれると沖縄県知事がいって、八重山郡に編入をした。地方行政区分上の編入と同時に領土編入の措置をとった、これが事実であろう。領土編入という国際的に重要なことが、県知事という一地方長官の判断や解釈で行なわれ

たという疑いがある。」

「下関条約に『尖閣列島は台湾の付属諸島ではない』ときめた文言はあるか。」

この最後の問いに高島益郎（条約局長）はこう答えた。「下関条約の中には、『台湾及びその付属島嶼』とあり、その範囲はわれわれの了解では、この尖閣諸島は入っておらない」。

つづけて福田外相が「馬関条約に尖閣列島のことが触れてないのは当然だと思う。それに先立ち、1月14日にわが国は法的な措置をとっておる。その島々に対して異議があるのならば清国側でも問題を提起し、それが馬関条約に含まれるはずだが、異議のない状態だと、こういう状態だから触れるわけがない。わが国の領有権を肯定する材料にこそなれ、疑問を差しはさむ材料にはならない」。

楢崎はこう追及した。

「これは重大であり、想像ではいけない。明確な資料に基づいて理論構成しないと弱い。日本側代表が水野弁理公使、清国側代表は李経方代表がやり合っておる。水野弁理公使『他日日本政府が福建近傍の島嶼までも台湾所属島嶼なりと主張するがごときことは決してこれなし』と言っておる。『福建近傍の島嶼』とは何か、沖縄県知事が上申書を出したときにこう言った。魚釣島、久場島及び清国福州との間に散在せる島、つまり尖閣列島ですよ。だから、この尖閣列島のことまでも台湾付属島嶼なりと主張することはしない、つまり尖閣列島は台湾の付属の島だとは言わないと載っておる。だから台湾には含まれない。ところが逆に、『台湾に含まない』ということは、中国固有の領土であるということのニュアンスが出ておる。『だから（台湾と）一緒にとらないんだ』。この辺は非常にデリケートなところだから、確たる証拠に基づいた理論構成をする必要がある。沖縄米政府の布告27号は、根拠にならない。アメリカがかってにやっておることだから、強い根拠にならない。この尖閣列島は、国際法のいわゆる無主島だと思う。私はそう思う。問題はその尖閣列島を日本の領土とする意思決定及びその後の実効的支配が正当なものであったか。これが中国側との争点になるのではないか。実効支配が正当かどうかというところにおそらく争点がある。十年間もほったらかしておって、日清戦争で大勝利というときに、その力をかってきめたという感

じで、その辺が正当性との問題が出てくる。」

　楢崎は、下関条約において尖閣諸島がどのように扱われたか、扱われなかったかを質した。条約の文言では高島の答えたように「台湾及びその付属島嶼の割譲」と書かれており、この付属島嶼に尖閣諸島が「含まれない」とするのが日清双方の解釈であった。では何が問題であったのか。澎湖諸島は北緯東経で具体的に範囲が示されたにもかかわらず、「台湾の付属島嶼」については北緯東経が明示されなかったために、清国の李経方が日本側に疑心を抱いたのだ。つまり、拡張主義の日本が「台湾の付属島嶼」を拡大解釈して、福建省沿岸の島嶼まで、割譲の範囲だと主張されてはたまらないと危惧したのだ。この時に水野弁理公使が「日本政府が福建近傍の島嶼までも台湾所属島嶼なりと主張するがごときことは決してこれなし」と断言したことによって李経方は疑念を解いたのであった。

　この経過を十分に調べた上で、楢崎は、論理をウラから読んで見せた。すなわち、「台湾の付属島嶼の範囲」に尖閣諸島が含まれないことは、逆に尖閣諸島が「大陸棚に含まれる」とする解釈、すなわち北京政府に有利な条件となりはしないかと楢崎は危惧したのだ。

　今日の地理的知見によれば、尖閣諸島が台湾の付属島嶼に属することは明らかである。大陸棚上にあるとはいえ、福建省沿岸からははるかに遠く、また琉球列島と尖閣諸島の間には、沖縄トラフという海溝があり、黒潮が流れている。

　楢崎弥之助は、重ねて「防空識別圏」から外すことと、赤尾嶼／大正島、黄尾嶼／久場島の米軍基地の撤去を求めてこう述べた。

「中国側が尖閣列島の領有権を主張する、そこに日本の飛行機が防空識別圏内（ADIZ）で飛んでいく。中国側が自分の領土に飛んできたということで、スクランブルをかけない保証はあるか。現実にやはり非常にトラブルの起こる可能性がある。赤尾、黄尾に米軍の基地、射爆撃場がある。これもたいへん問題がある。領有権について争いのあるところに米軍の基地があるのはよくない。赤尾、黄尾はAリスト［基地存続］に入っているが、基地を撤去するように話し合いをされるべきである。」

　この楢崎質問は、日本側の「無主地先占論」の論拠の弱さという歴史的経

緯と返還以後の軍事衝突の危険性を指摘した論戦の白眉であった。米上院の公聴会にならって、楢崎の提起した問題をあらゆる角度から点検しておくことを日本の国会は怠った。

補　下関条約における尖閣諸島の扱いについて

　ここで下関条約の条文を調べてみよう。

　　第1条　清国は、朝鮮国の完全無欠なる独立自主の国たることを確認す。因て右独立自主を損害すべき朝鮮国より清国に対する貢献、典礼等は、将来全く之を廃止すべし。
　　第2条　清国は、左記の土地の主権並びに該地方に在る城塁、兵器製造所及び官有物を永遠日本国に割与す。
　　一、左の経界内に在る奉天省南部の地。鴨緑江口より該江を遡り、安平河口に至り、該河口より鳳凰城、海城、営口に亙り、遼河口に至る折線以南の地、併せて前記の各城市を包含す、而して遼河の中央を以て経界とすることと知るべし。遼東湾東岸及び黄海北岸に在りて奉天省に属する諸島嶼。
　　二、台湾全島及び其の付属諸島嶼。
　　三、澎湖列島、即ち英国格林尼次(グリニッジ)東経119度乃至120度及び北緯23度乃至24度の間に在る諸島嶼。
　　第3条　前条に掲載し付属地図に示す所の経界線は、本約批准交換後、直ちに日清両国より各2名以上の境界共同画定委員を任命し、実地に就て確定する所あるべきものとす。而して若本約に掲記する所の境界にして、地形上又は施政上の点に付き完全ならざるに於ては、該境界画定委員は、之を更正することに任ずべし。該境界画定委員は、成るべく速に其の任務に従事し、その任命後一個年以内に、之を終了すべし。但し、該境界画定委員に於て更定する所あるに当りて、其の更定したる所に対し、日清両国政府に於て、可認する迄は、本約に掲記する所の経界を維持すべし。
　　第4条　清国は、軍費賠償金として、庫平銀2億両を日本国に支払う

べきことを約す。右金額は、都合８回に分ち、初回及び次回には毎回５千万両を支払うべし。[以下略]

　この条約で台湾の割譲を規定したのは、第２条の２項及び３項である。２項と３項を比べると、後者は経緯度で示したのに対して、前者は単に、「台湾全島及び其の付属諸島嶼」とあり、全島とは何か、其の付属諸島嶼には何が含まれるか、特定されていない。

　伊能嘉矩著『台湾文化志』（下巻、936－937ページ）によると、清国の境界画定委員李経方（大清帝国欽差全権大臣、二品頂戴前出使大臣、李鴻章の養子）と日本側水野弁理公使との間で次のような協議が行なわれている。

　李経方「台湾付属島嶼とある其の島嶼の名目を目録中に挙ぐるの必要なきか。何となれば平和条約中には澎湖列島の区域は経緯度を以て明瞭にせられあるも、台湾の所属島嶼に就ては之等の区域を明にすることなし。故に若しも後日福建省付近に散在する所の島嶼を指して、台湾付属島嶼なりと謂うが如き紛議の生ぜんを懸念すればなり。」
　水野公使「閣下の意見の如く各島嶼の名称を列記するときは、若し脱漏したるものあるか、或は無名島の如きは、何れの政府の所領にも属せざるに至らん。是不都合の一点なり。又海図及地図等にも、台湾付近の島嶼を指して台湾所属島嶼と公認しあれば他日日本政府が福建近傍の島嶼までも台湾所属島嶼なりと主張する如きこと決して之なし。小官は帰船の上、此事を特に樺山総督閣下に陳述し置くべし。況や福建と台湾との間に澎湖列島の横はりあるに於てをや。閣下の遠慮は全く杞憂に属するならん。」
　李経方「肯諾（承知した）。」

　以上の協議から分かるように、日本側の割譲提案に対して、李経方が「付属島嶼」の範囲が「福建近傍の島嶼まで」及ぶものと拡大解釈されることを恐れて日本側の真意を質した。これに対して水野が①ここに島名を挙げるならば、脱漏のおそれがある、②無名島の如きは、何れの政府の所領にも属せざるに至らん、③「台湾付近の島嶼」を指して「台湾所属島嶼」と公認して

いる、の三つの理由を挙げて、李経方の懸念は杞憂だと説き、かつ、この点は「特に樺山総督閣下に陳述し置く」と約束して、李経方の懸念を解いた経緯が以上の問答から理解できる。

なお、「日清講和条約付属地図」が付されているが、これは鴨緑江周辺から遼東半島を経て遼東湾に至る部分のみであり、台湾周辺の地図は含まれていない。講和条約が調印された1895年4月時点において、日本軍はまだ割譲を受ける台湾に上陸していなかった。それゆえ、付属島嶼について日清間で以上のような対話が行なわれたのは、十分に理解できることであろう。以上から推して、下関条約における「台湾の付属島嶼」には、無人島の尖閣は含まれていないと解してよい（尖閣諸島は、台湾割譲とは別の契機により、沖縄県に編入されたものである）。

楢崎議員は、尖閣列島は下関条約における割譲の範囲には含まれない事実を確認しつつ、「その場合は、福建省側に属することになりはしないか」と問題を提起したのである。尖閣列島が沖縄トラフの西側にあり、琉球列島に属していないことは明らかであるからだ。

3　日中国交回復へ——1972年5月～9月

話し合いで資源開発を——田中角栄通産相発言

1972年5月9日、佐藤内閣末期の通産相となった田中角栄は、こう述べた。「沖縄周辺には御承知のとおり、天然ガス及び石油の資源というのが相当大きなものが確認をされている。東シナ海を中心にしてエカフェが長いこと調査を行なった結果、われわれが考えておったよりも膨大な石油資源が存在をすることが確認された。しかし、石油があるとか天然ガスがあるとかが確認されないうちは、尖閣列島問題などたいしたことはなかったが、膨大な埋蔵量を有することが公になってから、急遽いろいろな問題が起こってきた。ここは大陸棚問題としても、台湾との問題とか中国大陸との問題とか、日本に復帰する沖縄との境界線、非常にむずかしい問題が入り組んでいる。これは話し合いをしながら、円満に地下資源を開発していかなければならない」「尖閣列島の周辺は、中華人民共和国の立場もあり、非常にむずかしいところも

ある」。

　田中はいかにも通産相らしく、沖縄周辺の石油・天然ガスに着目しつつ、同時に大陸棚をめぐって台湾政府と大陸政府との境界線引きが難しいことを意識した。

日中共同声明

　1972年7月7日田中角栄内閣が成立するや、日中国交正常化に取り組む意向を明らかにし、9月25日訪中し、29日には共同声明に調印した。

　国交正常化半年後の1973年4月20日、國場議員はこう述べた。「石油資源が豊富であることから、中華民国においても、中華人民共和国においても、尖閣列島は領土であるとか、大陸棚問題がいろいろいわれている。領有権問題に対して率直に申し上げると、日中正常化のときに、田中総理は、尖閣問題には深入りせずと述べた」。「田中首相はこの10月1日、東京都下小平市のゴルフ場において、居合わせた記者団と懇談し、尖閣列島問題についても話し合った事実を明らかにしたが、共同通信によると、田中首相の話は次のとおりである。『周首相との会談で私［田中］の方から「尖閣列島の領有問題をはっきりさせたい」と持出したが、周首相は「ここで議論するのはやめよう。地図にものっていないし、石油が出るので問題になった」と正面から議論するのを避けた』と書いてある」。「日中問題は正常化して、相互の理解の上に立って、それじゃという話し合いもできるかしれないが、中華民国（すなわち台湾政府）との交渉をいかような方法でやっていけるのか」。

　國場議員は、大陸との話し合いはルートができたとの認識のもとに、むしろ「断交した台湾政府との交渉」を尋ねている。

4　中国漁船集団の尖閣押し寄せ事件── 1978年4月

　田中訪中以後、日中関係は友好ムードに包まれたが、主役田中はロッキード事件で失脚し、共同声明に続くべき平和友好条約の交渉は遅々として進まなかった。そこへ突如発生したのが1978年4月の中国漁船集団の尖閣押し寄せ事件であった。

園田直外相の答弁。「（平和条約の）交渉再開が間近に迫ったという環境の時期にこういう事件が起こったことは、本当に残念である。いままで台湾の漁船その他の漁船がこの領海を侵犯したことがあるが、こちらの警告によって直ちに退去している。中国の船は今度が初めてだ。偶発的であると中国政府は言うけれども、どうも数の多い点、いまなお領海に出たり入ったりされて、昨日［78年4月18日］の午後5時から本日にかけては領海内には1隻もいないが、なお200隻近い船が集団で領海外の間近なところに集結をしておる、こういう点から理解に苦しむ点がある」と当惑を隠さなかった。

上原康助議員（日本社会党）は、1972年9月の日中首脳会談において尖閣問題についてどういう話し合いがあったのか、と政府を質した。

外務省の中江要介アジア局長はこう答えた。

「両国首脳会談において、尖閣諸島の問題は議題とされたことはない。首脳者会談の中で、この問題について棚上げにするというような合意なり了解なり、そういったものがあったかというと、それもない。それでは一体何があったのか。中国側は、この尖閣諸島の帰属の問題を取り上げたくないという態度を示していた。日本政府としては、固有の領土であるという確たる根拠の上に立って、かつ有効支配をしておるわけであり、相手の方から取り上げないものをこちらから取り上げるという筋合いのものでもないので、中国側がこれを取り上げないという態度を示したことは、結果として双方で何ら触れることなく正常化が行われた。そして今度の事件が起こるまでそういう状態が続いていた、ということである。」

中江は、漁船事件の概略を次のように説明した。

「12日に事件が起き、翌13日、東京で外務省中国課長から、在京中国大使館一等書記官に対して本件の概要、中国漁船の不法な操業や漂泊行為は遺憾であると、遺憾の意を表明して、直ちにわが国領海から立ち去ること、再び繰り返さないよう必要な措置を中国政府がとること、これを本国政府に取り次ぐように申し入れた」「先方は、尖閣諸島は中国の領土であるとして1971年声明に言及した」「翌4月14日、北京でわが方の堂ノ脇公使が先方の王暁雲アジア局次長に申し入れたときは、尖閣諸島は中国の領土であるとする態度を示しつつも、事実関係について実態を調査するという返答があった」

「で、現在その調査の結果を待っている」「翌15日（土）、社会民主連合の代表として訪中した田英夫代表に対して耿颷副総理が『偶発的な事件』と説明した」「日曜日にもまだ二十数隻朝残留しているので、16日（日）私［中江］が在京大使館の肖向前参事官を呼び、話をした」。

　上原議員は、「自民党の党内事情などがあって3月にずれ」て、「もたもたしている段階でこの問題が起きた。政府の外交失態の責任は私は重大だ」と追及したのに対して、園田直外相は「本件を速やかに処理して、条約交渉を進めていきたい」と述べた。

園田・鄧小平会談（1978年8月10日）

　9月29日、中村正雄議員（民社党）はこう質した。

「平和友好条約交渉では、尖閣諸島の領有権の明確化が国民にとっての関心事であったが、条約面において見る限り、棚上げされた結果となっている。領有権問題が棚上げされたまま条約が締結されたとすると、ソ連が北方領土問題を棚上げにしたままいわゆる善隣協力条約の締結を迫ってきた場合、わが国の全方位外交の推進という立場から、日本政府としては今後どう対処する方針なのか。」

　園田直外相はこう答えた。

「平和条約ではないので、この友好条約には国境並びに領土の個条はないばかりでなく、わが国と中国の間には、領土問題に対する紛争はない。多分、尖閣諸島のことと思うが、これは歴史的法的に、日本の固有の領土であることは明確であり、現にわが国がこれを有効支配している。鄧小平副主席との会談の際、尖閣諸島に対するわが国の立場を主張し、この前のような事件があったら困る、こういう事件は断じて起こしてもらわぬようにと要請した。鄧小平副主席は、この前の事件は偶発事件である、今後絶対にやらない、こういうお話であり、この問題がソ連との交渉に響く道理はない。ソ連の方は現に北方4島を占拠しているわけであり、今後ソ連との間では、いかなる条約を結ぶについても、この問題の解決が先決条件であると考えている。」

　長田裕二議員（自由民主党）はこう質した。

「今回の交渉で、外務大臣からの申し立てに対し、中国政府は、再び先般の

ような事件を起こすことはないと言われたが、尖閣諸島の領土問題についてどのようなやりとりがあったのか、それをどういうふうに理解しておるか、この点は将来日ソ間の領土問題にも影響を持つことになりかねないので、明確な答弁をお願いしたい。」

　園田外相はこう答えた。

「尖閣列島は、北方四島、目の前に見えておる竹島、これとは全然違う。日本がちゃんと固有の支配をしている。これに物言いはついているが、まだ紛争地帯にはなっていない。うかつに持ち出すことによって、いまの状態からさらに国益を損ずるおそれがある」「外務大臣個人としては、この問題は正式の会談に最後まで出したくなかった問題であるけれども、与党の皆様方の強い意見であるから、私は薄氷を踏む思いでこれを発言した。鄧小平副主席は、私が一番最後に、尖閣列島の問題に対する日本の立場を述べ、先般のような偶発事件があっては困る、このようなことがないようにと要請したのに対し、副主席はこう答えた」「あれは偶発事件である、漁師は魚を追っていくとつい先が見えなくなる、と笑いながら、今後はこういうことは絶対しない、今後はこういうことはない、こういう発言をされたのが事実である」。

「これをどのように解釈するか、外務大臣が本会議の席上で、これに対する解釈を言うのか言わぬのか。どちらが国益か、私は言わない方が国益であると思い、事実だけを御報告する。この尖閣列島に固有支配を示すために施設をすることは、外務大臣としては反対である。そもそも、この領土は日本古来の領土だから、わざわざおれのものだ、間違いない、おれのものだ、文句はないだろう、ということが果たして外交上いいことであるかどうか。」

あいまいさを残す日中国交回復

　上田耕一郎議員（日本共産党）は78年9月30日、こう質した。

「6年前の日中国交回復に際しても、政府がこの点をあいまいにしたため、今日なお両国間に領土問題の不明確さが残ったままである。政府は、はっきりと国際法上、台湾を中華人民共和国の領土と認めているのかどうか」。「中国は、尖閣列島を日本の領土だと明確に承認しているのかどうか。園田外務大臣は、鄧小平副首相が尖閣列島に対し、中国は二、三〇年手を出さないと

述べた事実を明らかにしたけれども、その先は言わないでくれなどと、あいまいにすることがどうして国益に沿うのか」。

福田赳夫首相はこう答えた。

「台湾を中華人民共和国の領土と認めるのかというお話だが、日本政府の立場は、日中共同声明第3項の立場であると御理解願いたい」。「中国は尖閣列島を日本の領土として承認しておるのかとお尋ねだが、尖閣列島はわが国の固有の領土であり、現にわが国は実効的な支配を行っている。これに対して中国は、尖閣諸島の現状についてこれを問題にする姿勢は示していない」。

以上の問答から読み取れるように、中国は尖閣を日本の領土として認めたのかという問いに対して、「日本の実効支配という現状について、これを（中国が）問題にする姿勢は示さない」という現状維持が園田・鄧小平会談の帰結であった。

ここから、現状維持とは、日本の実効支配を容認したものとする解釈と、単に議論を棚上げしたにすぎず、実効支配を容認したものではないとする二つの解釈がその後、日中間の新たな紛争として浮かび上がる。園田は「固有支配を示すために施設をすることは、外務大臣としては反対である」と強調した。このような園田の姿勢が日本側から失われた時、中国は日本の実効支配に対して挑戦を始めた。

漁業における安全操業の問題

神田厚議員（民社党）79年5月31日はこう質した。

「一昨日〔4月29日〕、中国政府は、わが国の尖閣諸島に対する調査について、中日両国間の了解に違反していることは明白であるとの抗議をしてきたが、この調査は沖縄開発庁による漁業における安全操業の問題も含まれており、われわれとしても看過すべきでない。日中条約締結時に日中両国において異なった見解が残ったのではないかという疑念を改めて持たざるを得ない。昨日の衆議院外務委員会の質疑等を通してうかがえることは、この点についての外務大臣と沖縄開発庁並びに運輸省との間に意思の疎通を欠き、この重要な問題について閣内不一致が見られたことはまことに遺憾である。」

園田外相はこう答弁した。

「わが国は尖閣列島については係争中のものではないという立場、中国はわが方の領土であると日本に主張しているという、基本的な立場の相違がある。これについて、鄧小平副主席の発言は、そのまま申し上げると、尖閣列島に対するわが国の従来の立場を主張し、その上、先般行われたような漁船団のような事件があっては困る、こう主張したのに対し、鄧小平副主席から『このような事件は今後やらない、このままでよろしい』こういう話であった。それ以上は一言半句も両方から発言をしていない。これで十分であると考えておる。」

園田はさらにこう付加した。

「尖閣列島でただいま政府がやっておる調査、これは、わざわざ有効支配を誇示するためのものであるならば不必要である。地域の漁民、住民の方々の避難、生命の安全等のために行う調査団ならば当然のことであるということで、閣内不統一はない。なお、これに対する中国の申し入れに対しては、原理、原則と、感情、面目との別あることは、個人の交際、国の交際、当然であり、慎重に検討し、対処したい。」

尖閣列島の調査

丸谷金保議員（日本社会党）は79年6月1日、こう質した。
「新聞で問題になっております尖閣列島の調査の件について伺いたい。外交的な問題も入る非常に微妙な問題なので、心得ながら質問したい。当委員会としては、やはりこの仕事を沖縄開発庁が調査するということなので、概要をまず御説明いただきたい。」

亀谷礼次沖縄開発庁総務局長はこう答えた。
「昭和54年度の予算の概算要求に、3000万円の調査費を計上した。内容は、尖閣諸島の自然的地理的条件を把握するということで、主要三島の地質あるいは地形、あるいは生物、植生等、いわゆる地上の調査及び周辺海域の海流あるいは風向、風速、こういったものを1年間にわたりまして継続して調査するとともに、上陸して、大学の先生方にお願いをして、学術調査というテーマで行うことにした。期間としては、約10日前後で、現在すでに同島の調査に入っておる。」

丸谷議員「あの尖閣列島は沖縄県の行政区域としてはどこの市町村に属しておるのか。」

亀谷礼次総務局長「沖縄県石垣市で、字は登野城という字名になっている。」

尖閣周辺の石油開発

佐々木良作議員（民社党）は79年9月6日こう質した。「尖閣諸島の石油開発の問題がいま俎上に上ろうとしておるようだが、この進め方、中国との共同開発についての基本的な考え方、あわせて御説明をいただきたい」。

大平正芳首相はこう答えた。「尖閣諸島付近の大陸棚の開発については、その尖閣諸島周辺を含む日中間の大陸棚の境界を画定する必要がある。このためわが国は、従来から中国との話い合いに応ずる用意があるとの考えを中国側に繰り返し申し入れてある。中国側も、わが方の考え方は承知いたしておるものと推察する」。

11月30日、湯山勇議員（日本社会党）はこう質した。「尖閣列島の石油を日中共同で開発することについては、わが党の訪中使節団がその門戸を開いてきた。5日に［大平］総理は訪中されるが、この尖閣列島の石油の調査開発を速やかに進めるよう、その促進方を強く要望して、私の質問を終わりたい」。

大平首相はこう答えた。「わが国を取り巻く資源環境にかんがみ、わが国としても、尖閣諸島周辺を含む海域における石油の資源開発には大きな関心を持っている。しかし、踏むべき手順として、まず日中間で大陸棚の境界画定につき話し合う必要がある。今後、日中間の境界画定問題等について中国側と意見交換を行った上で、共同開発の問題も含め、慎重に対処してまいりたい」。

井戸を掘った政治家の死去

1980年6月12日、大平首相が入院先で死去した。園田は鈴木内閣で厚生相、外相を務めたが、84年4月、急性腎不全で死去した。85年2月27日、田中角栄は脳梗塞で倒れ、政治活動は不可能となった。80年代前半に、この三人の優れた政治家が政治の舞台から退くことによって、機微を要する尖

閣問題の扱いは、事実上不可能になり、国交正常化後40年の記念すべき年に、日中は全面衝突に至る。

表4 沖縄国会における尖閣返還問答（沖縄返還前夜から日中友好平和条約締結前後まで）

1968年

8/9
衆・沖縄委
渡部一郎（公明党）だいぶ前に予算委員会・外務委員会等で、沖縄の尖閣列島を問題にした。台湾漁民がこの地域に根拠地をつくり、どうやら既得権ができつつある。これに対してしかるべき外交的措置を講じられたいと申し上げた。最近の新聞報道によると、事態はますます大根拠地ができ上がっておる。私には、外務大臣・外務当局・関係当局からは何の説明もないし、いかなる手を打たれたかも私は知らない。
東郷文彦（外務省アメリカ局長）尖閣列島における領海侵犯の問題については、われわれも久しく非常に心配し、随時アメリカ大使館、米政府当局に対し善処方を申し入れてきている。現実に直接に警備の手を差し伸べるのがなかなか困難だ。単に漁業のための領海侵犯のみならず、台湾尖閣列島に座礁しておる船を引き揚げるというような作業もやっている。最近あらためて米国側に対して、相当強いことばをもって善処方を申し入れている。ある種の既成事実になるなどということはまことにゆゆしきことで、この事態が一日も早く改善するように、今後とも引き続き米側の注意を喚起していく。

1969年

4/15
衆・沖縄委
渡部一郎（公明党）以前の国会で北米局長も答えたはず。沖縄の端っこの島であるが、台湾漁民が出漁しておるだけでなく、漁業根拠地ができている。当時の外務大臣から、十分検討する、調査して返事をするという話があったが、答は外務当局から承っていない。
東郷文彦（外務省アメリカ局長）尖閣列島の問題については、大きな関心を持っており、琉球政府並びに民政府とも随時話し合っている。お話しのように単に領海侵犯のみならず、小屋がけのところもあった。たびたび巡視をやり、小屋がけでやっておることはなくなったと承知している。島に標識を立てる、あるいは巡視船を補強するために琉球政府に予算を特に計上する等いろいろ手を尽くし、領海侵犯・領土侵犯はなくなるよう、努力している。

1970年

4/7
衆・沖縄委
加藤泰守（総理府特別地域連絡局参事官）一億一千万云々は、昨年の予算と比較しての増で、全体としては沖縄復帰対策のための機構改革に必要な経費は三億三千三百万円。沖縄復帰対策推進に必要な経費には琉球政府との連絡あるいは協議、それから各省との協議その他の費用が入っている。現地調査のために相当費用を組んでいる。北方領土の問題については四千七百五十一万八千円、これには、北方領土問題解決促進の費用と北方領土問題対策協会補助の費用、この両方が入っている。尖閣列島の資源調査のために必要な経費として三千百四十七万が入っているが、先ほど申し上げた三億三千三百十万には、食糧管理特別会計に繰り入れる経費、これは去年の暮れに可決された、沖縄における産業の振興開発等に資するための琉球政府に対する米穀の売渡しについての特別措置に関する法律、この法律に基づいて本土産米を琉球政府に売り渡すので、その売り渡し額とこちらの価格の差額が食管の特別会計の損失になり、その損失を補てんするために必要な経費である。合計三億三千三百万、これ以外に、長官が話したように、援助費、これは琉球政府に対する援助費で、

琉球政府の財政援助の充実のための必要経費として二百三十九億一千二十八万二千円、これは会計年度のズレの関係があり、この一月に決定した沖縄援助費約三百三十億のうちの、本年度すなわち四十五年度に計上されたものと、それから昨年合意した二百二十七億のうちの一部、それの一部を加えたもの二百三十九億一千二十八万となり、これが本土政府の四十五年度の琉球政府に対する援助費である。

山中貞則（総務庁長官）　二十数年も、法律制度のもとから始まって、一切違った居住環境に置かれているわけで、琉球政府との共同作業を進めていくためには、尖閣列島の調査とか、そういう特殊なものを除いては、人間が最低必要なだけの確保をされて、相談が順調に進まなければならぬと思う。いまのお話は、琉球の未来をどうとらえるかということだと思うが、新しい全国総合開発計画の中で、沖縄と北方についてわずか数行触れている。復帰が確定したから、それに伴って、新全総計画の上で位置する沖縄を十分に考えて、新全総に引っぱられる沖縄ではなくて、沖縄が新しい日本の版図に戻ってくる、マクロ的にとらえて沖縄の価値を再認識し、新しい未来を設計し、開発していくことがこれからの方向である。機構の問題と、今後の沖縄を進ませる道を大きな視野に立って描くこととは、直接には関係ないが、琉球の立法院において議論がされており、十年後には基地が全くなくなること等もありますから、琉球側の願望もある程度入って計画されているものをいかに現実化していくか、苦心していかなければならぬと考えている。

8/10
参・沖縄委

川村清一（日本社会党）　外務大臣に尖閣列島の問題についてお尋ねする。総理府をはじめ各種機関の調査によると、沖縄の尖閣列島を含む東シナ海の大陸棚には、世界でも有数の石油資源が埋蔵されていると推定され、この開発が実現すれば、復帰後の沖縄経済自立にとってはかり知れない寄与をするといわれている。この尖閣列島は明治時代に現在の石垣市に編入され、戦前は日本人も住んでいた。しかし、油田開発の可能性が強いと見られるだけに、台湾の国民政府は、尖閣列島は日本領土でないとして自国による領有権を主張し、舞台裏で日本と争っていると伝えられる。今後尖閣列島の領有問題をめぐって国民政府との間に紛争が顕在化した場合、わが国としてはどのような根拠に基づいて領有権の主張をし、どのような解決をはかるおつもりか。

愛知揆一（外相）　尖閣列島については、南西諸島の一部であるというわがほうのかねがねの主張・姿勢は、過去の経緯からして、国民政府が承知している。わが国の姿勢・立場に対して国民政府から公式に抗議・異議を申してきた事実はない。しかし、御指摘のように、尖閣列島周辺の海底の油田に対して国民政府側として関心を持ち、ある種の計画を持ってその実行に移ろうとしていることは、政府としても重大な関心を持っている。中華民国側に対して、この石油開発、尖閣列島周辺の大陸棚に対して先方が一方的にさようなことを言ったり、また地図、海図等の上でこういうことを設定しても、国際法上これは全然有効なものとはならないことを、こうした風評を耳にいたしましたときに政府として公式に申し込めをしている。

川村清一（日本社会党）　対処していきたいという観念的な外務大臣の御意向は了解したが、しかし、問題は具体的に進んでいる。最近伝えられているところによれば、尖閣列島周辺の海域を含む東シナ海の大陸棚について、国民政府はアメリカのガルフ・オイルの子会社であるパシフィック・ガルフ社に対し石油鉱区権を与えたと8月1日付の某新聞は報道している。これは、尖閣列島は当然日本の領土であるとするわが国の立場とまっこうから対立し、外務省としても、非公式ながら、国民政府の一方的な行為は国際法違反であるとの見解を明らかにしているようだ。この問題に対して具体的にどう対処していくのか。

9/12
衆・沖縄委

山田久就（自由民主党）　例の尖閣島の問題だが、新聞報道によると、中国が採鉱権あるいは採掘権を外国会社に与えたとか、あるいは国府外交部長が領土権を主張したとか、いわれている。アメリカも10日スポークスマンが発表したけれども、政府のとられている措置、見解、今後の方針等に

ついて聞きたい。

愛知揆一（外相）尖閣諸島と大陸棚の問題は、質の異なる問題である。尖閣諸島に対する主権の問題は、アメリカのスポークスマンが新聞報道等でも言っているように、日本以外の国が主権者であり得るはずはない。現在アメリカが施政権を行使している琉球列島あるいは南西諸島の範囲内に明白に尖閣諸島が入っている。これは1972年には当然に日本に返還される対象である。尖閣列島の主権の存在については、政府としては一点の疑いも入れない問題であり、いかなる国との間にもこの件について折衝をするとか話し合いをするとかいう筋合いの問題ではない。大陸棚の問題については、領土権の問題とはやや質の違った問題であるが、海底の資源の開発等について、ある国が一方的に権利を主張し、かつ開発権を云々することが妥当でないことは当然である。政府として国民政府に対して申し入れをし、また適当に話し合いに入って円満な話し合いの結末をつけるということについて、必要があれば十分に用意をしてかかりたい。なお、尖閣列島の問題について、9月2日に台湾の新聞記者がこの諸島の中の魚釣島に中華民国の国旗を立てたということが報道された。政府としては、その事実の有無についてさっそく国府側に対して申し入れをとった。そして事実か否か、もし事実であればきわめて非友好的な措置である旨を指摘して、善処することを強く要求した。国民政府としても、新聞を見て初めて知った事件であり、さっそく事実関係を調査すると答えておる。これは、事実の有無、それに対する国民政府の見解の有無により、しかるべき措置をとりたい。これはいわゆる話し合いではない。

10/15
衆・沖縄委

山中貞則（総理府総務長官）沖縄の経済にも大きな影響のある尖閣列島の海底油田等の問題については、いずれ御質疑があればお答えするが、無限の夢を秘めた設計の描き得るところであることを私たちは自信を持たなければならぬと考える。

10/21
参・沖縄委

山中貞則（総理府総務長官）沖縄現地の会社の問題としてとらえると、エッソと東洋石油、これは大体提携の国内企業、いまの本土の企業が渡っておりますから、それに今年の割り当てについて、それらを稼働した場合を考えた数量の割り当てがいわゆるカットされる。ガルフの場合ははっきりしていないので、提携がもし復帰までになされないで、日本国内の調整に服さない状態で戻ってくるという場合は、ガルフは当然フリーゾーンとしてその島で操業することは可能である。しかし、製品も全量日本国外の国へ持っていってほしいという条件に従わざるを得ない。しかも、ガルフは、台湾で尖閣列島等のいろんな問題でも相当反日的な会社であると印象も最近は受けますので、あまりわがままは許さぬという態度ははっきりしておく必要がある。国内に返ってからの問題は、日本の国の消費量の増大に対応した生産の許認可が通産において行なわれており、現在の日本の本土における企業と提携しない会社は関係しない──関係ない状態で操業のみが許されるので、過剰生産は結局製品の低落ということで認めがたい製品というものが毎年できる。そのあとはあまりそう心配する必要はないのじゃないか。

11/26
衆・本会議

浅井美幸（公明党）尖閣列島の石油資源開発をめぐる日本、台湾、米国の関係をどう判断し、対処しようとしているのか。今後日中国交正常化が実現したときに起こる問題をも含めて、政府の所信を明らかにしていただきたい。

11/27
衆・本会議

上原康助（日本社会党）25年に及ぶ長期間、祖国から分断され、米軍支配のもとで苦悩してきた

沖縄百万県民にかわって、沖縄の心を国民に率直に訴えるとともに、政府の沖縄問題に対する基本的考え方について、佐藤総理をはじめ関係各大臣に質問する。現在尖閣列島周辺における石油資源問題が大きな関心を呼んでおり、米国ガルフ社をはじめ、尖閣列島の鉱業権の取得をねらって国際石油資本が暗躍をはかっている。これらの石油資源は、沖縄県民の固有の資源であり、沖縄の平和経済開発に有効に使わるべきものである。尖閣列島の開発にあたっては、沖縄県民に鉱業権を与え、地元の自主性ある開発を基本にすることが必要だ。

12/4
衆・外務委

西銘順治（自由民主党）　尖閣列島の領有権については、中華民国も戦前から同諸島が沖縄県に所属していたことを認めておったはずである。たとえば1919年5月20日付で中華民国在長崎馮領事の感謝状の事実があるけれども、政府はこれを知っておられるかどうか。この件について申し上げると、これは私たちの郷里の大先輩の大浜信泉先生が発見された資料で、感謝状が、長崎駐在の馮領事から出ております。その内容を概略申し上げると、1919年（民国8年）福建省恵安県の漁民31名が悪天候で尖閣諸島にたどり着いたとき、日本帝国八重山郡石垣村職員の熱心な救護を受けたおかげで、無事全員帰国できたことを感謝する。中華民国駐長崎馮領事。こういう感謝状がある。最近、台湾政府の役人どもが尖閣列島に参りまして、国旗を掲揚した。これに対して、アメリカ民政府、琉球政府が一体となり、この国旗を引きおろして、わが日の丸の国旗を掲げて、中華民国の国旗を沖縄に持ってかえった。この感謝状からしても、わが国の固有の領土であることには間違いはない。ただ尖閣列島の油田の開発の問題につきまして、台湾との間で領有権の件について、お互いに論じなければならないということはまことに残念なことである。アメリカ新聞の報道によると、この尖閣列島の油田は、何兆億円の油田だといわれており、台湾政府とアメリカの商社の間で、この油田開発に対する取りきめがなされたと聞いておる。これについての大臣の御見解をお伺いしたい。

12/8
衆・沖縄委

國場幸昌（自由民主党）尖閣列島の領有権問題について4日の新聞報道によると、尖閣列島に対して、さきの中華民国の領有権主張とは別に、新たに中共も領有権を主張してきておる。元来、尖閣列島は八重山石垣市登野城の行政区域に属しており、戦前には同市在住の古賀商店が伐木事業及び漁業を経営していた島であって、琉球列島の一部としてその領有権は日本にあることは明白である。領有権をめぐる他国の主張に対して、日本政府は明確な論拠をもってその立場を明らかにし、日本国の固有領土であることを国際的に認めさせる努力をすべきである。

愛知揆一（外相）尖閣列島の領有権の問題、主権の問題は、あらゆる角度から見て、これが本来固有の日本の領土であることについては一点の疑いもない。この点については、過般外務委員会におきまして西銘委員からも貴重な資料の御披露がございましたこともその一つの有力な根拠であり、いかなる点からいっても領有権には一点の疑いもない。平和条約第3条によって、施政権がアメリカの手で行なわれてきたが、その施政権の対象となっている地域の中にも、きわめて明白に尖閣列島はその中に入っているので、沖縄の施政権返還の場合に、これまた何らの疑いなしに当然本土に復帰する。こういうわけで、尖閣列島の主権は、いかなる国との間にも交渉するとかあるいは国際的に論議を提供するとかいう問題ではない。たとえば、どこかの国の人が鹿児島県はおれのほうのものだと言っているのと同様であって、何人も鹿児島県が日本のものであるということには疑いがない。尖閣列島の主権についても、日本としては何らのゆるぎなく、これは自分の主権下にあるものであるという厳然たる態度をとっておることでもって十分である。これが政府の態度である。ただ、東シナ海の大陸棚の問題は、領域の主権の問題とは、必ずしも同一には扱えない。国際条約その他の根拠なくして、ある国が一方的にその地域の資源開発のために調査をする、ボーリングをすることを一方的に主張し得るものでないこと、これもまた当然のことだが、そういう問題については、これを主張し、あるいは何かやりたいという国との間に話し合いを持つということはあり得る、

これが日本政府の態度である。

12/16
参・沖縄委
川村清一（日本社会党）私は、8月10日の本委員会におきまして初めて尖閣列島の問題について質問した。その際、将来東シナ海の大陸棚開発をめぐって台湾政府、韓国あるいは中国との間に問題が起きてくることを予想して、この問題を指摘し政府の見解をただした。その後の経過を見ると、私が指摘いたしましたように、尖閣列島の問題をめぐって国民政府との間に、あるいは中国との間にもいろいろと問題が複雑に発展してきている。この際、8月10日以降の推移について外務大臣から概略の御説明をいただきたい。

愛知揆一（外相）尖閣列島の問題については、8月のときも申し上げたように、尖閣列島自身の問題と、それから東シナ海に及ぶ大陸棚の問題と、二つある。尖閣列島の帰属というか、主権の問題は、日本の領土であることは、間違いのないことだ。サンフランシスコ平和条約第3条によってアメリカが施政権を持つ、その施政権の範囲からしても、当然これが復帰されることはあまりにも一明白な事実である。これについていかなる国がいかなることを申しても、これとの間に話し合いを持つとか協議をするという性質の問題ではない。もう一つの大陸棚の開発の問題についても、これについても国際法上ある国が一方的に権利を主張し得べき性質のものではないという基本的な立場をとっておりますから、かりに他国がこの海底の開発等に対して一方的にその他の国、あるいはその他の団体、その他との間にいかなる話し合いをしたりあるいは仕事を進めようと思っても、そうした一方的な一つの国の計画というようなものを承認するわけにはいかない。国民政府が何らかの計画をし、あるいは処理をし、あるいは第三国の団体、会社等との間にいろいろの計画を設定するというようなことについては、重大なる関心を持って抗議を申し入れ、そして、その経過あるいは考え方等を十分調査するとともに、日本側としての見解というものを明らかに先方に申し入れておきますことが絶対に必要であるという見解に立ち、国民政府に対しまして申し入れをし、そして話し合いをいたしている。国民政府との決着というようなことについては、まだ終局までは行っていないけれども、十分くぎをさしておるということが現在申し上げ得ることである。中華人民共和国側でも大陸棚の問題については主張をいたしておるようだが、新華社の記事その他によって、そうした意見を持っているようであることがわかっているけれども、具体的な申し入れは全然接していない状況である。

12/17
衆・沖縄委沖縄尖閣列島の石油資源開発促進等に関する陳情書外一件（沖縄県那覇市下泉町二の一〇沖縄県尖閣列島石油資源等開発促進協議会長平良良松　外一名）、第二七三号。

1971年

1/26
参・本会議
森八三一（自由民主党）竹島をめぐる領有権の問題、尖閣列島帰属の問題など、日本国民としては、問題となることすらふしぎに思われる問題が論議の対象となり、国民の間に不安を与えていることは残念でならない。北方領土問題とあわせて解決の措置について、総理の所見を伺いたい。

1/27
参・本会議
森中守義（日本社会党）一部政治家と企業の飽くなき利潤追求のための尖閣諸島等の大陸棚資源開発計画は、領有権、所有権をめぐる紛争の禍根を残すものであり、直ちに中止さすべきである。これらを推進する日華協力委員会のごときには、いやしくも現職閣僚の出席を許すべきではな

い。
佐藤榮作（首相）尖閣列島の大陸棚開発は、紛争の種になり、危険だから中止したほうがいいとの意見は、いささか腑に落ちない。尖閣列島がわが国の領土であることは議論の余地のない事実であり、その領有について、いかなる国とも交渉する考えはない。日華協力委員会は、日本と台湾の友好協力関係を増進するための民間団体であり、閣僚は正式会員として参加していない。

2/16
衆・沖縄委
岡部秀一（沖縄・北方対策庁長官）尖閣列島及びその周辺の資源調査に必要な経費として三千二百余万円。

2/19
参・沖縄委
喜屋武眞榮（第二院クラブ）尖閣列島の例の問題が世界的な注目を浴びているが、日本政府の明確な態度、また現時点における状況も聞きたい。

3/1
衆・本会議
藤田義光（自由民主党）この際政府は、複数の国際石油資本の育成方針を立て、国内及びたとえば尖閣列島を含めた周辺海域で自主開発を積極果敢に具体化し、エネルギー総合調査会の結論のごとく、自主開発により国内需要の30％程度確保を目ざすべきであり、今後早急に原子力開発を期待し得ないわが国の最重要施策として、輸入先の分散化をはかるべきである。

3/23
衆・沖縄委
國場幸昌（自由民主党）旧聞に属するが、日中覚書貿易の政治会談コミュニケの中で、中共側は、日韓台の三国が共同で尖閣列島周辺の海底油田の開発を協議したことに対して、中国の主権に対する重大なる侵犯であり、絶対に容認できないと強調し、日本側代表団もこれに同意したと報道されている。われわれ沖縄にとっても非常に重要なる意味を持つ尖閣列島の問題に関して、中共側のかってな主張を十把一からげに簡単に同意してもらっては実に迷惑千万である。主権に対する侵犯という表現であり、直接領有権を主張したものではないとしても、何らかの権利を主張したものに間違いない。これに同意したという行為に対して強く抗議を申したい。外務省の見解を承りたい。
橋本恕（外務省アジア局中国課長）［1971年］3月1日に公表された日中覚書の政治コミュニケの中には、尖閣列島の領有問題それ自体に対する言及は一切なされていない。日中覚書貿易の交渉に参加した日本側の代表団各位から詳細に伺ったところでも、島の領有権それ自体についてのやりとりや話し合いは一切なされなかったと承知している。ただ、中国側が尖閣列島の領有問題と離れて、東シナ海の大陸棚資源の問題についてかなり強い関心を持っておることは承知している。

5/17
参・外務沖縄委
片山武夫（民社党）沖縄の尖閣列島が、利権その他の問題をめぐっていろいろ問題が起きているけれども、問題を起こさないように何らかの適切な処置がとれるかどうか、外務大臣の見解を伺いたい。
長谷川仁（自由民主党）外務大臣の報告によると、返還される沖縄の領域は、平和条約第3条の地域から奄美、小笠原両返還協定によって返還された残りの全域である。この場合、いわゆる尖閣諸島は当然疑いなく返還区域に含まれると考えていいかどうか。これは歴史的にも日本領であることは間違いないけれども、総理大臣も日韓条約のときにたいへん苦労された竹島の問題もあるし、尖

閣列島が第二の竹島になりはしないか心配を持つ。沖縄が祖国に正式に返る日は4月1日を希望されていると伺っているが、この4月1日が沖縄の歴史からいうと実に悲しい不幸な出発の日になっておる。たとえば1609年の4月1日には、薩摩の島津藩が沖縄に侵略して260年間の圧政に苦しんだ。これが1609年の4月1日です。それから1945年の4月1日、これが悲しい記録を残しました米軍の沖縄本島への上陸。1952年の4月1日、これが米軍占領下の琉球政府の樹立だと、こうした記録がある。したがって、沖縄の方々は、やはりこの祖国に返る日はこうした日は避けてもらいたいという声もある。

愛知揆一（外相）尖閣島は、明らかに返る中に入る。これは条約文の上からいっても、すでに平和条約第3条で「米国が施政権を持っているものの中から奄美、小笠原を除いたすべての領域」ということで非常に明確である。それでも安心ができないということならば、他の適当な方法も考えたい。条約文には何々島、何々島とは書かないのが通例で、そういう点で必要にして十分な規定を置きたい。4月1日の問題は、外務委・沖縄特別委員会でも与野党から質問があるように、たとえば琉球立法院の考え方などは、4月1日が望ましいとして、政府にも要請がある。会計年度等の関係から見て4月1日が望ましい。ただいま御指摘のような意見があるとすれば、なお一そう慎重に現地の方々の意見を承知をしておく必要がある。

5/20
衆・沖縄委
中川嘉美（公明党）報道によると、尖閣列島がアメリカの射爆撃場になっている。尖閣列島が射爆撃場になるとすると、その範囲は一体どういうふうになるか。尖閣列島の全部が射爆撃場の対象となるのか、その中のある特定の島がその対象となるのか。
中川嘉美（公明党）返還後、尖閣列島周辺の領海内において台湾の方がもしも漁業をするというようなことがあった場合、日本政府はこれを領海侵犯として国際法上認められた措置をとるかどうか、この点について伺いたい。

5月23日、『ニューヨーク・タイムズ』に「保衛釣魚台」の意見広告掲載。
6月17日、沖縄返還協定に調印。

6/30
衆・沖縄委
楢崎弥之助（日本社会党）その場合に尖閣列島は入っているか。この点の修正はどうなっているか。
久保卓也（防衛庁防衛局長）尖閣列島は入れておくつもりである。

7月9日、キッシンジャー米大統領補佐官、秘密訪中（1972年2月21日ニクソン訪中を準備）。

7/20
参・本会議
松下正寿（民社党）尖閣列島の領土権の問題について、総理並びに関係大臣の御所見を伺いたい。台湾政府も、また中華人民共和国も、この尖閣列島が中国の領土であることを主張している。尖閣列島の問題については、いわゆる大陸棚の地下資源の問題が含まれておって、きわめて複雑な様相を呈している。日本は、初め日本を中心とする国際的な協力によりまして尖閣列島周辺の海底地下資源開発の計画を進めていたが、中華人民共和国政府の声明が出された直後放棄された。これが偶然の一致であるか、あるいはその他何らか日中関係を考慮してなされたものであるか、国民はその点について大きな疑いを持っている。尖閣列島の帰属に関して、総理はどう処理されるか。私は、歴史的にまた法的に考えて、尖閣列島に対して日本が領土権を有すること、及びこの領土権は米国による施政権の中断によって絶対に影響を受けるものでないことは、国際法学者の一致した意見である。台湾政府や中華人民共和国の主張に対して日米間に成立した沖縄返還協定を持ち出しまして

も、これはきめ手にならない。日本政府は、尖閣列島に対するわが国の領土権を、歴史的、法的に根拠を示して有効に主張する自信を持っておられるか。これは沖縄県民だけではなく、国民が重大なる関心を持っているところである。
佐藤栄作（首相）尖閣列島を含む平和条約第三条のすべてについて、沖縄返還協定では、わが国への施政権の返還が完了することが明確になっている。この尖閣列島の領有権についてはいろいろの御懸念があるようだが、十分協定の中身をごらんになればその懸念は解消すると思う。いわゆる大陸棚の問題については、別の問題である。日本は大陸棚条約に加盟していない。大陸棚開発については別途の関係国間の協議を必要とすると考えている。

7/21
衆・予算委
楢崎弥之助（日本社会党）アメリカは台湾海峡の第七艦隊のパトロールをやめた。あるいは渡航制限の緩和をやった。アメリカの具体的なあかしに対して中国はこたえた、いわゆるピンポン外交の展開である。沖縄返還協定の中で尖閣列島が一緒に返されることになった。領土の帰趨については、中国も抗議をしておるし、台湾も抗議をしておるし、アメリカは、尖閣列島の問題に介在するとたいへんなことになるということで、せんだっての上院の外交委員会の小委員会でも、米国は尖閣列島の領土権には絶対介入しちゃいかぬ、そうしないと、せっかくなりかかった米中改善がこれだけでこわれるという警告を発しておるぐらい、この尖閣列島の領土問題は中国はきびしく見ておる。この尖閣列島に──返還協定を見てみると、返還後、依然として米軍基地を提供するようになっている。米軍に基地を提供することはやめるべきである。防衛庁は［尖閣諸島を］ＡＤＩＺ（防空識別圏）の中に含めるべきではない、含めるべきではない。総理さえ決断すればすぐできる。沖縄の特殊部隊、これも認めるべきではない。
佐藤栄作（首相）尖閣列島の問題は、ただ米軍基地を置くこと、施設として提供するというだけの問題なのか。もっと基本的な問題があるのか。基地を置くという考え方はないように思っておりますから、その点は御意見として伺っておく。尖閣列島はもともと無人島であり、レーダー基地として使われており、問題があろうかと思いますけれども、これは御意見として承っておく。航空識別圏は他国に刺激を与えないような処置をとりたい。
増原恵吉（防衛長官）ＡＤＩＺの問題は、現在米国でやっている識別圏は、尖閣列島を含んだ範囲である。現在米国のやっている範囲のままでいくかどうか、検討中である。
楢崎弥之助（日本社会党）ＡＤＩＺの地図を見ると、中国の奥深くこのＡＤＩＺが入っており、松前・バーンズ協定によって日米が連携し合うことになっており、重要な問題である。尖閣列島は防空識別圏の中に入れると前防衛局長は答弁している。さらにＳＲ71というスパイ機は沖縄に残すという。ＳＲ71を安保条約のワク内に縛る保証はあるか。

7/23
衆・沖委公聴会
山中貞則（総理府総務長官）（対馬丸関係の補償は）本土法によれば、処理は済んだことになっているが、現実に軍命令に近いものによって、本土への強制疎開の途上において、吐噶喇列島のそばで撃沈をされたということなので、対馬丸関係の補償の残りと、さらに台湾に疎開する途中で難破して、沈没して、尖閣列島に流れついて助かった人もあり、死んだ人もあるという問題も残っている。厚生省援護局と連絡をとり、復帰の時点においては、きちんとしておきたい。

10月25日、国連総会、中華人民共和国の国連代表権を決議、国民政府は脱退。
10月27-29日、米上院沖縄返還公聴会（施政権と領有権の分離）

11/9
参・予委
矢追秀彦（公明党）海上自衛隊の防衛範囲の中に尖閣列島が入っておる、これが非常に今後問題

になるのではないか。日韓条約のとき竹島は、向こうも自分の領土だと言い、わがほうもわが国の領土であると言ったが、竹島は防空識別圏からはずされておるが、尖閣列島は、海上自衛隊の防衛範囲になり、防空識別圏の中に入るとなると、中国を刺激する。中国との国交がきちんとしない限りは、はずしておくほうが妥当ではないか。

福田赳夫（外相）　尖閣列島は国府あるいは北京政府において問題としておることはよく承知しているが、尖閣列島がわが国の領土であるということについては一点の疑いもない。防衛の措置は当然と考える。

多田省吾（公明党）　いまアメリカの上院でも、尖閣列島に関しては中立たるべきだという意見も有力に出ている。国際紛争の種にならないよう竹島と同じように領有は主張してもよろしいが、少なくとも防空識別圏からはずして、そういう紛争の種をまかないほうがよろしいのではないか。竹島の場合は防空識別圏からはずしているわけです。

井川克一（外務省条約局長）　安保条約第5条は、「各締約国は、日本国の施政の下にある領域における、いずれか一方に対する武力攻撃が、自国の平和及び安全を危うくするものであることを認め、自国の憲法上の規定及び手続に従って共通の危険に対処するように行動することを宣言する」となっている。この「施政の下にある」という点で、竹島は、現在わが国の実際の施政の下にない。第5条の地域からは現実的に離れている。尖閣列島は、施政権が返還されると、当然、第5条地域に含まれる。尖閣列島と竹島とに相違がある。アメリカの意見とは、相違がない。サンフランシスコ平和条約によりわが国が放棄した領域は第2条に明記されている。わが国が領土権を持ちながらアメリカに施政権を渡したところが第3条に明記されている。今回の協定において施政権を返す地域に尖閣列島が含まれている。もとの状態になるのは、わが国が領土権を持っているからである。潜在主権が顕在化するということである。アメリカと何ら相違がない。

藤田進（日本社会党）　尖閣列島について、アメリカの上院における証言と、いまの答弁は、かなり違う。尖閣列島はかかる紛争もあるから、アメリカは直接これに関与しない形であると言っている。尖閣列島はアメリカから施政権がそのまま返還された、しかし竹島については施政権はない。とすれば、いつから施政権を放棄し、領土権を放棄したのか。どっかに信託統治になって、潜在主権だけがあって施政権はないというのか。竹島はいつから施政権がなくなったのか。いま竹島はどういう姿にあるのか。

井川克一（条約局長）　ロジャーズ国務長官は、これらの島島の法律的な地位にこの取りきめは全く影響を及ぼさない、この協定の前の状態、前の法律的なシチュエーション——地位がどんなものであろうとも、この協定のあとにおいてその前の状態がカムズ・イントゥ・エフェクト、もとの状態に戻るんだということである。

　日本は潜在主権を持つ。施政権が今度日本に返る、完全な日本の領土権及び施政権のもとに置かれる、こういうことである。竹島については、施政権がないと申し上げてはいない。現実にわが国の施政が及んでいないと申し上げた。これは法律的な見解と事実上の問題の大きな相違である。

福田赳夫（外相）　竹島の場合と尖閣列島の場合は違う。竹島の場合はわが国の領土だという主張はしているが、現実に施政を行なっておらぬ。尖閣列島はわが国の領土が復元される、施政権が復元される、そこで完全な領土としてわが国のものになる。

11/11
衆・沖縄委

西銘順治（自由民主党）外国の一部において、尖閣列島の帰属はわが国固有の領土であることに疑いはないと信じている。政府は、毅然として、この尖閣列島問題については、紛糾の原因となることのないように対処すべきである。

福田赳夫（外相）　尖閣列島がどうなるか、一部の国において私どもと違った見解が述べられていることは承知している。今回の協定文も、どういう地域が今回わが国に返還されるのか、その地域は、経緯度をもって示している。この経緯度の中に尖閣列島ははっきり入る。問題になるのは、それでも疑義があるのかどうかである。わが国の本土と見られる沖縄諸島は、平和条約第3条の対象に

なった。つまり、アメリカ政府の施政権下に移された。固有の領土と見られない台湾島及び所属の諸島、これは日本が放棄をすることになった。そういうたてまえで第3条の沖縄の地域がきまり、また、わが国が放棄する台湾諸島がきまった。そのままが復元をされてきている。尖閣列島は経緯度の規定がなくても、明らかにわが国のものであるということではあるが、今回協定で経緯度まで示しまして、尖閣列島もわが国に所属することがはっきりした。

12/1
参・本会議
森元治郎（日本社会党）尖閣列島について伺うが、アメリカ上院の審議過程において、尖閣列島だけが特に問題として取り上げられたのを見て奇異の感じを免れない。アメリカの言い分によれば、尖閣列島の施政権を日本に返すことになるが、その領土主権の帰属については関与しない、もし領有権を主張する国がありとすれば、関係国の話し合いによってきめたらよかろうというもののようだ。アメリカは、どこの国のものかわからないこれらの島々の施政権を押えていたというのか。そのくせ、返還後も演習場として使用することになっている。キツネにつままれたようで、何とも不愉快な話である。
福田赳夫（外相）アメリカ上院外交委員会はその報告書において、この協定は、尖閣列島を含む沖縄を移転するものであり、尖閣列島に対する主権に関するいかなる国の主張にも影響を及ぼすものでないと言っている。これをとらえてのお話、心情はよくわかる。私といえども不愉快な感じもする。これは他の国からアメリカに対していろいろと話があった、それを反映しているんじゃないかというふうな私は受け取り方もしているが、この問題は御指摘を受けるまでもなく、すでに平和条約第3条において、これは他の沖縄諸島同様にアメリカの信託統治地域、またそれまでの間の施政権範疇というふうにきめられているので、それから見てもわが国の領土である。台湾や澎湖島と一線を画す地域であるとことはきわめて明瞭である。

12/3
衆・沖縄委
金城睦（沖縄人権協会事務局長）　尖閣列島その他沖縄周辺陸海域の地下資源の開発は沖縄の主体性、沖縄の利益をそこなうことがないよう処置されたい。

12/6
衆・沖縄委連合審
岡田利春（日本社会党）尖閣列島については政府の見解がすでに出されているが、石油資源の開発が非常に大きな問題になってきている。国府及び中国からも尖閣列島問題が提起をされ、先般、愛知外務大臣と国府大使の間にも、この問題について接触が行なわれている。しかし復帰と同時に、この地域の開発を政府は進めるつもりなのかどうか。復帰と同時に、わが国の鉱業法に基づいて、わが国の手によってこの開発に若手をするという考え方に立っておられるのかどうかを明瞭にしていただきたい。

12/9
衆・沖縄委
石川次夫（日本社会党）電力問題、尖閣列島問題、中小企業問題、海洋博問題、経済問題だけに限っても、十時間以上なければとうてい質問できない。答弁のほうは、簡にして要を得た答弁を願いたい。

12/15
参・本会議
稲嶺一郎（自由民主党）尖閣列島の石油資源開発であるが、尖閣列島がわが国固有の領土であり、沖縄県に所属することは明らかである。しかるに、同列島における石油資源は、沖縄の振興開発を

推進する上からも、あるいはわが国エネルギー源の確保という観点からしても、早急に開発すべきである。もし開発にあたり、近隣諸国との間に摩擦が起こるとすれば、政府はこのような障害を早急に解決し、開発を促進すべきではないか。
佐藤栄作（首相）御指摘のとおり、尖閣列島はわが国の領土であることには疑問の余地はない。領土問題についてはいかなる国とも交渉を行なうつもりはないが、東シナ海の大陸棚については関係国間に意見の相違があり、政府としては、関係諸国との円満な話し合いにより大陸棚問題の解決をはかった上、この地域の石油資源の開発に取り組みたい。天然ガスについては尖閣列島周辺のほか沖縄本島南部にも有望な地区があるので、政府は昭和35年以来琉球政府と協力して調査、探鉱を進めてきたが、沖縄経済振興の見地からその開発を積極的に助成してまいりたい。
福田赳夫（外相）尖閣列島については、わが国の領土であるということは、一点の疑いもない。この島々に石油資源があるならば、もちろんわが国の手において開発する。ただ、大陸棚の問題については、各方面から、いろいろ言い分があるようだが、いずれの一国の言い分といえども、一国だけの言い分を承認することはしない。これが国際法の原則である。わが国は、関係諸国と協議の上、円満な話し合いにより開発を進めていく基本方針である。
川村清一（日本社会党）福田外務大臣から、尖閣列島の領土権について答弁をいただいたが、納得できないのは米国政府の態度である。尖閣列島は、石垣市に編入されており、魚釣島、久場島、南小島と北小島は個人の所有地、大正島その他は国有地である。米軍は、久場島と大正島を射爆撃場として使用し、所有者に対し年間一万ドル以上も使用料を支払っている。今回の米軍基地了解覚書A表の（八四）黄尾嶼射爆撃場は久場島であり、（八五）赤尾嶼射爆撃場は大正島である。この事実から見て日本に施政権は返還するが、その帰属については関係しないと称している米国政府の論理はあまりにもずさんであり、国際法上も認められるものではない。政府は、米国政府に強く抗議すべきである。ただし尖閣列島周辺の大陸棚資源開発は別問題である。東支那海、黄海は、中国大陸、韓国から広大な大陸棚が続いており、その地下には豊富な良質の油田が埋蔵されている可能性が調査の結果判明したため、この大陸棚資源をめぐって国際的に問題が生じてきた。琉球政府の長期経済開発計画にも、尖閣列島周辺の海底石油の開発が将来の展望として示されており、沖縄経済開発のため重要な問題である。しかしながら、現在わが国外交上最大の課題である日中国交回復のための外交交渉では必ず問題になり、避けて通られない問題である。
福田赳夫（外相）尖閣列島で米軍の射爆撃場なんかがあってけしからぬじゃないかと、こういうお話ですが、この米軍の射爆撃場としてA表で提供することにした、これこそは、すなわち尖閣列島がわが国の領土として、完全な領土として施政権が今度返ってくるんだ、こういう証左を示すものであると解していただきたいというお答えをして、答弁とする。

12/16
参・沖縄委

森元治郎（日本社会党）尖閣列島の領有権は問題なく日本だ、大陸棚と尖閣列島の問題は別個の問題である、もう一つは、もし、第三国から話し合いがあった場合には、正当なる申し入れ、相談したいとか――けんかではだめでしょうからね、正当に話したいというんなら話し合おうというだけで必要にしてかつ十分だと思う。外務大臣としては中国に調子づけられてうんぬんというかっこうは必要ないので、もっと牛歩的な態度でじっくりいかれたらいい。なぜアメリカは領有権の問題について奥歯に物のはさまったようなことを特に言うのか、この真意は。さきに竹島問題という問題があり、あれも同じである。領有権について問題があると自分がすうっと引く。「返還したなら返還しただけで黙っておれば必要にして十分だ」と思うのに、「帰属はわからない」と、そういうふうな言い方はどういう意味か。
福田赳夫（外相）「帰属はわからない」とは言っていない。「沖縄返還協定は、この協定によってこの帰属に影響を及ぼすものではない」と言っている。私どもとすれば「はっきり日本のものですよ、こういうふうに言ってくれればたいへんありがたい」が、これはお察しのとおりのいろんな事情があるんではないか、そのような感じがする。日清戦争のとき、われわれは台湾、澎湖島の割譲を受けた。そのとき尖閣列島は入っておったかというと、入っておりませんでした。それから平和条約

第3条では台湾、澎湖島はわが国は放棄した。しかし、尖閣列島を含む沖縄列島はこれは信託統治、また暫定的にはアメリカの施政権施行になっている。一点の疑いもない。「今度の条約が影響を及ぼすものではない」というのはまことに蛇足であり、言わずもがなのことだと思うが、何らかいきさつがあった。しかし、抗議をするというほどのことでもない。「この返還協定は、尖閣列島の地位に影響を及ぼすものではない」ということだから、「抗議をする、そういう性格のものでもない」と理解している。

12/20
参・沖縄公聴会
桑名貞子（日本電信電話公社社員）防衛問題で、自衛隊の移駐が反対理由になっているが、全く無防備で手放しでは、どこから略取の憂き目に合わないとも限らない。たとえば竹島──島根県だが、もう手も足も出ない実情のままになっている。沖縄を無防備で他国の略取にまかせては、半永久的にどうなるかわからない。尖閣列島も、微妙なからみをにおわせてニュースに伝えられている。

12/22
参・沖縄公聴会
森中守義（日本社会党）そこで、台湾と尖閣列島の大陸棚の関係、これはどうしても領有権の問題に関係せざるを得ない。この将来をどういったようにお考えになるのか。つまり、日中の国際的な紛争の種になりはしないのかということを私はおそれる。この点についての見解はどうなのか。

12/22
参・沖縄委
山中貞則（総理府総務長官）この痛ましい事件［対馬丸沈没事件］は、私は担当大臣になる前から承知していた。学童以外の付き添いの方々、これもやむなく幼い学童たちに付き添って本土に渡ろうとされた方々が奄美大島の島の先において撃沈された。来年度の予算要求に計上し、その措置をして戦後処理を終えようということで、要求している。さらに、台湾疎開を強制的に命ぜられた、主として石垣の方々だが、途中で難破して、尖閣列島に漂着して生き残った方々もおられるが、多くの方がなくなった。同じように扱うつもりで予算要求している。

12/23
参・沖縄委
村山盛信（嘉手納村議会議長）最南端の与那国島では第三国人に漁場を荒らされ、不法上陸等もひんぱんにあるように聞いている。数名の警察官では手に負えない。わが国の領土の一部とみなされている尖閣列島についても同様だ。

1972年

3/8
衆・沖縄委
國場幸昌（自由民主党）沖縄の立法院議長のほうからも陳情があったとおり、尖閣列島の領有権問題に対しては、再三にわたる本委員会また他の委員会においても、古来の日本の領土であるということに間違いはないと承っている。しかし、尖閣列島のかいわいにおける資源の開発問題が、今日のような新聞に報ずるがごとき問題をかもしておって、資源開発ができるでありましょうか。この問題は日本の領土だということで押しつけて、その資源を開発せんとするときには、国際間においての紛争が出るということも予期される。と申すのは、去る3日にニューヨーク山本特派員発、これは読売新聞です。国連の中国代表が尖閣列島はまさしく中国のものであるという。国際連合の公

の場においてこれを主張しておる。国際連合において、中国のほうでは領有権を主張しておることを考えた場合、この問題に対しては大陸棚の定義問題もあり、日本は大陸棚国際条約には加盟してないこと、大陸棚の定義もよく存じておる。あの大陸棚は、二百メートルの深度までは大陸棚の属するところの権利がある。ところが二百メートルの水深以上にしても、資源開発のために可能なる地域に対してはその主権を持つ。参考までに相手の国際連合の場においての主張を読み上げるので、参考にしていただきたい。「中国は三日の国連海底平和利用委員会で、日米両国は共謀して釣魚島などの島々（尖閣列島）を日本領にしようとしていると激しい語調で非難した。中国の非難は米国の『台湾占領』にも向けられ、ニクソン訪中がもたらした米中共存ムードも中国の台湾、沖縄問題への態度にはまったく影響を与えていないことを示した。3日の海底平和利用委員会は初参加の中国が海洋問題でどういう態度を打ち出すかが注目されていたが、一般演説に立った安致遠代表は『超大国』が領海の幅や海洋法を決める独断的な力を発揮していると攻撃し『中国は、領海200カイリを主張して、米帝国主義の海洋支配と対決しているラテン・アメリカ諸国の闘争を力強く支持する』と公約した。安代表はつぎに台湾、沖縄問題にふれ、米国は今日にいたるまで中国の一省である台湾を力ずくで占領しており、最近では日本の反動派と結んで『沖縄返還』という詐欺行為を行なった。この沖縄返還の詐欺は、台湾に属する釣魚島などの島々（尖閣列島）を日本領にしようというねらいがある。米国はまたこの数年日本や蒋介石一味と協力して、中国の沿海、海底資源を略奪するための大規模な海底資源調査をしばしば行なっているが、台湾と釣魚島は中国の神聖な領土の一部である——と主張した。これに対し、日本の小木曽大使は答弁権を行使して反ばくに立ち、沖縄返還という日本国民永年の願望を詐欺行為だというような中国の中傷は、日本国民の怒りを招くだろう。尖閣列島に対しては、日本以外のどの国も領有権は主張できない。東シナ海の大陸棚、海底資源の一部には日本も専有権をもっている——と述べ、とくに沖縄返還では机をたたいて激しく反論した。中国のこういう出方は米国にとってはやや意外だったようで、米国のスチーブンソン代表は、中国やラテン・アメリカ諸国から向けられた対米非難を『いっさい拒否する』と答えただけで、答弁権行使は次回に持ち越した」——こういうことが書いてあります。そこで、これは中国毛沢東政権のみならず、台湾においても、台湾の宜蘭県に行政区域を定め、3月にはこの尖閣列島に対するいわゆる事務所を設置する、こういうようなこともまた言われておるわけであります。いまさきの立法院議長のお話にもありましたように、固有の日本領土というようなことでございまして、琉球新報の報ずるまた何から見ますと、明治28年1月14日の閣議決定、沖縄に所属するという閣議決定がされて、明治29年3月5日、勅令13号、国際法上の無主地占領、歴史的にも一貫して日本の領土だったなどの点をあげている。明治27、8年の日清戦争の時期、その後においての講和条約によってこれがなされたものであるか、あるいはまた、その以前においての尖閣列島に対しての歴史がどういうような流れを踏んできておるものであるか。記録によりますと、明治18年に石垣登野城の古賀商店の主人公がそこへ行って伐採をしたというようなこともあるようだが、このたびの第2次大戦において、平和条約によっていわゆる台湾の帰属の権利を日本は放棄したわけで、問題になるのは、台湾と尖閣列島が一つであり、明治日本の侵略戦争によって取られたものが、第2次大戦において返還されたのであるから、台湾が切り離されたのであれば、やはり尖閣列島もそれについて戻されるという見解があるのではないかと考えられる。それに対しまして、固有の領土であるとか、記録においては明治29年、28年、そういうような記録以前においての記録、その歴史がどうなっておるかということを研究されたことがあるか。外務省の見解はいかがか。

福田赳夫（外相）尖閣列島問題は、これは非常に当面重大な問題だという認識を持っている。この重大な問いて、國場委員からるる開陣があったが、私も全く同じ所見である。質問の要点は、日清戦争前に一体どういう状態であったか。明治18年以来、政府は沖縄県当局を通ずる、あるいはその他の方法で再三にわたって現地調査を行なってきた。その結果、単に無人島であるばかりじゃなく、清国の支配が及んでいる形跡が全くないことを慎重に確認した。日清戦争は明治28年5月の下関条約によって終結したが、それに先立ち、28年1月14日、現地に標識を建設する旨の閣議決定を行なって、正式にわが国の領土であることの確認が行なわれた。爾来、歴史的に一貫してわが国の領土たる南西諸島の一部を構成している。明治28年5月発効の下関条約第2条に基づき、わが国が清国より割譲を受けた台湾、澎湖諸島には含まれていない。日清戦争の結果、この下関条

約において、わが国が割譲を受けたのは台湾本島並びに澎湖島であり、尖閣列島は含まれていない。なお、サンフランシスコ平和条約においても、尖閣諸島は同条約第2条に基づき、わが国が放棄した領土のうちには含まれていない。第3条に基づき、南西諸島の一部としてアメリカ合衆国の施政権下に置かれた次第である。昨年6月17日署名の琉球諸島及び大東諸島に関する日本国とアメリカ合衆国との間の協定、つまり沖縄返還協定により、わが国に施政権が返還された地域の中に含まれる、こういうことである。今回の返還協定の付属文書におきまして、A表に掲げるものは、これを基地としてこれをアメリカ軍に提供するということになっており、その中にこの尖閣列島も入っており、現にアメリカの基地がここに存在する。それを勘案すると、わが国の領土としての尖閣列島の地位は、一点も疑う余地がない。最近になり、国民政府からあるいは中華人民共和国からいろいろ文句が出ておる、これが現状である。中国が尖閣列島を台湾の一部と考えていないことは、サンフランシスコ平和条約第3条に基づき、米国の施政下に置かれた地域に同諸島が含まれている事実に対し、従来何ら異議の申し立てをしなかった。中華民国国民政府の場合も同様である。1970年の後半になり、東シナ海大陸棚の石油開発の動きが表面化するに及んで、はじめて尖閣列島の領有権を問題にするに至った。隣国の動きは非常に不明朗で、非常に心外である、こういうふうに私は考えている。

國場幸昌（自由民主党）よく理解した。領土権と大陸棚の問題は別だが、尖閣列島は今日まではどこの領有権であろうが、関心がなかったが、やはり石油資源の問題である。わが国は大陸棚の国際条約の加盟国ではない、それゆえ前愛知外務大臣は、双方が寄り合って、何とか取りきめ、合議を得なくてはいけないという発言があった。大陸棚の上に尖閣列島が乗っかっておる、そうすると領海権は、昔は3海里といわれたが、いまは12海里説もあるし、あるいはまた30海里、70海里というような思い思いの領海権主張をしておる国々があるわけだが、いわゆる領海権と大陸棚権、これをどう調和させるかという問題がある。

福田赳夫（外相）領海権の適用の細部については帰一するところがないけれども、領海権の理解については、国際的に承認せられたる通念である。ところが、この大陸棚は各国の要求、言い分、これがまちまちであり、帰一するところがない状態だと理解している。一体尖閣列島の大陸棚がどこまであるか、あるいは中国大陸の大陸棚がどこまで続くのか、あるいは台湾島の大陸棚がどこまで続くのか、これは実際問題としても非常に困難な問題、非常に機微な問題であると考えている。この問題は、領土の問題とは切り離して、非常に複雑な国際社会の言い合いの存する問題であると理解している。この問題は、当面国際的な一つのルールの確立しない今日においては、関係諸国間で話し合いをし、友好裏に解決していかなければならぬ問題、ケース・バイ・ケースに解決しなければならない問題であると理解している。

國場幸昌（自由民主党）日中国交親善というきざしの中で、沖縄特別国会において現地で公聴会をなしたときにパンフレットが回った。このパンフレットの中に、日中親善回復を希望するならば、尖閣列島の領有権を、中国の領土と認めることを前提条件として、日中親善国交の話し合いがなされると北京政府が言っておる。日中親善国交回復を急ぐゆえに、千載に悔いの残らないように、尖閣列島が不利になることがないよう外務大臣に希望したい。

3/21
衆・沖縄委
森喜朗（自由民主党）国際情勢は、雪解けムードとはうらはらに、印パ紛争やマラッカ海峡をめぐる問題、あるいはわが国に対しては、尖閣列島の帰属の問題等、非常に領土問題に対してはきびしい情勢である。

3/21
衆・予委第二分科会
楢崎弥之助（日本社会党）尖閣列島の問題に入りたい。私の記憶する限り、本格的な論議がなされたことはないのじゃないか。つまりこちら側が領有権の問題について聞き、外務省はその見解を述べるというにとどまったのがいままでの経過ではないか。去る［71年3月］3日に国連の海底平和

利用委員会で、初めて中国代表と日本代表とこの領有権の論議をやった。日中正常化の話し合いの中で、この尖閣列島があるいは現実的な障壁になるという可能性について私は憂える。領土問題というのは非常にデリケートな問題であり、隣国感情としても国民感情としても、これはお互いにシビアーなものがある。どこに問題があるかを見きわめる必要があろう。この問題は日中の話し合いでこれは解決されるべきものであり、第三国の介入する余地はない。具体的に言うならば、アメリカの見解は必要ではない。アメリカの意見をこの問題に求めることは根本的な誤りである。大陸だなの資源開発問題とこの領有問題は、これまた別個の問題であるという立場で日中間の話し合いに持っていく必要がある。沖特委員会で、外務大臣の領有権の根拠についてのお話も承ったが、非常に論拠が弱い。私の質問に対する回答書では、「歴史的に一貫してわが国の領土たる南西諸島の一部を構成し」とある。この「歴史的に一貫して」ということは、いつからの歴史か。明治17年に古賀さんが尖閣列島のことを知って、それに基づいて沖縄県知事が、国標を立てたいという上申書を提出された。それから十年間なぜうやむやになっておるか。28年に閣議決定するまで、なぜうやむやになっておったか、その間の理由は何か。

高島益郎（条約局長）その根拠は、いわゆる国際法上の先占の法理によって日本が合法的に取得したということだ。いかなる国の領域にも属しない島を。

楢崎弥之助（日本社会党）資料によると、明治18年太政大臣あて、魚釣島、久場島及び清国福州との間に散存せる島に国標を立てたいという上申書を出した。これに対して外務卿の井上馨が、まず一つは、島嶼が清国福建省境に近いということ、二番目に、叢爾たる小島であること、三番目に、清国側に日本が台湾付近の清国領を占領した等の風評がある、その理由で、国標の建設と島嶼の開拓は他日に譲るほうがいいとして、同年12月に、内務卿から知事あてに国標の建設の必要はないと指示した。その後、明治23年1月と26年11月の2回にわたって、知事から上申書が出され、これも却下されておる。日清戦争の勝利の見通しが立った段階の27年12月27日、閣議にかけることが了承され、28年1月14日に閣議決定された。この10年間は、日本の内務省や外務省の調査で、尖閣列島が琉球列島に属しておることがはっきりしなかったか、あるいは中国領であることがはっきりしておったからではないか。結局は28年、つまり日清戦争勝利の見通しが立ったということで、一気になされたという印象を受ける。閣議決定から勅令13号だが、勅令に尖閣列島を領土に編入するということばはない。明治29年勅令第13号は、沖縄県の郡編成をきめただけであり、尖閣列島を日本領土に編入することは書いてない。ただ、八重山郡は八重山諸島を当てることが書いてある。八重山諸島の中に尖閣列島が含まれると沖縄県知事がいって、八重山郡に編入をした。地方行政区分上の編入と同時に領土編入の措置をとった、これが事実であろう。領土編入という国際的に重要なことが、県知事という一地方長官の判断や解釈で行なわれたという疑いがある。

高島益郎（条約局長）明治28年1月14日の閣議決定によると、「同県知事ヨリ上申有之石ハ同県ノ所轄ト認ムルニ依リ上申ノ通標杭ヲ建設セシメントス」という趣旨により標杭を建設した。

楢崎弥之助　下関条約に「尖閣列島は台湾の付属諸島ではない」ときめた文言はあるか。

高島益郎（条約局長）下関条約の中には、「台湾及びその付属島嶼」とあり、その範囲はわれわれの了解では、この尖閣諸島は入っておらない。

楢崎弥之助　下関条約で「台湾の付属島嶼」の範囲が明確になっておれば、尖閣領有権の問題は起こらない。読売新聞、朝日新聞の社説は、両社説とも、台湾の「付属諸島に含まれていないことは明白である」と書いてあるが、根拠を示してもらいたい。私が調べたところでは根拠はない。あえて根拠をさがすならば、第3条で、境界共同画定委員を2名ずつ両国から選ぶとある。その画定委員会は開かれたか。その画定委員会はどういう結論を出したか。

福田赳夫（外相）馬関条約に尖閣列島のことが触れていないのは当然だと思う。それに先立ち、1月14日にわが国は法的な措置をとっておる。その島々に対して異議があるのならば清国側でも問題を提起し、それが馬関条約に含まれるはずだが、異議のない状態だと、こういう状態だから触れるわけがない。わが国の領有権を肯定する材料にこそなれ、疑問を差しはさむ材料にはならない。

楢崎弥之助　これは重大であり、想像ではいけない。明確な資料に基づいて理論構成しないと弱い。

日本側代表が水野弁理公使、清国側代表は李経方代表がやり合っておる。水野弁理公使「他日日本政府が福建近傍の島嶼までも台湾所属島嶼なりと主張するがごときことは決してこれなし」と言っておる。「福建近傍の島嶼」とは何か、沖縄県知事が上申書を出したときにこう言った。魚釣島、久場島及び清国福州との間に散在せる島、つまり尖閣列島ですよ。だから、この尖閣列島のことまでも台湾付属島嶼なりと主張することはしない、つまり尖閣列島は台湾の付属の島だとは言わないと載っておる。だから台湾には含まれない。ところが逆に、「台湾に含まない」ということは、中国固有の領土であるということのニュアンスが出ておる。「だから（台湾と）一緒にとらないんだ」。この辺は非常にデリケートなところだから、確たる証拠に基づいた理論構成をする必要がある。沖縄米政府の布告27号は、根拠にならない。アメリカがかってにやっておることだから、強い根拠にならない。この尖閣列島は、国際法のいわゆる無主島だと思う。私もそう思う。問題はその尖閣列島を日本の領土とする意思決定及びその後の実効的支配が正当なものであったか。これが中国側との争点になるのではないか。実効支配が正当かどうかというところにおそらく争点がある。十年間もほったらかしておって、日清戦争で大勝利というときに、その力をかってきめたという感じで、その辺が正当性との問題が出てくる。

楢崎弥之助　中国側が尖閣列島の領有権を主張する、そこに日本の飛行機が防空識別圏内（ＡＤＩＺ）で飛んでいく。中国側が自分の領土に飛んできたということで、スクランブルをかけない保証はあるか。現実にやはり非常にトラブルの起こる可能性がある。赤尾、黄尾に米軍の基地、射爆撃場がある。これもたいへん問題がある。領有権について争いのあるところに米軍の基地があるのはよくない。赤尾、黄尾はＡリスト［基地存続］に入っているが、基地を撤去するように話し合いをされるべきである。

3/22
参・沖縄委
川村清一（日本社会党）尖閣列島の問題については、一昨年8月10日のこの委員会で、時の愛知外務大臣に質問した。勉強の結果は、どのような角度から考えてみても、尖閣列島は間違いなくわが国の固有の領土であると確信を持っている。しかし、中国や国民政府は、歴史的にも、地理的にも、地質的にも、自分の国の領土であると領土権を主張している。日本が窃取したものであるとわが国を批判しているが、この中国や台湾政府の議論の根拠がよくわからない。外務省がいろいろ調べていると思うので要点だけ聞きたい。

高島益郎（外務省条約局長）まず一番目に、「歴史上」と申すのは、中華民国の文書あるいは声明等のうちに出ていないので、どういう文書に基づくかはわからない。一般的に中国等の古文書等に尖閣諸島のいろいろな島々の名前が載っておるということである。いろいろ民間の人の意見、学者の意見等も勘案してそういう結論を持っておる。昔の人がこの島を発見して、航海その他の目標に利用したということが古文書に載っておることも聞いている。しかし、このような歴史上の根拠は国際法上の占有、あるいは領土取得の理由にはならないと考えている。単なる発見とか、事実の確認だけではその国の領土ということにはならないとわれわれは確信している。「地質的」と申すのは、東シナ海大陸棚の延長線上にあるということが理由だと考えられる。これも国際法上の領土の領土取得の理由には全くならない。「地理上」と申すのは、これは台湾にむしろ近い。沖縄の本島よりも台湾に距離的に近い。これもいわゆる国際法上の領土取得の理由にはならないので、幾ら先方でそういう主張をしても、これをもって領土取得の理由にはならないと考えている。

川村清一（日本社会党）ただいま局長の説明された事項を具体的に文書にして配付していただきたい。私が納得できないのはアメリカ政府の態度である。12月15日の参議院本会議において、外務大臣に対して質問したが、外務大臣は、意識的にか、私の質問の本旨をはずして答弁した。平和条約第2条で「日本は台湾を放棄した」。第3条で「沖縄をアメリカの施政権下に入れた」。その第3条に基づいて「この尖閣列島もアメリカの施政権下に入っている」。その中に、「アメリカは大正島など軍事施設を持っている」。今度の了解覚書Ａ表の黄尾嶼、赤尾嶼は、尖閣列島の島で、そこに基地を施設してきた。今度沖縄を返還した。協定の返還区域には、はっきりと尖閣列島が入っておる。そういう事実があるにもかかわらず、尖閣列島の領有権が国際上の問題になってくると、アメリカ

政府は「施政権は返す、しかしながら、この尖閣列島の領有権についてはアメリカは発言の権限がない、両当事国において話し合って解決してもらいたい」と言って手を引いた。領土権がどちらかわからないと言うアメリカが、領土権がわからないその地域を施政権下に入れたり、軍事基地をつくることは、国際法上妥当なものかどうか。こんなえてかってな理不尽な行為はないと思う。かかるアメリカの行為に対して日本政府は厳重なる抗議をしなさいということを私は12月本会議で外務大臣に申し上げた。ところが福田外務大臣は、それだから尖閣列島はわが国固有の領土ということがはっきりしている、立証されたことになるんだと。私は、アメリカに抗議すべきである、こういう無責任な話があるかということで抗議すべきである、依頼するとかなんとかいうことじゃない。こんなことが一体認められますか。どこの国の領土だかわからないものを施政権の中に置いて、しかも、今度は自分の軍事基地をそこに設けて、施政権が返ってくるにもかかわらず、A表の中にきちっと黄尾嶼、赤尾嶼として、その島に基地は存在させる。こういうことは一体認められるのか。政府の見解を明確にしていただきたい。

福田赳夫（外相）　尖閣列島の帰属についてのアメリカの態度、これについて意見を交えての質問だが、川村さんの意見部分、これは私も全くそのとおりと思う。この問題はアメリカとしましては議論の余地はないと腹の中では考えておる、こういうふうに見ておる。御指摘のように基地まで置いておる、返還協定ではA表の中に入っておる、もうアメリカがこの問題について疑いは差しはさむ余地はない、アメリカ自身がそういうふうに思っておる、こういうふうに確信して疑わない。それにもかかわらず、最近になりまして、領土の帰属について何かもの言いがつくならば、それは二国間で解決さるべき問題であると中立的な言い回しをしておる。私はアメリカ政府のそういう態度が非常に不満である。これは逃げ腰な態度であると思う。尖閣列島に対する領有権に対しアメリカに働きかけがあることが裏にあるんじゃないかと、私は想像している。しかし、アメリカに頼んでこれはあれを確認してもらう、そういう性質のものじゃないと思う。アメリカでもプレス・ガイダンスとかいろいろ検討しておるようで、かたまった考え方が出るならば、厳重にアメリカ政府に対して抗議をする態度をとろうと思っている。

3/25
衆・予委第四分科会
田中角栄（通産相）　尖閣列島は、沖縄に付随する島嶼として当然返還になる。〔海底資源開発の申請〕法律に基づき先願権が確定する、琉球政府に出しておるものはそのまま日本政府が引き継ぐ。現実の問題としては、いま中華民国政府の名で許可をされているものもあり、中華人民共和国との調整もあり、この大陸棚海洋開発は、最終的には日本と中国とか協議をするということが円満な解決方法だ。

3/31
参・予委
木島則夫（民社党）　現施政権者としてのアメリカに、尖閣列島は一点の疑点もなく日本の領土であるということを言明さすべきではないか。どうも最近のアメリカの態度があいまいだ。
福田赳夫（外相）　アメリカは腹の底では日本の領域であると確信しておる。ところが実際になると、ことばがあいまいである。想像してみると、国民政府のほうからのプレッシャー、これが出てきておる。最近になり、中華人民共和国のほうからも何かもの言いがついてきておる。アメリカのあいまいな態度、腹ではそういうふうに思っておりながらもはっきりものを言わぬ、あいまいな態度に対してははなはだこれを不満としております。

4/19
衆・沖縄委
西銘順治（自由民主党）　尖閣列島の領有権は日中間の問題になっており、政府外務省は、従来歴史的に見て、中国の主張はその根拠が薄いと主張している。尖閣列島の領有権問題は、日中国交正常化の話し合いの経過の中で解決されよう、復帰の時点においてトラブルは起こらないだろう、一貫

してそういう主張をしてきた。ところが、台湾政府は尖閣列島は宜蘭県の一部であることを同県に通告し、そういう情勢を反映して、アメリカにおける華僑の動きが非常に活発になっている。在サンフランシスコ、シカゴ、ニューヨークのわが国総領事館を通じて、尖閣列島は中国のものであるという主張をして、15日の返還の時点においてこの運動を盛り上げようとしている。事柄は従来政府のとっておられるような楽観的なものではなく、きわめて重要な時期を迎えたと考えている。外務省当局の見解を伺いたい。

前田利一（外務省アジア局参事官）御指摘の動きは、私どももかねて承知している。日本政府としては、尖閣列島の領有権問題について、かねてからのわがほうの立場、歴史的、法的に日本国の領土であることについて一点の疑いもない、こういう立場から、十分な資料も添えて、そのつど解明につとめている。

西銘順治（自由民主党）従来の見解を一歩も出てない。尖閣列島はわが国の領土である、そういう主張をしたにとどまっている。先ほども申し上げたように、アメリカにおける華僑の動き、尖閣列島内に台湾からの漁船の進出が最近に至って非常に目立っている。こういう中で、ただわが国の領土であるという従来の歴史的な国際法上の主張ばかり繰り返して、こういう事態に対処する道はないのか、それを聞いている。

前田利一（外務省アジア局参事官）中国側の主張に対して、わが政府としては、歴史的あるいは法的根拠に基づいてわがほうの主張を裏づけるに足る資料を、国内向けにも、さらには中国に対するものを含めて、外国に対する啓発資料を現在準備中である。他方、2月に宜蘭県の一部に尖閣列島を編入した、そこに調査団を派遣するとか、さらに管理所を設けるという動きが伝えられたことに対しては、さっそく外務省のアジア局長から、在京の中国大使館の鈕公使を招致して、日本と中国府間のかねての歴史的な友好関係にかんがみ、中国側がかりそめにも尖閣列島に調査団を派遣するとか、あるいはそこに管理所を設けるというようなことをあえてするならば、これは大問題になることでもあり、日本と中国との間の友好関係をはなはだ阻害するものであるから、これを厳重取り締まるように申し入れて、先方はこれに対して善処を約束している。

前田利一（外務省アジア局参事官）中国側の漁民が尖閣列島のまわりの海域に、かねて歴史的伝統的な漁場として出漁している事実は私どもも承知しているが、領海外で操業する限りは、これは法律的に問題にならない。不法上陸してくる、領海内に侵犯する、この点については、復帰後にそのような事態が起こらないように、関係の当局、つまり海上保安庁、法務省、防衛庁等々関係の部署において、復帰後のわがほうのとるべき措置、不祥事態の発生を避けるという趣旨から、たとえば海上保安庁のパトロールを強化する、こういうような点も含めて、現に関係各省庁において検討中である。

西銘順治（自由民主党）中国側の主張の歴史的な根拠になっているものが何か。わが国の中でも、文化人の集団が、尖閣列島は日清戦争のときに中国から略奪したものであるとする見解を表明しており、非常に困った問題である。中国側に領土権があるという根拠が、おわかりであれば答弁いただきたい。

前田利一（外務省アジア局参事官）尖閣列島に対する中華民国政府及び中華人民共和国政府が主張の根拠を先方ははっきり言っていないが、いわゆる歴史的さらに地質的な根拠は、両政府ともその内容を必ずしも明らかにしていない。中国側において出版された新聞、雑誌等より推測するに、歴史的な根拠とは、中国側の古い文献などに尖閣諸島の島嶼名が記述されていることをさすものと解され、地質的な根拠とは、尖閣諸島が地質学的に中国の大陸棚の一部であるという主張をさすものと思われる。しかしながら、これらの諸点は、いずれも尖閣諸島に対する中国の領有権の主張を裏づけるに足りる、国際法上の有効な論拠とはいえないものとわれわれは考える。

4/25
衆・沖縄委

山中貞則（総務庁長官）本土に疎開する学童が奄美大島の群島のところで沈んだ対馬丸事件、あるいは台湾に疎開の途中尖閣列島沖で難波した人たち、こういう人たちに対しては、今年度予算で措置をした。これはケース・バイ・ケースになろうかと思うが、法律の概念をはみ出るものであれば、

何ら躊躇することなく立法措置を講ずべきであろうと考える。

5/9
衆・沖縄委
田中角栄（通産相）沖縄周辺には御承知のとおり、天然ガス及び石油の資源というのが相当大きなものが確認をされている。東シナ海を中心にしてエカフェが長いこと調査を行なった結果、われわれが考えておったよりも膨大な石油資源が存在することが確認された。しかし、石油があるとか天然ガスがあるとかが確認されないうちは、尖閣列島問題などたいしたことはなかったが、膨大な埋蔵量を有することが公になってから、急遽いろいろな問題が起こってきた。ここは大陸棚問題としても、台湾との問題とか中国大陸との問題とか、日本に復帰する沖縄との境界線、非常にむずかしい問題が入り組んでいる。これは話し合いをしながら、円満に地下資源というものは開発をしていかなければならない。沖縄周辺の天然ガス等については、石油開発公団法の改正が行なわれ、可燃性天然ガスの試掘、探鉱、開発等に対して石油公団が行なえるようしたし、沖縄返還に伴う資源としては石油と天然ガス、これは非常に注目すべきである。制度上は完備いたしており、返還後こまかい調査やデータを整えながら開発が行なわれると注目している。
田中角栄（通産相）鉱業法により、鉱業権は日本政府が許可する。いま九州の通産局にも出ているし、沖縄政府にも許可申請を行なっているものがある。これは返還になれば、先願主義であり、法律上は何も問題はない。台湾に近いところ、台湾の石油公社で調査をしておるところもあり、アメリカの石油業者に許可を与えているものもある。尖閣列島の周辺は、中華人民共和国の立場もあり、非常にむずかしいところもある。

9月1日、田中訪中、日中国交正常化。

1973年

3/27
参・予委
大平正芳（外相）尖閣列島はいわゆる南西諸島の一部であり、わが国の領土であることは、議論の余地のない事実である。昨年5月15日、沖縄返還に際して、尖閣諸島に対する施政権はわが国に返還され、現在はわが国の施政下にある。尖閣諸島がわが国の領土であることが明白である以上、これが領有権問題につき、いかなる国とも交渉する考えは持っていないが、領土問題をめぐり、周辺諸国との関係に悪影響を及ぼすことは好ましくないので、今後とも問題を重大化しないように慎重に配慮する。国民政府は、1971年6月11日と1972年5月9日に外交部声明を出して、尖閣列島に対する領有権を主張した。中華人民共和国政府外交部は、1971年12月30日に、声明を発表して、わが国の主張に抗議をしておる。わが国としては、1972年3月8日に「尖閣諸島の領有権問題について」という外務省の基本的な見解を内外に発表した。この問題が重大化しないように外交上の配慮を加えながらまいりたい。
瀬谷英行（日本社会党）尖閣列島はたいへんに複雑だと思う。国民政府並びに中華人民共和国政府、両方が領土権を主張する。何によってそういう主張が行なわれるのか。
高島益郎（条約局長）台湾政府は、1970年ごろ、特に鉱物資源の可能性が着目されてから、この問題を提起した。主張の重点は、特に歴史的、地理的かつ地質的に、台湾の付属島礁の一部である、日清戦争の後に中国から譲渡を受けました台湾及びその付属島礁の一部であるから、当然に中国のものであるという主張である。中華人民共和国政府も、少しおくれて、尖閣列島は中国のものであるという主張をいたしておりその主張も、台湾及び付属島礁の一部であって、日本が日清戦争の後に割譲を受けた台湾及び付属島礁、その付属島礁の中の一部であるという点を中心にしておる。

4/20

衆・沖縄委

國場幸昌（自由民主党）尖閣列島の豊富に埋蔵されておるという石油資源の開発に対し、今後領有権の問題あるいは大陸棚の問題、外務省にまつわる問題がずいぶん大きいので、その点に対して質問をしたい。石油資源は、わが国は約2億3000万トンの消費量に対して、たったの12％、アラビア石油の中近東におけるわが民族資本によって開発されておるものを合わしてでも、12％しか採掘できないといわれている。最初にすっきりとさせなきゃいかぬ問題は領有権の問題である。歴史的に見た場合に、中華民国政府とかあるいは中華人民共和国とかから、云々されることはないといえども、石油資源が豊富であることから、中華民国においても、中華人民共和国においても、尖閣列島は領土であるとか、大陸棚問題がいろいろいわれている。領有権問題に対して率直に申し上げますと、日中正常化のときに、田中総理は、外務大臣がそのことをよく御存じと思うが、尖閣問題には深入りせずといわれた。これは去る9月28日の日中声明によっても、久方ぶりに日中国交が回復されたが、田中首相がこの10月1日、東京都下小平市のゴルフ場において、居合わせた記者団に対しまして、日中首脳会談について懇談、原文のまま読むと、その中で、出発前から注目されていた尖閣列島問題についても話し合った事実を明らかにした。共同通信によると、田中首相の話は次のとおりである。「周首相との会談で私の方から『尖閣列島の領有問題をはっきりさせたい』と持出したが、周首相は『ここで議論するのはやめましょう。地図にものっていないし、石油が出るので問題になったというわけですがね』と正面から議論するのを避けた」こう書いてある。尖閣列島問題に対して台湾（中華民国政府）並びに中華人民共和国おのおのが、日中正常化の場においては避けましょう、とした。領有権問題と大陸棚問題とからんで、この豊富に目の前にぶら下がっておるという石油開発に対して、早急にこれを解決することなくしては、宝も手を出せない。わが国の石油需要は、1980年に至ると約5億トンから6億トンを使用する、その石油資源は、あと30年をして世界の埋蔵量約2000億トンで底をつくといわれる。明治12年から始まり下関条約、いわゆる日清戦争の平和条約の中においても、条約の中にも入ってこなかった。明治26年、判然と日本の領土であることが地図にも出ている。日中問題は正常化して、相互の理解の上に立って、それじゃという話し合いもできるかしれないが、中華民国（すなわち台湾政府）との交渉をいかような方法でやっていけるのか。外務大臣としていかような考えをお持ちか、所見を賜わりたい。

高島益郎（外務省条約局長）尖閣諸島の領有権問題については、昨年の国会以来、政府側から再々その所見を述べている。明治28年1月14日の閣議決定以来、法的にもまた歴史的にも、明らかに日本の領有権のもとにある沖縄の一部である。国会を通じて再々確認している。尖閣列島周辺の石油資源開発問題については、大陸棚の問題として、領有権の問題とは別個に、この大陸棚の範囲が国際法上いまどういう範囲のものであるかについて、ことしの11月から来年にかけて、国際連合主催のもとに開かれます国連海洋法会議で、いろいろな意見を調整して最終的にきまるという段階である。会議の結果を見た上でなければ、この尖閣列島周辺の大陸棚についても、どの範囲から以内が日本のもので、どの範囲から越えた部分がどこの国の管轄下にあるかという問題については、いま直ちに結論を下し得ない。尖閣列島周辺の資源開発問題については、日本独自でもっていま直ちに開発に着手するのは、国際法上非常に問題があろうかと思う。隣国中華人民共和国との間でどうしても話をつけなければならない。国連の海洋法会議の結論を待った上で、その原則に基づいて公正に両国間で合意を見た上で話をつける、そういう方法が一番妥当ではないか。

國場幸昌（自由民主党）中華民国（台湾）がもしさからって、そこで事業に着手せんとするときに、兵力・武力をもって自分の権益を守るのだというようなことに出てきたときに、どういう方法で解決するか。申し上げたいことは、年々25％程度の価格アップを今後は見込まなければいけない――アメリカにおいても、自分の国内においての石炭あるいは石油というものはできるだけ備蓄をしよう、その備蓄をしようというのが、アメリカにおいてはやはりまあ80年は維持できると言われている。わが国の備蓄量は40日、35日そこそこ。石油が入ってこなかったらこれだけの工業がほとんどストップするというような状況である。東シナ海の大陸棚の開発によって、日本の石油エネルギー資源のできるだけの確保を、日本の生命をかけてでも採掘しなければいけないというような事態に至ることは、火を見るよりも明らかである。領海というのは国際法から見た場合、昔は

大砲の距離が大体3海里ですか、満潮時のときに届きよったから領海は3海里とされた。最近に至って各国とも国際会議において定義そのものを12海里説を唱える、30海里説を唱える。領海とは12海里かあるいは30海里かあるいは3海里か。いわゆる定義づけをすることができるかどうか。

國場幸昌（自由民主党）大陸棚と領土、領有権、いわゆる領有権との優先の問題は名実ともにわが国古来の領土としての尖閣列島、これはまず領土権はわれわれとしてはいかなる方法をとっても、主権のあるわが国としては、これはだれがもの言いをしても、それに厳然と立ち向かわなければいけない。その大陸棚の、いまおっしゃるような国際会議において12海里というのが尖閣列島の四島、この島々に対して領有権はあるが、しかし大陸棚から延びてきたところのその棚の上に尖閣列島がすわっておる、こういうことになりますと、これは、領有権と大陸棚の定義の中で、どちらが優先するのか。

高島益郎（外務省条約局長）大陸棚と申すのは、陸地から引き続いて海底に延び、水中にある棚状の陸地についての、沿岸国の管轄権をいう。尖閣列島について申すと、尖閣列島そのものとその周辺領海、これは当然日本の領有する部分である。その先の部分に大陸棚がどの程度あるかという問題である。この範囲が、いま国際連合を中心にして非常に議論されている。

高島益郎（外務省条約局長）質問の趣旨、よくわかりませんが、中華人民共和国に属する東シナ海大陸棚、これがどの範囲まで延びるか、詳しく知らないけれども、東シナ海大陸棚の上に尖閣列島が乗っているという関係にあるので、尖閣列島に属する大陸棚はどの範囲のものかという質問かと思う。国連主催の海洋法会議で非常に大きな問題になっている。こういう範囲画定の問題は、国連の海洋法会議での結論を見ないうちは、立場をとることができない。

6/22
衆・沖縄委

佐藤孝行（自由民主党）過去において尖閣列島がいずれの国家に所属するかという問題について、経団連の堀越副会長は、尖閣列島は中国のものでも台湾のものでもかまわない、要はあそこで石油資源を開発してくれればいい、こういうような発言をしている。最近の財界のものの考え方の一端を如実に示したものではないか。あまりにもコマーシャルベースを先行する危険性を感ずる。

1974年

2/26
衆・沖縄委

國場幸昌（自由民主党）尖閣列島の油田問題とか、もし領海とか摩擦が起きて、この問題で日台間がうまくいかなかった場合には、やはり領海にしましても、台湾海峡を通る船が年間8000隻といわれている。わが国の1日におけるところの100万トンの輸入原材料、あるいは1日における10万トンの輸出製品、かようなるものが80％までも台湾海峡を通る。領海を、もしそこを封鎖されるということになると、フィリピンの沖を通り、ハルマヘラの沖を通り、バリ島の海峡から入るとした場合には、1000キロ以上わが国の船舶は遠回りし、約1週間から10日のむだな航海をしなければいかない、かようなるきびしいような状況下にあり、日中航空協定というのが今国会においてぜひ批准をしてもらわなければいかない段階にあり心配をしている。

3/7
衆・沖縄委

安里積千代（民社党）尖閣列島とか大陸棚の問題は別にしても、日本の領海に近い宮古、八重山の近海においても石油が埋蔵されておると報じられ、すでに鉱区権の申請も出ておるといわれる。宮古、八重山の離れ島あたりで、やはりそれを見越してかどうかは知りませんけれども、島をあげて買収の手が伸びておる。振興開発の法案に関連するので、開発庁のお考えをお聞きした

い。
岡田純夫（沖縄開発庁総務局長）沖縄振興開発計画においても大陸棚と申しますか、尖閣列島を含めて大規模な油田の埋蔵の可能性が報告されてもおり、近隣諸国との国際協調ということが前提にはなるけれども、調査、開発を強力に進めるべきである。

11/18
参・沖縄委
佐藤信二（自由民主党）日本には日中平和友好条約ではむずかしい問題、尖閣列島の問題は避けて通ってもよいとの雰囲気があるのに、日ソ間ではそのむずかしい問題、北方領土が平和条約の条件となっていると向こうは言っている。日ソ平和条約と日中平和友好条約は、性格的に友好という字があるかないかで違うのか。

1975年

6/25
参・沖縄委
稲嶺一郎（自由民主党）沖縄の私どもの先輩で非常に渤海から東シナ海、大陸棚について研究し、垂直式養殖法を発明された宮城新昌という方が、尖閣列島の周辺というのは非常にすばらしいところだという。魚の集まるのは暖流と寒流とが混流（カスケーティング）するところだという。沖縄海溝、沖縄海盆があり、そこには黄海の流氷塊が落ちてくる、そこで混流を行う。だから非常にすばらしい漁場である。海洋法の経済水域200海里から考えた場合、ここは日本の領海を含めて領土というものが現在の約12倍になる。その点から見て、沖縄の方は何十倍かになる。これをどううまく利用するかによって、日本の将来のたん白資源との関連も非常に生まれてくる。ぜひ水産庁の方でその方面の調査、計画、これを十分にやっていただきたい。

7/2
衆・沖縄委
安井吉典（日本社会党）日本の中国に対する台湾の放棄だとか尖閣列島の問題などと、北方領土の問題とは全く次元の違う問題であることは明らかである。それを同じような位置づけのもとにソ連側が主張してくるというのは誤りだ、と思う。

1977年

4/7
衆・本会議
市川雄一（公明党）領海12海里の設定は、北方領土、竹島、尖閣列島に関してはどのような方針なのか、政府の見解を明らかにしていただきたい。
福田赳夫（首相）わが国は世界一の漁業国である。どうしても公海の自由、これを国是としなければならぬ立場にある。わが国が率先して12海里でありますとか、あるいは200海里であるとか、そういう問題を提唱するにふさわしくない立場にある、それがまた国是であったと思う。

5/13
参・本会議
小柳勇（日本社会党）エカフェの調査対象区域の一部である対馬、五島列島沖などの石油試掘がこれまでで全部完全に失敗していることから類推すれば、共同開発区域の埋蔵量は、わが国の年間輸入量3億キロリットルの1年分で、とても大油田とは思われない。むしろ、出もしない石油をめぐって開発の名目で巨額の金を引き出そうとする陰謀であるとの声がわれわれの胸を強く刺す。

5/17
衆・本会議
岡田哲児（日本社会党）エカフェの調査によると、尖閣列島付近が最も有望な埋蔵量を有する地域で、次第に九州に向かってその量は少なくなっていると発表されている。わが国を取り巻く諸情勢等からみて、日韓共同開発は急がず、当面中国との平和友好条約の早期締結、南北朝鮮の平和的統一への協力、国内では石油開発への技術開発、漁業との調整、さらに日本の大陸棚の開発への研究整備、それを急ぐべきだと考える。

1978 年

4 月、中国漁船事件。

4/13
衆・本会議
馬場猪太郎（日本社会党） 5 年越しの日中友好平和条約は、もはや総理の決断のみという段階まで来ています。与党内を取りまとめて、一日も早く締結すべきだと思う。昨日の尖閣列島水域への中国漁船の出漁が、条約と同時に大陸棚の石油採掘の権利にも深い関係があるので、政府の方針を示してほしい。

4/17
参・本会議
対馬孝且（日本社会党）日韓大陸棚特別措置法案と非常に関係の深い尖閣諸島問題について若干の緊急質問を行いたい。尖閣諸島領海侵犯事件は本措置法案が衆議院を通過し、参議院に回ってきたこの時点で事件が起きたことが、特徴的な背景ではないか。1972 年、日中国交正常化の際、日中共同声明において領土問題に触れないことが確認されているにもかかわらず、それに影響を与えるような事件が起きた背景は何か。中国側は偶発的な問題という態度を表明しているが、今日的な状況として、日中平和条約の締結に当たって自民党内部の同条約をめぐる内部対立が大きな要因となり、福田内閣の指導性が厳しく問われているのではないか。わが党は、尖閣諸島は国際法上日本の固有の領土であることを宣言しているが、この事件についても、あらゆる領土問題についても、国際法に基づき平和的な話し合いによって解決されるべきであり、その努力を積み重ねることこそ、平和五原則に基づく善隣友好関係の強化に貢献するものと考える。新聞報道によると、中曽根自民党総務会長は、昨 16 日、尖閣諸島事件に関係し、わが国が交戦権を持てるよう憲法を早急に改正する必要があると述べた。この考え方は、平和憲法に照らしても、日中条約交渉にとっても、はなはだ危険なものだと考える。
福田赳夫（外相）尖閣列島問題についてのお尋ねだが、尖閣列島は日本固有の領土であること、これは明白なる事実である。中国の漁船がわが領海内において不法に操業し、または漂泊したことは、まことに遺憾である。中国側の意図は何かという質問だが、中国側は、偶発的事件であり、故意に行ったものではないと説明している。政府としては、現在、中国漁船はすべて領海外に退去した状態を今後とも確保する、そういう方針で対処してまいりたい。日中条約との関係については、領海侵犯問題につきましては厳正に対処する、同時に、条約問題については共同声明の趣旨に沿い、締結に努力する基本方針には変わりない。自由民主党総務会長中曽根康弘君が、わが国を守るために交戦権を持てるよう憲法改正の必要があると、このような発言をしたということに関連して私の意見を求められたが、政府としては、現実の問題として、憲法改正に手がける、これに手をつけるというような考え方はないと明快に申し上げる。
馬場富（公明党） 日韓大陸棚協定は、昭和 49 年以来再三国会に提出され、審議未了、廃案と繰り返す中で、難航の末、昨年 5 月衆議院を通過し、参議院では自然承認という形で成立した。日韓癒着に対する疑惑等のきわめて多くの問題をはらんでいる。政府は巨額の資金を投入するために必要

な日韓大陸棚措置法を提出し、未解決のまま共同開発を推進しようとしていることは、まことに遺憾である。この共同開発地域は、日韓の中間線を大きく日本側に食い込み、日本の主権的権利が考えられる地域であり、わが国の国益を損なうような危険性を含む。南部の開発区域の画定に当たり、北部と同じ境界線が画定できず、「共同開発区域」という表現で問題を後日に残している。なぜ南部の境界画定ができなかったのか、南部に対する日本政府の方針は、両国間の中間線をとるのか、それとも韓国の言う自然延長線をとるのか、お尋ねする。中国との関係について質問する。この開発区域の一部は明らかに中国の200海里の領域が含まれており、中国外務省は、日本大陸棚協定の承認直後声明を発表し、日本政府と南朝鮮当局が中国に隠れて承認した日韓大陸棚共同開発協定は全く不法のもので無効である、いかなる国家や個人も、中国の同意なくして東海大陸棚で開発活動を進めるならば、これによって引き起こされるすべての結果について完全な責任を負わなければならないと、強く抗議している。現在、日中平和友好条約の締結交渉を目前にして、まさに軽率に過ぎるものであると思う。

福田赳夫（首相）日韓大陸棚開発は、資源エネルギーに対する備えを十分にしておくことである、こういうことである。その一環として日韓大陸棚開発が着目された。この特別措置法案は日韓大陸棚協定を批准、実施するために不可欠のものである。すでに52年6月8日に協定は国会で承認され、一年近くも批准できないことになりますと、これは国会としての意思が一体どういうことであるかという問題にもなってくる。尖閣列島はわが国固有の領土であるという点について、一点の疑いもない。昭和47年3月8日に、当時外務大臣であった私が国会において解明している。主要点を申し上げると、明治18年以降政府が再三にわたって現地調査を行い、単にこれが無人島であるのみならず、清国の支配が及んでいる痕跡のないことを慎重に確認いたしました上、明治28年1月14日の閣議決定で正式にわが国の領土に編入され南西諸島の一部を構成してきておる。

4/19
衆・沖縄委

安井吉典（日本社会党）日中平和友好条約交渉の前進に伴って、それに対する、特に覇権条項に対する批判が強まってき、そこへ尖閣列島と、こう続いてくる一連の動きがある。領土交渉を前進させるきっかけとか要素というものがきわめて得にくくなった、少なくも北の領土問題については足踏みあるいは後退というふうな印象を国民が受けているが、外務大臣は、この困難な局面をどう打開していくおつもりなのか。

安井吉典（日本社会党）いまは尖閣列島の問題や日中の問題が先行しているが、日ソ交渉はいつごろとお考えか。

安井吉典（日本社会党）日中平和友好条約の締結が、当面する日本の最大の外交課題だということは当然であり、園田外務大臣もずいぶん御苦労をなすって、外交と、それから党内の内交の方も御苦労をされておられるが、訪中直前に至っていろいろな問題が起きて、大変残念であろうとお察しをする。いま起きている事態がいかなる原因によるものかはよくわからないけれども、この間の耿副首相の発言によれば、偶発的なものである。偶発的なものなら偶発的なものでありましたというような処理の仕方を、現実に日本側にも見せていただかなければならぬと思うがどうか。

安井吉典（日本社会党）台湾にある政府は、いままで尖閣諸島にいかなる主張をし、特にいまのような事態に至って、これに対する主張というか、コメントというか、これはいかようにしているのか、伺いたい。

中江要介（外務省アジア局長）台湾にあります当局は、あの地域に石油資源がありそうだというエカフェの報告が出ました後、外交部声明を出して、あの尖閣諸島は自国の領土であるという公式声明を出した。今回の事件が起きてから、台湾の方から、特段の公の論評なり公表なり声明なり、そういったものは承知していない。

安井吉典（日本社会党）4月14日のソ連のタス通信は、尖閣列島は日本の領土であり、中国の領土要求は間違っているという非難した。一方、中国の方は、北方領土は、これは四島は日本の領土であって、ソ連の領有は間違っている、こういう非難をしていた。これがちょうどあべこべなら話は早いけれども、なかなかそうはいかない。北方の問題と尖閣諸島の問題とも日本の主張は、一方

は条約が先で領土は後だと言うし、一方は領土が決まらなければ条約はしないというようなことで、何か論理の矛盾があるのではないかという話もあるけれども、私は両方とも問題が違うように思う。尖閣諸島の場合は、漁船が領海に一度や二度踏み込んだからそれで事実関係が狂ってしまうというような、そんなものではないぐらい日本の領有権は明確になっている。

園田直（外相）　政府・与党の中にはいろいろ論議のあるところだが、交渉再開するについての理解と御協力をだんだんと求めている段階であり、交渉再開が間近に迫ったという環境の時期にこういう事件が起こったことは、本当に残念である。いままで台湾の漁船その他の漁船がこの領海を侵犯したことがあるが、こちらの警告によって直ちに退去している。中国の船は今度が初めてだが、偶発的であると中国政府は言われるけれども、どうも数の多い点、いまなお領海に出たり入ったりされて、昨日の午後5時から本日にかけては領海内には1隻もいないわけでありますが、なお200隻近い船が集団で領海外の間近なところに集結をしておる、こういう点から理解に苦しむ点がある。

上原康助（日本社会党）　1972年9月の日中首脳会談において尖閣問題、いわゆる尖閣諸島の件についてどういう話し合いがあったのか、答弁を願いたい。

中江要介（外務省アジア局長）　日中正常化の際の両国首脳会談において、尖閣諸島の問題は議題とされたことはない。首脳者会談の中で、この問題についてたな上げにするというような合意なり了解なり、そういったものがあったかというと、それもない。それでは一体何があったのかといいますと、中国側は、この尖閣諸島の帰属の問題を取り上げたくないという態度を示していた。日本政府としては、固有の領土であるという確たる根拠の上に立って、かつ有効支配をしておるわけであり、相手の方から取り上げないものをこちらから取り上げるという筋合いのものでもないので、中国側がこれを取り上げないという態度を示したことは、結果として双方で何ら触れることなく正常化が行われ、そして今度の事件が起こりますまでそういう状態が続いていた、ということである。

上原康助（日本社会党）　いま三点にわたって答弁があったが、私もそうであったことを願う。念を押すようで恐縮だが、いささかなりとも、この尖閣諸島の帰属の問題をめぐって、日中政府間で秘密協定的なあるいは秘密的な話し合いはないと断言できるか。

中江要介（外務省アジア局長）　公式のやりとりについて概略を御説明すると、12日に事件が起きまして、その翌日13日、東京で中国課長から、在京大使館の一等書記官に対して本件の概要、つまり、こういうことが起きた、そして尖閣諸島はわが国固有の領土であるので、中国漁船の不法な操業や漂泊行為に対しては遺憾であるという遺憾の意を表明して、これらの漁船が直ちにわが国領海から立ち去るように、そして再びこういうことを繰り返さないように必要な措置を中国政府にとってもらいたいということを要請して、これを本国政府に取り次ぐように申し入れた。そのときに先方は、尖閣諸島は中国の領土であるということで1971年の声明に言及したが、その翌日4月14日になり、北京でわが方の堂ノ脇公使が先方の王暁雲アジア局次長に申し入れた。そのときに、尖閣諸島は中国の領土であるという従来どおりの態度を示しつつも、事実関係については、実態を調査するという返答があった。で、現在その調査の結果を待っている。翌15日の土曜日、社会民主連合の代表として訪中しておられた田英夫代表に対して耿飆副総理がいろいろと本件について説明した。偶発的な事件であるから、そういったことを言った。そこで、偶発事件ならば早速退去をするかと思ったら、日曜日にもまだ二十数隻朝残留しているので、16日の日曜日に、私が在京大使館の肖向前参事官を呼び、話をした、こういうことである。

上原康助（日本社会党）　日中関係、平和友好条約の締結の作業状況を見ると、私はタイミングを失したと思う。本委員会や内閣委員会でも、私は外務大臣の見解を求めたが、当初、1月いっぱいには、と思ったのが、その後いろいろ自民党の党内事情などがあって3月にずれ、3月は何とか外相訪中というのはあるのじゃないかと国民全体期待をした。しかしそれも果たし得なかった。だから私はあのときにも、恐らく5月の日米首脳会談が行われるまではできないでしょうと申し上げた。いやそんなことはない、日中は日中、日米は日米だと大みえを切ったが、それができなかった。そういうもたもたしている段階でこの問題が起きたという政府の外交の失態についての責任は私は重大だと思う。こういう領海侵犯事件があったにしても、日中平和友好条約を早期に締結をしていくとい

う考えには変わりはないと思うが、一方においてはまた障害になったのは事実である。これをどう調整をしていくか国民の前に明らかにして欲しい。

上原康助（日本社会党）尖閣諸島の帰属問題と今度の侵犯事件とは切り離して平和友好条約は進めていくが、しかし交渉過程では全く切り離すというわけにもいかないと思うが、ここらはどうするのか。

園田直（外相）本件が処理されて、少なくとも尖閣列島の周辺の状態が本事件の突発以前の状況に返ることが第一の問題であり、それができたら、次にはこの問題を国民の方が納得のいくように、将来どう取り扱うのかということも明らかにしなければならない。これとは別に努力はしますが、全然関係なしとは言い切れない。本件を速やかに処理して、条約交渉を進めていきたい。

村田光吉（海上保安庁警備救難部長）領海法施行後、沖縄周辺海域の領海に不法入域いたしました台湾漁船は91件、そのうち84件が尖閣諸島周辺である。海上保安庁では、沖縄復帰以来、巡視船及び航空機をもって尖閣諸島周辺海域について重点的な警備を実施してきた。今回の中国船の領海侵犯事件の発生を知るや、他の管区海上保安本部から直ちに大幅な巡視船、航空機の増派を行い、対処している。

上原康助（日本社会党）本当に情理を尽くして中国側とお話し合いをするという、いまこそ日本外交の誠意を示すべき時期だと私は思う。平和友好条約の締結問題、あるいはいま何といったってあと残されているのは、台湾問題を含めて自民党内のもたもたですよ。こういうことを早急に調整することと、同時に八重山の方々あるいは宮古の方々、沖縄の漁民あるいは九州各県の漁民の皆さんは、あの尖閣列島海域を豊富な漁場として今日までやってきているわけだから、この問題についても、外交的に漁民の皆さんが安心して漁業ができるような方途を早急に確立をしていただきたい。

玉城栄一（公明党）尖閣諸島の領海問題に関連して地元の沖縄県の方では、御存じのとおりにあの周辺は沖縄県にとり、優秀な漁場になっておる。こういう問題が起き関係漁民の方々が出漁を見合わせている。これは沖縄本島から宮古島、八重山、それから与那国と関係漁民がおる。カツオの漁獲シーズンにも入ってくるけれども、そういうことで出ていけないというようなことで、実は、地元の県議会でもきのう議会を持ちまして、要請団が政府にきょうも来ておる。水産庁の方からこの問題について、漁民の生活の保障と漁場の確保という点からどういうふうに考えておられるのか、伺いたい。

恩田幸雄（水産庁次長）今回、中国漁船の領海侵犯の問題が出てきたので、当時、私どもの方も、まき網、底びき、あるいは小型漁船等が操業しておったのが現状で、これらの漁船との紛争が起きないように、まず実態を調査するということである。同時に、もし何かトラブルができた場合に、水産庁の船が参り、両方の間に入りトラブルの解決あるいはそれ以前の防止ということに努めようということで、急遽一隻の水産庁の監視船を派遣して、現在でも現地に待機している。現在、小型漁船が約37杯ほど魚釣島の周辺で操業しているという情報を得ている。日本漁船と中国漁船との間のトラブルは全く聞いていない。

恩田幸雄（水産庁次長）尖閣諸島に避難港を設置してほしいというお話は、まだ私どもの方は沖縄県から伺っていない。沖縄県からいかりとお話がございましたのは、あの辺で漁船が仮泊する場合に、いかりを打った場合に、いかりが岩礁にひっかかって起きてこないので、ロープを切っていかりを捨てるというような事態が間々あるので、何かがっちりしたブイを浮かせて、そこに船が着けられるようなことができないだろうかという御相談は、県の水産課長から受けている。

園田直（外相）尖閣列島周辺に起こった本件をどのように処理するか、これは冷静に見守り、中国の回答を待っておるところだが、ただいまの御発言のような点には十分留意をして今後折衝を続けてまいりたい。

柴田睦夫（日本共産党）尖閣諸島の問題ですが、これが日本の領土であるということは明白で、疑問の余地はない。そしてまた、尖閣諸島周辺がわが国の漁場となってきたということも間違いのない事実である。水産庁に伺うが、この尖閣諸島周辺漁場での漁獲高、主な魚種、さらに、この漁場を利用している日本の県はどこどこか。

恩田幸雄（水産庁次長）尖閣諸島周辺で操業しているのは、まき網、以西底びきそれから小型漁船

によります釣りはえなわ漁業等である。現在約250隻が操業しており、漁獲量で約8万トンの生産を上げている。主要なものはやはりサバで、そのほか沿岸の釣りはえなわでとっておるものは、タイ、アマダイ、マグロ、カツオ等も漁獲している。

4/28
衆・本会議
新盛辰雄（日本社会党）尖閣、竹島、北方四島など、領土周辺における漁業の操業区域を確保していくための漁業外交を今後どう進めていくのか、福田総理の決意を明らかにしていただきたい。

4/28
参・沖縄委
川村清一（日本社会党）いま問題になっている尖閣列島の問題等についても、70年8月10日、当委員会において当時の愛知外務大臣に対して質問した。国会において尖閣列島問題が議論されたのは私の質問が最初でなかったかと思う。沖縄復帰後の沖縄国会においては理事などもやっており、復帰に関する法律案に対して、本会議で質問をしている。

5/9
衆・本会議
福田赳夫（首相）双方が満足し得る状態においてなるべく早く締結したい、そのタイミング、環境も熟してきた。ところが、不幸なあの尖閣列島の問題が起きて、いまここで停滞をいたしている。この状態をどうやって打開するか、いま苦慮しておる最中である。

5/10
参・本会議
福田赳夫（首相）双方が満足し得る状態において速やかに日中平和友好条約を締結したいと、そういう方針でその交渉再開のための環境づくりに努力してきた、まあ努力がようやく実りまして、交渉再開も迫ってきたという時点で尖閣列島の問題が起こってきて、大変苦慮しておるんだという話をしたところ、大統領は尖閣列島の問題には触れませんでした。そして、中日中平和友好条約の成功をお祈りしますと、こういうような短い言葉であった。「お祈りします」という意味はどうですかと聞くわけにもいかない。友好国の意見を聞いて参考にするけれども、最終的な結論は、政府が責任を持ってこれを決定すると御理解を願いたい。

8月10日、園田・鄧小平会談。

9/29
衆・本会議
中村正雄（民社党）平和友好条約交渉では、尖閣諸島の領有権の明確化が国民にとっての関心事であったが、条約面において見る限り、たな上げされた結果となっている。領有権問題がたな上げされたまま条約が締結されたとすると、ソ連が北方領土問題をたな上げにしたままいわゆる善隣協力条約の締結を迫ってきた場合、わが国の全方位外交の推進という立場から、日本政府としては今後どう対処する方針なのか。
園田直（外相）今度の友好条約に領土の問題がないという話だが、平和条約ではないので、この友好条約には国境並びに領土の個条はないばかりでなく、わが国と中国の間には、領土問題に対する紛争はない。多分、尖閣諸島のことと思うが、これは歴史的に、法的に、日本の固有の領土であることは明確であり現にわが国がこれを有効支配している。鄧小平副主席との会談の際、尖閣諸島に対するわが国の立場を主張し、この前のような事件があったら困る、こういう事件は断じて起こしてもらわぬようにという要請をした。鄧小平副主席は、この前の事件は偶発事件である、今後絶対

にやらない、こういうお話であり、この問題がソ連との交渉に響く道理はない。ソ連の方は現に北方四島を占拠しているわけでありますから、今後ソ連との間では、いかなる条約を結ぶについても、この問題の解決が先決条件であると考えている。

9/29
参・本会議
長田裕二（自由民主党）　尖閣諸島は明治27年に日本領土として宣言され、幾多の事実に照らしてもわが国の領土であることは歴史的に明白である。今回の交渉で、外務大臣からの申し立てに対し、中国政府は、再び先般のような事件を起こすことはないと言われ、いろいろ報道されている点もあるが、尖閣諸島の領土問題についてどのようなやりとりがあったのか、それをどういうふうに理解しておるか、この点は将来日ソ間の領土問題にも影響を持つことになりかねないので、明確な答弁をお願いしたい。

園田直（外相）　尖閣列島はこの条約とは直接関係はない問題である。しかし、国民の大多数の方の非常に関心の深い問題であり、尖閣列島は、北方四島、目の前に見えておる竹島、これとは全然違う。日本がちゃんと固有の支配をしている。これに物言いはついているが、まだ紛争地帯にはなっていない。うかつに持ち出すことによって、いまの状態からさらに国益を損ずるおそれがある。外務大臣個人としては、この問題は正式の会談に最後まで出したくなかった問題であるけれども、与党の皆様方の強い意見であるから、私は薄氷を踏む思いでこれを発言した。鄧小平副主席は、私が一番最後に、尖閣列島の問題に対する日本の立場を述べ、先般のような偶発事件があっては困る、このようなことがないようにと要請したのに対し、そのまま副主席の言葉を言うと、「あれは偶発事件である、漁師は魚を追いていくとつい先が見えなくなる」と笑いながら「今後はこういうことは絶対しない、今後はこういうことはない」、こういう発言をされたのが事実である。これをどのように解釈するか、外務大臣が本会議の席上で、これに対する解釈を言うのか言わぬのか。どちらが国益か、私は言わない方が国益であると思い、事実だけを御報告する。この尖閣列島に固有支配を示すために施設をすることについてどうか——外務大臣としては反対である。そもそも、この領土は日本古来の領土だから、わざわざおれのものだ、間違いない、おれのものだ、文句はないだろう、ということが果たして外交上いいことであるかどうか。

9/30
参・本会議
上田耕一郎（日本共産党）　6年前の日中国交回復に際しても、政府がこの点をあいまいにしたため、今日なお両国間に領土問題の不明確さが残ったままである。政府は、はっきりと国際法上、台湾を中華人民共和国の領土と認めているのかどうか。また、中国は、尖閣列島を日本の領土だと明確に承認しているのかどうか。園田外務大臣は、鄧小平副首相が尖閣列島に対し、中国は2、30年手を出さないと述べた事実を明らかにされたけれども、その先は言わないでくれなどと、あいまいにすることがどうして国益に沿うのか。

福田赳夫（首相）　日中戦争を完全に終結した平和条約はどの条約かと、お尋ねだが、純法理論の問題とすると、いろいろ議論がある。それぞれの国の立場もあるが、日中間では、戦争状態終了の問題は、1972年の国交正常化の際に、日中共同声明において最終的に決着を見たと考えている。今度の日中条約に日中「平和」友好条約と「平和」という字が使ってあるのはどういう意味かというお尋ねだが、特に格別の意味があるわけではない。平和友好と、友好という気持ちを表明する条約である。国際法上、台湾を中華人民共和国の領土と認めるのかというお話だが、日本政府の立場は、日中共同声明第3項の立場であると御理解願いたい。中国は尖閣列島を日本の領土として承認しておるのかというお尋ねだが、尖閣列島はわが国の固有の領土である、これは歴史的にもまた国際法上も疑念の余地がない。現にわが国は実効的な支配を行っている。これに対して中国は、尖閣諸島の現状についてこれを問題にする姿勢は示していない。

10/16

衆・本会議
永田亮一（自由民主党）本件は、10月6日外務委員会に付託され、10月13日園田外務大臣から提案理由の説明を聴取し、13日、14日、16日の3日間にわたり質疑を行った。その質疑の主な内容は、会議録により御承知を願いたい。

曽祢益（民社党） 賛成の理由は、本条約締結と、尖閣諸島、中ソ友好同盟条約との関係、並びにいわゆる全方位外交の観点から見て、本条約承認に特に支障なしと判断されるからである。ただし、尖閣諸島については、わが国の一部にあった尖閣諸島の領有権の問題を取り上げて、本件日中平和友好条約締結に際し、中国側の領有権放棄の意思表示を求むべきだとの意見に対しては、賛成いたしかねる。尖閣諸島と同様に、わが国の領土である竹島問題に関する日本の韓国に対する軟弱な態度に比して、片手落ちだからである。しかし、日中条約の関連において、この際、中国に対して領有権の主張の放棄を求めることは問題外とし、先般の中国漁船団のわが方領水の侵犯のごとき不祥事件の再発はない旨の中国側の確実な言質が得られたという外務大臣の答弁を重視し、これを信頼し、私は、尖閣諸島の観点からの本件平和友好条約への反対は唱えないこととしたい。同時に、竹島問題に関し、韓国の不当な竹島占拠を改めしめるような措置を速やかに講ずることを要求する。

寺前巌（日本共産党） 日中間の平和条約が結ばれないまま本友好条約が結ばれる異例の事態となったのは、わが国政府が、中国を代表する唯一の政府を台湾とし、1952年の日華平和条約で戦争状態が終了したとみなし続けてきたからである。領土問題の不明確さはまさにそのためである。わが党は、政府に対し、尖閣列島に対する日本の領有権について、両国間に何の疑点も残さないよう、また台湾が中華人民共和国の不可分の領土の一部であることを明確に承認するよう強く求める。

10/18
参・本会議
菅野儀作（自由民主党）この条約と日米安保条約との関連、尖閣諸島の問題、今後の日中間の経済文化交流、中ソ対立及び米中関係の現状と見通し、中ソ同盟条約廃棄の問題等各般にわたって質疑が行われたが、詳細は会議録によって御承知を願いたい。

稲嶺一郎（自民党） 中ソ友好同盟相互援助条約及び尖閣諸島の問題であるが、国民的関心の的であった。外務大臣は鄧小平副主席との会談で、先方より来年4月には同条約廃棄のための必要な措置をとるとの強い感触を得、後者については、先方が再び先般の事件のような争いを起こすことはないと述べたと談話を通じて明らかにしているが、私はこれを是とし、国際信義の上からこれを全面的に信じたい。尖閣諸島は、将来日ソ間の領土問題との関連においても心配をする向きがありますので、この際、同諸島の実効的支配の維持については毅然たる態度で臨んでいただきたい。

1979年

2/16
衆・予委
石橋正嗣（日本社会党） サンフランシスコ平和条約は連合軍が集まって決めた。そこで放棄されたのは、第二条（b）項の「台湾及び膨湖諸島に対するすべての権利、権原及び請求権を放棄する」。それから第二条（f）項の「新南群島及び西沙群島に対するすべての権利、権原及び請求権を放棄する」。ここで放棄する範囲が連合軍によって決まった。放棄しなかったところは日本のものと決まった。それを日華平和条約でも、中華民国がサンフランシスコ条約と同じ条項をこの日華平和条約で規定しているから、放棄するものは台湾及び澎湖諸島、新南群島及び西沙群島、日華平和条約で領土を確定しておった。だから、日中の共同声明でも確定するというならば、何でこのとおりにならぬのか。台湾及び澎湖諸島の放棄、新南群島及び西沙群島の放棄となぜいかなかったのか。連合軍が決める前におれたちが決めるのだというところに戻ったということに不審を持つ。

園田外相は尖閣諸島に触れるたびにはらはらしたという。確定しているならはらはらすることは

ないはず。尖閣は本当は確定してないのじゃないか。何でサンフランシスコ平和条約なり日華平和条約なりと同じものにしないのか。連合国が決める以前のポツダム宣言が出てくれば心配する。はらはらするということを思い合わせるといよいよ心配ですよ。日本人はみんな決まったと思っておりますよ。尖閣諸島は日本のものだと思っていますよ。本当はあのとき詰まっていなかったのだなんて、どういうことになるか。

　私は戦勝国とか戦敗国とかいうような言葉を絶対使いたくないけれども、われわれは迷惑かけた方の国ですよ。断われますか、向こうからそんな提起がなされてきたときに。断われませんよ。そのときの日本の国民の感情を考えてみてください。いま玉虫色で何とか卵を抱えていくようなかっこうで押し渡っていける問題じゃないですよ。私は本当に心配でずっと入っていっていろいろ気がついてきた。

中島敏次郎（条約局長兼アメリカ局長）　台湾及び澎湖島はサンフランシスコ平和条約第二条によるところのわが国の放棄地域で、尖閣諸島は、サンフランシスコ第三条の方のアメリカに施政権を渡した地域の中に含まれる。尖閣諸島は沖縄の一部として、返還協定によりわが国の施政のもとに戻った。連合国が台湾及び澎湖島の帰属先を決定することができずに、その帰属先を明示しないで放棄だけをさせた。わが国はすべての権利、権原、請求権を放棄したから、独自の認定を行う立場にもなく、何ら発言権がなくなっている。その点について中華人民共和国は、これが中国の一部であるという立場をとっており、その立場をわが国の政府は理解し、尊重し、そしてポツダム宣言第八項に基づく立場を堅持する、と言った。ポツダム宣言の問題は、「カイロ宣言ノ条項ハ履行セラルベク又日本国ノ主権ハ本州、北海道、九州及四国並ニ吾等ノ決定スル諸小島ニ局限セラルベシ」となっており、「吾等ノ決定スル諸小島」が、まさにサンフランシスコ平和条約で決定されたところである。日中共同宣言で言いましたところの「ポツダム宣言第八項に基づく立場を堅持する」とは、カイロ宣言では「台湾及澎湖島ノ如キ日本国ガ中国人ヨリ盗取シタル一切ノ地域ヲ中華民国ニ返還スルコトニ在リ」となっており、この趣旨に従って台湾及び澎湖島が中国に返還せらるべきものであると考えていることを共同声明で明らかにした。

2/27
衆・予委第二分科会

小川新一郎（公明党）　日中平和友好条約という長年の懸案を大臣のお力でなし遂げ得た、福田、大平両内閣にわたっての外務大臣という大事な職にある園田大臣なので、御所見は了解した。ところがこの問題をたな上げにするということわずか半年足らずで、1月16日に森山運輸大臣が海上保安庁の仮ヘリポートを尖閣列島につくる、こういうことを記者会見しておる。尖閣列島には触れないと言っておきながら、今回の予算で3000万円調査費がついている。この問題も尾を引いて、中越戦争のように一寸尺土の土地を争って血を流す、両国の軍隊が血を流して争っている。これも国交の信義が破れた結果であります。私は、東洋人の中国と日本の指導者が平和友好条約を結ぶ一つの条件としてこの問題を水に流しておきながら、締結して半年足らずで海上保安庁が仮ヘリポートをつくるのだなんて大臣が発表して、3000万円沖縄開発庁の予算についている。こういうことは、納得できない。

園田直（外相）　日本は尖閣列島を有効支配をしている。北京で話したときは、尖閣列島に対するわが国の立場を私申し述べ、その上でこの前のような事件は困る、こう言った。鄧小平副首相は、今後絶対にああいうことはやらない、考えていない。そして今度は日本に来られたときに、十年でもいい、二十年でもいい、先にしようじゃないかと言われた。すでに日本が支配しているところで、中国がこの前の事件を起こさないということであればこれでよろしいという、まあ腹と腹の芸かわかりませんが、小川委員がおっしゃったようなことも考えて解決した。尖閣列島に対する施設は地域の住民の方の避難港であるとか、あるいは漁業のための必要なものであるとか、そういうものなら構わないけれども、有効支配をするために施設をすることは絶対に反対である、わざわざ有効支配のためにやるということになれば、これは外交儀礼に反する。私は今後とも自分の所信を貫徹するつもりである。

5/25
衆・沖縄委

國場幸昌（自由民主党）尖閣列島に対するヘリポートの建設に対しての新聞を見たが、運輸省からの発表を私は新聞で見て記憶している。これはどうなっておりますか、開発庁の方で詳しい事情を説明願いたい。

亀谷礼次（沖縄開発庁総務局長）先般運輸省から、尖閣諸島の調査に関連してヘリコプターの施設の設置について新聞に報道されたが、本日開発庁長官からも記者会見の席上で、いわゆる調査の全体について発表を申し上げた。御案内のように尖閣諸島のいわゆる開発利用の可能性の調査につきましては、54年度の予算に約3000万円がすでに計上され、予算が成立を見た。開発庁としては爾来この調査の準備に関係省庁とも協議をし、施行者とも詰めてきた。尖閣諸島の調査については、石垣島から約150キロメートルの東シナ海にある孤島であり、気象条件あるいは海流その他海象の条件、きわめて厳しい。今回の調査内容が、あそこの周辺諸島の五千分の一の地図の作製のための観測機材あるいは地質調査のためのボーリング機材あるいはその他学術調査に伴います人員が合計三十一名、精密機械を含む機材が約十トンという量にも達するので、これらの事情から人員、資材等の安全かつ円滑な輸送を図るために海上保安庁の巡視船並びにヘリコプターの協力を得る必要があると判断して、協力体制に入ることをお願いした。

國場幸昌（自由民主党）懸案であった尖閣列島がわが国の実効支配権というものに対しての動きをしてきたことは高く評価する。問題は、日中平和友好条約、このときにも、その領有権の所在に対してのはっきりしためどをつけた上でということをわれわれは強く要望してきた。しかし鄧小平発言はわが国においての考え方と大きなずれがある。この問題に対しましては鄧小平の発言からすると、後世にこの問題は引き継いで50年でも100年でも後において問題解決を期待するようだと言っている。御承知のとおりあそこは石油資源があることから、領有権に対しての物言いが出てきた。埋蔵されたところの石油資源の開発、これが一番問題である。いままでずいぶん論じてきたが、これを採掘するため、いざ着工となると、相当の資産の設備投資をやらなければいけない。しかし、民間にしても請願をしておる人たちにしましても、これを思い切って国が保障して安心して投資をして採掘することができないのがいまの立場である。外務省に聞きたいが、アメリカ局長、この問題はただ避けて通るわけにはいかない。そういうような行為に出たときに、実効支配権を行使した場合に、外務省としては絶対に保障しますというような保障を確認することができるかどうか。

谷野作太郎（外務省アジア局中国課長）あの周辺の石油資源の開発の問題にしぼってお答えしたい。尖閣諸島は申すまでもなくわが国の固有の領土である。また、これに対してわが国として実効的な支配を及ぼしておる、この点は疑問の余地のないところである。御提起のあった石油資源の開発の問題だが、わが国のいわゆる領海以遠の大陸棚の開発問題となるとやはり物事の手順としては、この尖閣諸島の周辺を含む日中間の大陸棚の境界線をどこに定めるか、これを策定する作業が日中間でまず必要である。そこで、この問題について、日本側としてはいつでもこの境界線の確定の交渉に応ずる用意があると先方に提示してある。

鈴木玄八郎（資源エネルギー庁石油部開発課長）通産省としては、尖閣諸島は当然日本のものであるという前提に立ち、中国との間の中間線を考慮し、そこまでにつきましては鉱業法に基づく出願を受け付けるという形でわが国の考え方を明らかにしている。この地域に申請した会社は四社である。

5/31
衆・本会議

神田厚（民社党）一昨日、中国政府は、わが国の尖閣諸島に対する調査について、中日両国間の了解に違反していることは明白であるとの抗議をしてきたが、この調査は沖縄開発庁による漁業における安全操業の問題も含まれており、われわれとしても看過すべきでない。日中条約締結時に日中両国において異なった見解が残ったのではないかという疑念を改めて持たざるを得ない。昨日の衆議院外務委員会の質疑等を通してうかがえることは、この点についての外務大臣と沖縄開発庁並びに運輸省との間に意思の疎通を欠き、この重要な問題について閣内不一致が見られたことはまことに遺憾である。

園田直（外相）尖閣列島の問題は、日中友好条約の条件でもなければ議題でもない。領土問題は論議されていない。私と鄧小平副主席との会談の間で取り上げられた問題である。基本的な立場を申し上げると、尖閣列島は、歴史的、伝統的に見てわが国固有の領土であり、しかも有効支配をしていることは明々白々たる事実である。最近に至って中国側の領土であると主張している。わが国は尖閣列島については係争中のものではないという立場、中国はわが方の領土であると日本に主張しているという、基本的な立場の相違がある。これについて、鄧小平副主席の発言は、そのまま申し上げると、尖閣列島に対するわが国の従来の立場を主張し、その上、先般行われたような漁船団のような事件があっては困る、こう主張したのに対し、鄧小平副主席から「このような事件は今後やらない、このままでよろしい」こういう話であった。それ以上は一言半句も両方から発言をしていない。これで十分であると考えておる。

園田直（外相）尖閣列島でただいま政府がやっておりまする調査、これは、微妙な立場のもとにわざわざ有効支配を誇示するためのものであるならば不必要である。地域の漁民、住民の方々の避難、生命の安全等のために行う調査団ならば当然のことであるということで、閣内不統一はない。なお、これに対する中国の申し入れに対しては、原理、原則と、感情、面目との別あることは、個人の交際、国の交際、当然であり、慎重に検討し、対処したい。

6/1
参・沖縄委
丸谷金保（日本社会党）新聞で問題になっております尖閣列島の調査の件について伺いたい。外交的な問題も入る非常に微妙な問題なので、心得ながら質問したい。当委員会としては、やはりこの仕事を沖縄開発庁が調査するということなので、概要をまず御説明いただきたい。
亀谷礼次（沖縄開発庁総務局長）事務当局から調査の概要につきまして御説明申し上げたい。新聞その他紙上に出ておる内容だが、沖縄の尖閣諸島については、政府の本格的な調査がこれまで行われておらない。かねて諸般の状況も、これらの調査をする必要があるという意見があり、昭和54年度の予算の概算要求に、3000万円の調査費を計上した。内容は、尖閣諸島の自然的地理的条件を把握するということで、主要三島の地質あるいは地形、あるいは生物、植生等、いわゆる地上の調査及び周辺海域の海流あるいは風向、風速、こういったものを一年間にわたりまして継続して調査するとともに、上陸して、大学の先生方にお願いをして、学術調査というテーマで行うことにした。期間としては、約10日前後で、現在すでに同島の調査に入っておる。
丸谷金保（日本社会党）あの尖閣列島は沖縄県の行政区域としてはどこの市町村に属しておるのか。
亀谷礼次（沖縄開発庁総務局長）沖縄県石垣市で、字は登野城という字名になっている。

9/6
衆・本会議
佐々木良作（民社党）尖閣諸島の石油開発の問題がいま俎上に上ろうとしておるようだが、この進め方、中国との共同開発についての基本的な考え方、あわせて御説明をいただきたい。
大平正芳（首相）尖閣諸島付近の大陸棚の開発については、その尖閣諸島周辺を含む日中間の大陸棚の境界を画定する必要がある。このためわが国は、従来から中国との話し合いに応ずる用意があるとの考えを中国側に繰り返し申し入れてある。中国側も、わが方の考え方は承知いたしておるものと推察する。

11/30
衆・本会議
湯山勇（日本社会党）尖閣列島の石油を日中共同で開発することについては、わが党の訪中使節団がその門戸を開いてきた。5日に総理は訪中されるが、この尖閣列島の石油の調査開発を速やかに進めるよう、その促進方を強く要望して、私の質問を終わりたい。
大平正芳（首相）わが国を取り巻く資源環境にかんがみ、わが国としても、尖閣諸島周辺を含む海域における石油の資源開発には大きな関心を持っている。しかし、踏むべき手順として、まず、日中間で大陸棚の境界画定につき話し合う必要がある。今後、日中間の境界画定問題等について中国側と意見交換を行った上で、共同開発の問題も含め、慎重に対処してまいりたい。

1980年

11/14
参・安保沖縄

永野茂門（日本戦略研究センター理事）　統幕議長と各幕僚長は定期的に会うのは週1回である。特別な事態発生でありますとか特別な情報の報告が、情勢の変化がない限り、定期的には週1回である。たとえば尖閣列島付近がおかしいというようなときはもちろんすぐ集まるが、その他のときは定期的には週1回である。

第6章　沖縄返還交渉の欠陥
——中島敏次郎『外交証言録』を評す——

　中島敏次郎著『日米安保・沖縄返還・天安門事件——外交証言録』（井上正也、中島琢磨、服部龍二編、岩波書店、2012年）は、驚くべき内容に満ちている。これはヒアリング記録であるために、問答の極端なズレが際立つ。あえて極言するが、認知症患者への問診にも似た虚偽答弁が繰り返される。この問答を読者はどのように読むのであろうか。このような官僚の自己弁明のみがめだつオーラル・ヒススリーにいかなる学問的意義を見出すことができるのか、はなはだ疑わしい。

　沖縄返還交渉は40年前の外交交渉だが、これに関わる米国側の公文書はすでに公表されている。台湾側は政権交代もあり、重要文書はほとんど公開されている。中国側は会談記録としては公表していないが、さまざまな形を通じて、いわば事実上、「半公表」している。日本でも主な部分は公表済みだ。こうしてすでに内実がほとんど判明している内容について、外務省の交渉担当者がどのように当時および後日、一連の交渉過程を認識していたのか、それを検証する得難い素材が与えられるはずである。

　言い換えれば、正解の輪郭がすでに分かっている問題だけに、日本政府がどのように真相を隠したか、その虚偽答弁のありさまが鮮明に浮かび上がるのだ。いわゆる「外交官のウソ」は、いわば常識であり、「内外の使い分け、ウソも方便」といわれる現実政治との妥協、すり抜けの話術を著者は、一概に否定するものではない。国益を真に守るための、万やむをえない必須のウソならば、容認するにやぶさかではない。しかしながら、戦後の日米交渉、そのウラとしての日中交渉ほど、歴史の検証に堪え得ない怪しげなものはない。その一例として、ここでは沖縄返還交渉を素材として考えてみたい。なお証言中の［　］内は著者矢吹のコメントである。

基調説明

　中島敏次郎外務省条約局条約課長は、米国務省法務官との交渉の経緯を次のように証言している（『外交証言録』243-246 ページ）。

中島　国務省法務官のチャールズ・シュミッツ氏*が、沖縄返還協定を担当するために東京に赴任してきましたので、尖閣の日本帰属をそのうちの最も重要な問題の一つとして話し合いました。シュミッツ氏はアメリカを代表して、法律的な問題を討議できる人物として東京に赴任してきたわけで、返還協定文案作成の交渉はもっぱら私が彼との間でやりました。

*　Charles Schmitz, Yale University BA 1956-1960, Yale Law School JD 1960-1963, U.S. State Department July 1964-October 1989. Co-founder and Chairman, Global Business Access, Ltd., Jan.1979-June 2003. Founder and Director of the Stimson Seminar on International relations, Yale University, Jan.1998-may 2005. President Global Access Institute, 1995-Present. 矢吹はたまたまイェール大学セイブルック・カレッジ構内に「朝河貫一ガーデン」を作る計画に参画し、その過程でイェール大学ロースクール OB としてのシュミッツと数回会い、有能な弁護士らしい人柄に接したが、返還問題を語る時間は得られなかった。

　戦後、サンフランシスコ平和条約第3条によって、アメリカが尖閣列島を含む日本の領域に施政権を行使し始めて、今回、沖縄返還交渉で日本にその施政権を返還することとなったわけです。私の主張は、その施政権の行使地域に尖閣が入っていることを明確に確認することでした。すなわち、尖閣も日本の領土であることは明確ですから。沖縄返還協定の条項に尖閣が日本領であり、沖縄返還と同時に尖閣も日本に返されることを一点の疑いもなく明確に書かせることが、私の交渉目的でした。

　米国側も、その点に全く異議はなく、話し合いは、そのことをいかなる形で規定することが適当かということでした。結局、話し合いの末、このことを確認事項として、「沖縄返還協定に付属する合意議事録」にそのことを規定することにしました。返還された地域がどこかを明確にするため、合意議事録第1条で、経緯度は民政府の布告に書いてある通りであって、返還される地域は、経緯度によって囲まれる地域内になる全ての島、小島、環礁及び岩礁であるというのが結論なわけです。

　もともと尖閣については、国際的にも何ら問題がなかったわけですね。

ECAFE（Economic Commission for Asia and the Far East. アジア極東経済委員会）が1968年に調査を行い、東シナ海に石油埋蔵の可能性があるという報告書を出したのです。それから台湾や中国が、もやもやしたことを言い出した。したがって、沖縄返還にあたって尖閣諸島が日本領土であることを疑いもなく明確にさせるというのが、交渉上の目的であったわけです。

　本来、そんなことは詰めなくても、平和条約第3条で日本がアメリカに施政権を認め、アメリカの占領が続いていた地域の中に尖閣が入っているのは自明だったのです。それでも、台湾や中国から問題が提起されたので、当然ながら尖閣は返還される地域に入っていて、施政権返還の対象になっていると明確化するのが、もっぱらこの点の交渉目的だったわけです。アメリカ側も、その実態について何らの疑いを持っていませんでした。シュミッツの反応はそういうことでした。

　台湾と中国は、石油権益に触発されて言い出したとみられるわけで、その問題を疑いもないほど明確にして片づけねばならないというのが交渉目的でした。米側の反応も、全くそれは争いもないということでした。ただ、台湾などがぐずぐず言い出したこともあったので、できることなら表現をあまりギラギラしない形で明確化しておきたいというのが、アメリカ側の反応でした。

　そういう意味で、アメリカ側の反応も頭に入れて、アメリカ側の希望も取り入れつつ、日本側として［尖閣の領有権を］疑いもないように書き込むのにどう表現するかということを考えていました。当初は、そのことをストレートに書いてあるような条文を出して交渉したと思います。アメリカ側は、実態について何ら異議はないのだけども、そういう国際的な反響に鑑みて［明らかに台湾と北京の反発を指す］、あまりギラギラしない形で処理をしたいという反応でした。

　アメリカ側の希望も勘案しながら、協定上どう処理するかというやりとりがありました。合意議事録に書き込むことについては、アメリカ側も全く異議がなかったわけですが、その書き方の問題で多少時間をかけてシュミッツと話し合ったわけです。

　その結果、経緯度で返還される区域を表明することになり、沖縄返還協定

付属の「合意された議事録」で、次のように明記されました。
　　　［経緯度の記述略］
　尖閣諸島もその区域に当然入ってくるわけです。多少やりとりで時間を要したという記憶があります。そのときには返還協定の条文やなんか、全部もう片づいていた段階でした。いつ終わったかはっきり覚えていませんけども、愛知揆一外相が早く全部まとめようとしているから、交渉全体の作業を急いでくれという指示があった記憶があります。
　その交渉を通じて、アメリカ側に実態的な異論があったということは全くありませんでした。問題は、それをどう表現するかでした。国際的な関心も勘案しながら［台湾政府と北京政府の反発を指す］、どうまとめるかということで多少時間をとった。まとめた結果については、日本側もアメリカ側も何ら異議みたいなものは出てこなかったというのが、全体の交渉の流れでした。

インタビューに答えて
　さて、この「中島条約課長の基調説明」をもとにして、以下の問答が中島と同書の編集を担当した聞き手・研究者グループとの間で行われている（『外交証言録』243-253 ページ）。
　　ストレートな表現を避けて
――日本が最初に出した案はストレートな表現だったとのことですが、経緯度ではなく、別の表現を用いていたということでしょうか。
中島　サンフランシスコ平和条約第3条でアメリカに施政権を認めた地域のうち、奄美大島などすでに施政権が返還された地域を除いて、残りの地域が今度返される区域だということを明確にするということでした。本来なら、そう書かなくても平和条約に照らせば明らかですけども、尖閣諸島が第三国との関係でも問題の余地が全くないことを積極的にどう表現するか［ここで第三国とは台湾、北京を指す］というだけのことでした。私としては、当然のことを当然のように書くだけのことという位置づけです。ただ、アメリカ側が周りを気にして時間を多少かけたため［ニクソン訪中を前にして、中国の反発を真剣に考慮していた］、これはたしか交渉の最後になったのではな

いかと思います。それで日本側のほうも、愛知外務大臣が、そろそろまとめないと全体のタイムスケジュールに乗らないと心配されていたわけです。

——その愛知外相は1971年5月11日、マイヤー (Armin Henry Meyer) 駐日アメリカ大使と会談しています。マイヤーは「米国としては施政を行っている地域を日本に返還するが、その際歴史的ないし将来の領土の主張の裁決 (ADJUDICATION) を行わず、将来国際司法裁判所に引出されたりする事態を避けることが基本的立場である旨主張した」とのことです。これに愛知外相は、「事務当局に再検討させることにした」ようです。

中島　国際司法裁判所にどうこうという議論を米側とやった記憶はございません。私の記憶する限り、そういう"ADJUDICATION"［裁定］＊なんていう話は聞いたことがありません。

＊　明らかに蔣介石が「丙、もしそれを一時的に日本に渡すならば、わが方は国際法廷に提起して国際法でこれを解決する」(『蔣介石日記』) と米国側に伝えていたが、この重大な事実をまるで認識していない。

——愛知・マイヤー会談の記録によると、台湾に配慮したためか、尖閣諸島の領有権についてアメリカがやや煮え切らない態度を示したようです。

中島　実質的にアメリカ側が、領有権について判断を迷ったことはまったくありません。そのような印象すら私は与えられておりません。あとはそれをどう表現するかだけのことで、時間は多少を要しました。

——1971年5月6日にはスナイダー駐日アメリカ公使と吉野文六アメリカ局長が尖閣諸島について意見を交わしています。

そのときスナイダーが、「台湾において尖閣諸島問題はエモーショナルな問題となっており、中共は本問題を巧妙にEXPLOIT［悪用］している。自分［スナイダー］は本件につき台湾政府関係者とDEBATE［議論］はしなかったが、本問題は日本政府の問題でもあるので、日本側と話し合ってみてはいかがと示唆しおいた」ようです。この吉野・スナイダー会談について、ご存じでしょうか。

中島　全く聞いておりません。

——愛知外相が1971年6月9日にロジャース国務長官とパリで会談し、同月17日に沖縄返還協定に調印することで合意します。このときにロジャー

ズが、尖閣諸島について発言したようです。

史料によるとロジャーズは、「尖閣諸島問題につき、国府は、本件に関する一般国民の反応に対し、非常に憂慮しており、米国政府に対しても、国府から圧力をかけてきているが、本件について日本政府がその法的立場を害することなく、何らかの方法で、われわれを助けていただければありがたいと述べ、例えば、本件につきなるべく速やかに話合を行うというような意思表示を国府に対して行っていただけないかと述べた」ようです。つまり、ロジャーズは日本がある種の意思表示を台湾側に行ってくれないかと語ったようです。

これに対して愛知外相は、「基本的には米国に迷惑をかけずに処理する自信がある。国府に必要とあらば話をすることは差し支えないが、その時期は返還協定調印前ということではなく、69年の佐藤・ニクソン共同声明の例にならい事後的に説明をすることとなろうと答えた」とのことです。

中島　そういうことがあったのですかね［オトボケ、忘れたふりか。中島は当時、担当者として愛知・ロジャース会談の結果を伝えたパリ大使館発の極秘電報を読まないはずはない］。これとは別に、愛知外相が「もう早くまとめてくれよ」と述べていると条約局長から伝わってきたことはありましたけれども。どう処理したのか、私は全然聞いておりません。愛知さんもその後そんなに経たないで辞められたのではないでしょうか［ふざけなさるな、辞めた大臣は無視か。この極秘電は71年6月10日に本省に届いた］。その後については、あまり聞きませんでした。

――アメリカは沖縄返還協定において、尖閣諸島に関する施政権のみならず、領有権も日本に認めたのでしょうか。それとも、領有権については解釈を避けたのでしょうか。

中島　施政権というのは、領有権にもとづいてあるわけですから。統治されるわけですから、同じことではないでしょうか。［違う、アメリカが区別したことは上院公聴会の記録に明らか］

――アメリカ側が途中から、施政権と領有権を切り離すような議論を仄めかしてきたことはありますか。

中島　いやいや、全然そんな印象はありませんでした。領有権がないところ

に施政権を認めるなんていうのはナンセンスです。もともと領有権が日本にあったから［ダレス方式が生まれた背景に無知を装う］、平和条約でアメリカが施政権の行使を日本に認めさせたのです。その施政権を沖縄返還で日本に返すというわけです。もともと領有権そのものが根っこにあったからこそ、日本に返ってくるのです。領有権と施政権を分けるような議論はしませんでした。［公聴会における討論を知らぬフリ］

――沖縄返還協定に調印したあと、尖閣諸島について台湾に説明するというようなことはございましたか。

中島　いいえ、聞いたことがありません。［愛知は「当初、事後説明を行う」とロジャースに約束したが、アメリカの圧力のもとで６月15日に愛知・彭孟緝会談が東京で行われている］

――米国の国務省文書によりますと、1970年９月に東郷アメリカ局長は、スナイダー駐日公使に対して、日本政府は、「尖閣諸島が、琉球の一部であり、返還される琉球に含まれる旨」の公式声明をアメリカ側に求めることを考えていると述べています。［しかし、失敗し、得ていない］

また同年８月の米国側文書によると、当時、尖閣問題をめぐっては、日本政府の中でも、山中貞則総務庁長官や沖縄・北方対策庁を中心とする「タカ派 (Hawks)」と、外務省条約局を中心とする「ハト派 (Doves)」に意見が分かれているとあります。

尖閣が日本領であることを前提として、その主張を強調するかどうかで温度差のようなものが当時政府内にございましたか。

中島　全然、記憶にありません。そんな話はどこからも出ませんでしたね。

――沖縄返還協定の対米交渉には、外務省アメリカ局も加わっていたかと思います。アメリカ局と条約局では、尖閣諸島の協議について役割を棲み分けていたのでしょうか。

中島　いえ、棲み分けなどというのはないです。返還協定の交渉は条約局がやっていて、それについてアメリカ局がどうということはありませんでした。

――尖閣について公式に沖縄返還協定に盛り込むのは難航して、最終的に合意された議事録という形になるようです。

中島　施政権なり領有権なりについて、公式に返還の細かいことは私とシュ

ミッツで詰めるということは問題がなかったわけでして［返還交渉の最大の焦点の一つは、尖閣の施政権・領有権分離問題であったはず］、そこでそういう話はまったく出なかったですね。法律的には明々白々の事態だから、シュミッツもそういう問題に触れなかったのかもしれません。どう表現するというだけのことでした。

――その表現方法について、最初はストレートな条文だったとおっしゃられていましたが、日本側は尖閣という名前を盛り込むことを主張したわけですか。

中島　正確に覚えていませんけれども、要するに平和条約第3条で施政権を行使したのだから、第3条で行使した残りの区域を明確にしたいということでシュミッツと話したわけです。

　ポジティブにこのアメリカが施政権を行使していた地域のことを書き上げるとなると、島なんかがたくさんあるわけで大変です。

　平和条約第3条でアメリカが施政権を行使したのがもともとの始まりで、その施政権を今度は日本に返すのだから、平和条約第3条との関係で残った地域が返ってくるだけの話ということです。法律的には何ら疑いの余地のないことだというのが、私の頭の中にあったわけです。平和条約第3条に基づいてアメリカが施政権を行使してきたが、今回その施政権を日本に返しますと。それだけで明確なはずなのです。米国民政府布告第27号［施政権返還の領域を6点の緯度・経度で指示］などを引用すれば、具体的に区域がアメリカ側の認識としてはっきりするということでした。その民政府布告を引っ張りだして、合意された議事録に盛り込んだのです。

　最初にどういう案を出したか忘れましたけれども、平和条約第3条にこうあります。「日本国は、北緯29度以南の南西諸島（琉球諸島及び大東島を含む。）、孀婦岩の南の南方諸島（小笠原群島、西之島及び火山列島を含む。）並びに沖の鳥島及び南鳥島を合衆国の唯一の施政権者とする信託統治制度の下におくこととする国際連合に対する合衆国のいかなる提案にも同意する。このような提案が行われ且つ可決されるまで、合衆国は、領水を含むこれらの諸島の領域及び住民に対して、行政、立法及び司法上の権力の全部及び一部を行使する権利を有するものとする」。

――重要なのは、「北緯29度以南の南西諸島」ですね。
中島 アメリカは奄美大島、小笠原諸島を既に返還しており、残りを沖縄協定で返すわけで、引き算の関係だけの話ですからね。私には当たり前のことで、何が問題になるのかという感じがします。
――尖閣を含む区域の地理的定義をはっきり書くという最終協定案は、日本側が提示したものですか。
中島 その通りです。[「尖閣を含む区域の地理的定義を日本側が提示したもの」とする解釈は疑わしい。米国側も当然検討していた。日本側は尖閣列島の明示的特定に失敗したと見るべきではないか]
――条約局が主導したのでしょうか。
中島 条約局というか、もう私にとっては何らの疑いもなかった。要するに引き算ですから。平和条約第3条があって、その後、日本に返された奄美や小笠原について二つの返還協定を作ったわけで、残るは沖縄だけということです。それが今度、返還されるのだから、国際司法裁判所や"ADJUDICATION"［裁定、判決］という話になろうはずがないと思っていました。
――表現の問題なのですけれども、アメリカ側は交渉中にシンプルな表現に最初はしたがっていたけれども、最終的に日本側は割と細かく経緯度を定義する。そのほうが、尖閣諸島が入っていると明示できるわけですね。それは尖閣を意識して交渉に臨んだということでしょうか。
中島 この地域を北緯、東経で示すとこうなると出した規定で、はっきりさせたいとは思っていました。しかし、その後に問題になるという意識はもっていませんでした。シュミッツ氏も異議はまったくありませんで、彼は法律屋であるから当たり前だと、私と同じような感覚だったのでしょう。

　中国大使在任中に

中島 この間、尖閣付近でトラブルになりましたね。民主党政権下で。どうしてあんなことになるのか、私には理解できませんでした［当事者としての責任を忘れて、いまや評論家。無責任の極致か］。
――ご指摘のように、2010年9月、尖閣諸島沖で中国の漁船が海上保安庁の巡視船に体当たりしたわけです。記憶に新しいところですけれど、中国の船長が公務執行妨害で逮捕されたものの、不起訴で釈放されました。衝突の

第6章　沖縄返還交渉の欠陥　　173

映像は公開されず、流出したわけです。

　クリントン国務長官が前原誠司外相との会談で「尖閣諸島が日米安保の適用範囲である」と明言しました。当たり前のことを言ったということでしょうか。

中島　そういうことですね。漁船がぶつかってきたなんていうことは、考えられないと思います。どうしてもう少しはっきりと政府は反論しないのか、理解できませんでした。

　その裏づけになるかどうかは別として、私が1987年に駐中国大使として赴任したときのことに、もう一度触れたいと思います。大使が着任すると、必ず信任状を捧呈します。信任状というのは、日本で天皇陛下がサインされて、それをもって大使は赴任するわけです。中国に赴任して、李先念国家主席に対して、日本から持って行った信任状を渡して挨拶をするわけです。

　信任状の捧呈は非常に形式的な行為であり、それをやると初めて大使としての権限を行使できることになります。法律的には信任状を捧呈して初めて大使としての権限を行使できるということは、国際慣行として確立していることです。

　既に述べたことですが、そのときに国家主席をはじめ中国政府の幹部が私に言ったことが忘れられないのです。当時、東芝機械ココム違反事件、外務次官の鄧小平に対する「雲の上」発言、それから光華寮問題を片づけるように言われた記憶があります。

　なぜそのことをあらためて申し上げたかというと、もし尖閣が本当に中国で問題になっていて、日本に解決を迫るということであれば［1972周恩来田中会談を無視し、1978鄧小平園田会談を無視する言い方］、当然に東芝事件、「雲の上」発言、光華寮と並べて提起されただろうと思うのです。尖閣については、私の在任中に中国政府から持ち出されたことはまったくないわけです。ということは、日本の領有権について中国側では異議がなかったという証左だろうと考えられます［異議がなかったのではない。提起すべき時期ではないと判断したにすぎない］。台湾との関係については、私は担当していませんでしたから分かりませんけれども、同じことだと思います。［台湾側も異議がないわけではない。しかも当時の時点で抗議さえしていた。担

当していないからで、済む話なのか〕
——大使が中国勤務を終えた後、中国は1992年2月に領海法で尖閣諸島を自国領の一部と規定するわけです。大使の在任中は尖閣諸島について提起されなかったということですが、国内法制化の動きもほとんどなかったのでしょうか。
中島　そうです。あれば当然に私の耳に入ってきたはずですけど、全くそういう話はありませんでした。〔もしほんとうに耳に入らなかったのならば、情報収集能力ゼロを意味する〕

　以上、長々とヒアリング記録を紹介したが、沖縄返還交渉と同じ時期に、国連における中国代表権問題で、「北京加盟、台北脱退」という大きな変化が起こり、これを強く意識しつつ、ニクソン・キッシンジャー政権は、中華人民共和国との対話を模索していた。
　その潮流のなかで、尖閣諸島の扱いが焦眉の急となり、パリでのロジャース国務長官・愛知揆一外相会談では、台湾側のクレームをどう扱うかが大きな問題になっていたことは、すでに触れた通りである。
　中島ヒアリングでは、耳の痛い質問は一切無視する。肝心の交渉相手が、日本の頭越しに北京の動向を注視していたときに、この動きにまるで鈍感に見える。このような鈍感さでは、返還交渉に遺された喉のトゲがなにか。それをどう扱うかに注意力が向かないだけでなく、喉のトゲの存在さえも気づいていないように見受けられる。
　沖縄返還交渉の不十分さに起因するところのきわめて大きい尖閣問題をほとんど理解していないのか。それとも最後までシラを切るのか。信じられない問答ではないだろうか。

「極秘資料・沖縄返還協定及び関連問題の概要（1971年4月27日）」について

　外務省は1971年4月27日付で、総理説明用として「極秘資料・沖縄返還協定及び関連問題の概要」を作成した（資料8）。これは2010年12月22日に公表された外交文書であるが、尖閣諸島への言及はまったくない。いわんや佐藤首相とニクソン大統領との間で結ばれた日米密約への言及はない。

調印の約2ヵ月前、ほとんどすべての論点は煮詰まったからこそ、首相への説明が行なわれたはずである。そのなかに尖閣問題が欠如していることは何を意味するか。

　他方で、『毎日新聞』2010年12月23日付「外交文書公開　沖縄返還協定『尖閣』明記、日本押し切る　米、中台配慮し難色」は「その後、協定に付属する合意議事録に適用範囲を経緯度で示すことで両政府は合意した。しかし、米側の消極姿勢は続いた。4月27日に同省北米一課が首相への説明用に作成した極秘文書『沖縄返還交渉』でも、『米側は尖閣諸島の問題との関連で、対中国考慮上、日台間の紛争には巻き込まれたくないとの感触を示している』と記されている」と書いている。前述のように、「極秘資料・沖縄返還協定及び関連問題の概要」には「尖閣」の文字はなく、この記事は何に基づいて書いているのか、不可解だ。外務省の強弁ブリーフィングをそのまま記事にしたものか。提灯記事の見本だ。

Ⅳ　アメリカの日本学と戦後日本

第7章　朝河貫一の人脈
——ブレイクスリーとボートン——

　カイロ宣言に見られるような、沖縄の歴史や現実を無視した、復讐意識にひきずられたような沖縄論を排して、沖縄の実情を踏まえた現実的な政策が国務省対日チームのなかで形成されたのは、日本史と沖縄史に対する深い洞察を踏まえた識者が議論をリードしたからであった。このように的確な日本史への認識をブレイクスリーやボートンはどのようにして獲得したのか。本章において、これらの相対的に正しい国務省の対日認識の形成過程において、朝河貫一の築いた日本学がどのように貢献したかを語ることにしよう。

1　ジョージ・H・ブレイクスリー——米国国際関係論の父

　ジョージ・ハバード・ブレイクスリー（George Hubbard Blakeslee、1871～1954）は、アメリカのクラーク大学の歴史と国際関係論の教授であり、長年にわたって学長も務めた。ブレイクスリーはニューヨーク州ジェネッセオに生まれた。ウェズリアン大学で学士と修士の学位を取得した後、1901年から03年までライプツィヒ大学とオックスフォード大学に留学し、03年にハーバード大学から博士号を授与された。ブレイクスリーは1903年からクラーク大学で教鞭をとるようになり、43年に退職するまでその職にあった。1910年には『人種開発ジャーナル』（*Journal of Race Development*）を創刊した。この誌名は「優生学的」用語ではあるが、実際には国際関係論に関するアメリカ初の学術雑誌として高く評価されている[*]。

[*]　たとえば Vitals, Robert (2005), *Imperialism and Internationalism in the discipline of International Relations,* ed. by David Long, State University of New York Press. この雑誌はその後、『国際関係雑誌』（*Journal of International Relations*）と改名され、1922年には『フォーリン・アフェアーズ』

(*Foreign Affairs*) に統合された。

　ブレイクスリーはまたさまざまな国際会議や組織でも活躍したことで知られる。1921年のワシントン会議、1925年以来の太平洋問題調査会*、1931年から32年の満洲問題に関わるリットン調査団に参加し、1941年には国務省の対外政策諮問委員会の極東班の責任者となった。これは対日占領政策を構想する組織で、途中いくどか名称を変えたが、第二次大戦後の極東委員会に帰結している。彼はまた世界平和財団の信託財産委員会のメンバーのひとりでもあった。ブレイクスリーは1954年にマサチューセッツ州ウースターで亡くなった。

* 片桐庸夫『太平洋問題調査会の研究、戦間期日本IPRの活動を中心として』(慶応義塾大学出版会、2003年) によると、ブレイクスリーは1925年に第1回IPR(太平洋問題調査会、The Institute of Pacific Relations) のハワイ準備会議のためのアメリカ本土側の執行委員会副委員長に選ばれ (15、19ページ)、1927年の第2回ハワイ会議では「(満洲)地域の事情をとりわけ日中露三国の鉄道利権をめぐる衝突を中心とした歴史的、実証的説明を試み、商業的ベースに基づく妥協を通じて問題の解決策をはかることは可能である」とする見解を示した (131–132ページ)。なお、山内晴子『朝河貫一論――その学問形成と実践』早稲田大学出版部、2009年、14ページ参照。

　ブレイクスリーの著作は少なくないが*、ここで特筆しておきたいのは、『中国と極東――クラーク大学講演録』(*China and the Far East : Clark University lectures, Edited by George H. Blakeslee,* New York : Thomas Y. Crowell, 1910) である。というのは、同書は、「中国と極東」を主題とするクラーク大学シンポジウムの記録であり、このシンポジウムに朝河貫一が招かれて講演しているからだ。

* China and the Far East : Clark University lectures / edited by George H. Blakeslee, New York : Thomas Y. Crowell, 1910. Japan and Japanese-American relations : Clark University addresses / edited by George H. Blakeslee, New York : C. E. Stechert, 1912. Recent developments in China : Clark University addresses, November, 1912 / edited by George H. Blakeslee, New York : G. E. Stechert, 1913. Latin America : Clark University addresses, November, 1913 / edited by George H. Blakeslee, New York : G. E. Stechert, 1914. The problems and lessons of the war : Clark University addresses, December 16, 17, and 18, 1915 / edited by George H. Blakeslee ; with a foreword by G. Stanley Hall, New York : G. P. Putnam, 1916. Mexico and the Caribbean : Clark University addresses / edited by George H. Blakeslee, New York : G. E. Stechert, 1920. The

Recent foreign policy of the United States : problems in American cooperation with other powers / by George H. Blakeslee, New York : Abingdon Press , c1925（米國最近の外交政策／ブレークスリー著；淺海數男譯：國際聯盟協會、1929.10.）（國際聯盟協會叢書；第 92 輯）。The Pacific area : an international survey / by George H. Blakeslee, Boston : World Peace Foundation, 1929. (World Peace Foundation pamphlets ; v. 12, no. 3) . Interpretations of American foreign policy / Quincy Wright, editor, Chicago, Ill. : University of Chicago Press , 1930. - (Lectures on the Harris Foundation ; 1930). Japan in American public opinion / by Eleanor Tupper and George E. McReynolds ; introduction by George H. Blakeslee, New York : Macmillan, 1937. Essays in history and international relations : in honor of George Hubbard Blakeslee / edited by Dwight E. Lee and George E. McReynolds, Worcester, Mass. : Clark University Publication , 1949. A study in international cooperation : 1945 to 1952 / George H. Blakeslee（解説・山極晃、1994.）（現代史研究叢書；1. The Far Eastern Commission = 極東委員会；第 1 巻）（極東委員会：抄／G・H・ブレイクスリー著；土屋正三訳：憲法調査会事務局，1959.8.）（憲資・総；第 40 号）、日本の新憲法と極東委員会／George. H. Blakeslee 著；土屋正三訳：憲法調査会事務局，1956.9.（憲資・総；第 2 号）。

　このシンポジウムはポーツマス会議の 4 年後、すなわち 1909 年 9 月 13 〜 19 日にアメリカ東部の名門クラーク大学が創立 20 周年記念のために開いたもので、米国内外の権威者たちが招かれた。日露戦争の前夜、英文『日露紛争――その原因と争点』（The Russo-Japanese Conflict:Its Causes and Issues）を書いて、日露戦争の原因を明快に分析して令名をはせた朝河貫一（1873 〜 1948）は招かれて、「日本の対中国関係」と題して報告した。朝河自身による日本語要約が「クラーク大学講筵大会に発表せられたる米国人の清国及日本に対する態度に注意せよ」と題したアメリカ通信にほかならない（『実業之日本』第 12 巻、第 25 号、1909 年 12 月 1 日）。

　このシンポジウムには駐米大使高平小五郎（1854 〜 1926）も招かれていたが、欠席した。欠席の理由として高平は「中国側の画策」や「米国側の思惑」を忖度している。この会議の欠席により、日本はせっかくの対外広報の機会を逸したこと、米国の対日世論の急転換のなかで、日本外交はなすすべを失うに至る最初の契機がこのシンポジウムにあると見てよいことについては、かつて著者は、「近代日本外交の禍機――クラーク大学シンポジウムにおける朝河貫一報告を読む」で論じた（『横浜市立大学論叢』人文科学系列、第 53 巻第 1-2 合併号、2002 年 3 月）。

このシンポジウムを企画して実行した人物こそが当時ホール学長のもとで、歴史学科主任を務めていた若きブレイクスリーであった。高平はいうまでもなくポーツマス会議の日本代表の一員であり、その後駐米大使としてワシントンに赴任していた。
　クラーク大学では高平に対して出席と基調報告を求める手紙をこう書いた。「権威者たちによる極東問題をテーマとしたシンポジウムが米国で開かれるのは史上初めてである」「アメリカにおいて極東情勢が大きな関心を呼ぶようになったことが、このテーマを選んだ理由である」「日本と日本の状況をより広く理解してもらうこと、それによって日米両国のこころからの共感をもたらすことにあなたが深い関心を抱いておられることをわれわれは知っている」「あなたのご臨席は会議の絶対的成功に不可欠である。(名誉)法学博士の学位を出したい」との意向も末尾に書かれている(ホール学長から高平に宛てたこの書簡は『米国クラーク大学ニ於テ東亜会議開催一件』のタイトルのもとに、外務省外交史料館に保存されている)。高平への招請状には大会プログラムも付されていた。冒頭に駐米中国公使伍廷芳(1842〜1922)の名があり、五番目に朝河貫一の名がある。

* Clark University Conference upon the Far East. His Excellency, Dr. Wu Ting-Fang［伍廷芳］, Envoy Extraordinary and Minister Plenipotentiary from China［駐米清国公使］ – "The Chinese Judiciary and its Reform". Professor J. W. Jenks, LL.D., of Cornell University, Special Commissioner of the War Department, United States, to investigate Chinese finance— "Chinese Financial Conditions." Major Kben Swift, General Staff, United States Army—Two lectures. "The Chinese Military Situation." Hon. Chester Holcombe, formerly Acting Minister to China［前駐清代理公使］, and author of "The Real Chinaman" and "The Real Chinese Question"—Two lectures. "The Real Chinaman" and "International Relations Between China and the Western Nations." Dr. Kan'ichi Asakawa［朝河貫一］, of Yale University, author of "The Russo-Japanese Conflict"—Japan's Relations to China."［以下、略］

　高平は1909年6月22日小村寿太郎外相に出席の可否を請訓したが、その返信は残されていない。いずれにせよ高平はこの会議に出席しなかった。

「中国と極東シンポジウム」における朝河報告

　朝河は前奉天駐在清国総領事ウィラード・ストレート(Willard Straight)の「対清侵略論」をウェブスター教授が代読したあとに壇上に立った。朝河

は次のように経緯を日本の読者に報告している（前掲『実業之日本』）。

　総領事という地位といい、また奉天におった経験といい、ストレート氏の論文は聴衆の耳を傾けせしめたことはいうまでもない。しかるにその論は、やはり日本が勢いに乗じて清国を圧しつつ急に利権を満洲に扶植しておるということを眼目として色々の問題も解決するに至ったとは、氏がこの文を書いた後に起こったことであるゆえ、これについてはもとより一言も言わない。却って、安奉線（安東・奉天線）は軍事以外何の用もなき線なれば、これが改築を主張する日本の侵略の本位は推知するに足るなどなどいった。私はこのごとき論の行われることを読者に報ぜねばならぬというは残念である。

〈余は日米の為に斯くの如く演説せり〉［雑誌の中見出し］

　其の次は私［朝河］の番であった。私は特に大学の依頼によって「日清関係」について1時間も述べたのであるが、もとより日本で熟知せらるることばかりで、ただこれを米国の耳に入るようにと苦心して講演した。顧みれば私が、日本に向かって言う所は日本人多数の感情と反し、これがためにあるいは「事情を知らぬ」、あるいは「米国風の意見だ」といって叱られるが、米国にむかって私の言う所はまた甚だしく米国多数の人々の意見と反対しておる。かように私は不幸にも日、米、清いずれの国民の多数にも合一しない説を立てねばならぬ。いずれの国民にも叱られねばならぬ。

　されども大多数の人に向かって彼らと反対の説を淡白に述べるは別に困難とも思われない。殊に私が有力なる反対論者を眼の前に置いて正直に自説を述べたにもかかわらず、彼らも一般の聴衆もみな好んで聞いてくれたのに感服する。これをみても分かると思うが、公論の相違は私交に何の関係もない。また反対の論を述べるにも敢えて喧嘩腰をするにも及ばず、平気に淡泊に面と向かって説くことができるものであるらしい。また聴衆においても寛容の公平態度を保つということが決してむずかしいものではないらしい。私の演説の大要は下のごとし。

　今後の対清外交に最も重要の二大動力がある。一つは、すなわち清

国の土地を浸食したことがなく、またする希望もなく清国の開発富強によって最も自己の利益を増進しうるところの米国である。米国がかくのごとき位置を占めるということは20世紀の人類進歩のためにきわめて祝すべく、またきわめて重大なる事情であると思われる。第二の動力というは、過去30年ほどは方針の相違のために一時清国との間に不和を来したれども、実はその前1500年も密接なる種族および文化の関係を清国との間に有したところの日本である。この1500年の自然の理解同情が一時狂って30年も日清少しく相衝突するに至った根本の理は、日本が断然として近世的方針を取ったにもかかわらず清国が固陋に甘んじておったためである。またことに日露戦争後日も清も国家の地位が急に変わって国民の態度が急にこれと伴うことができなかった間に、相互の誤解がしばらく加わった。しかし清国もようやく眼が覚めて日本に似たる方針に傾くに至ったが、その原因もまたやはり同種同文の日本の有意識無意識の刺激によることが最も多い。

さて両国がふたたび方針和合するようになれば、たとえば政治上経済上いかなる競争、いかなる反目があろうとも、日清両国の国民の間における相互の理解同情、並びにこれより発するいろいろの利益というものは、非常なものであろう。また両国間の貿易が両国国民の生命に必要なるの度は年とともに大いなるものがあろう。この（必ずしも親密ならずとも）必ず切実なるべき日清将来の関係は、到底何者も妨げがたく、またこれを度外視してはいかなる外国も清国にて成功しがたかろう。この天然自然の理数を顧みず、ただ過去数年の日清相互の誤解曲解を見て、これを永久の現象とみなし、これに基づいて対清政策を立てるというは、おそらくは賢明ということができまい。ことに日清の間を遠ざけて米清を近づけんとし、この目的を達するために、米国ひとり清国の善友であるなどなど、論じて米人の道義心を利用し清人の投機心を刺激するのは、大国民に似合わぬものということができる。それよりも実はかえって今後の対清外交の二大動力たるべき日と米とが清国と共通の利害を基として陰に陽に相競争し相批評し相助力するのが賢者の策であろう。またただいまの裏面の形勢は一歩一歩

この方向に動いているようである。云々。
　要するに右の意見を、歴史の事実と連絡せしめて論じた。もとよりこの根本義以外にもこれに関係した種々の事情を論じた。たとえば米人の多く知らない清国の利権回収運動や清政府慣用の外交手段などもあまり耳にさわらぬように例証した。日本一時の失策をも忌憚なく示した。その代わりにこれらの危険な傾向のようやく減じたことを最も切言した。

　ブレイクスリーは、創立20周年のクラーク大学でアメリカで大きな話題となりつつある極東問題を国際関係論の分野から取り組もうとしていた。そこへあたかも盟友として登場したのが、『大化改新』でイェール大学で学位をとり、『日露紛争』を書いて学界に登場したばかりの朝河貫一であった。ブレイクスリーは当時38歳、朝河は36歳。同世代の二人は、東アジアの国際情勢に対する問題意識と学問的友情で結ばれることになる。
　朝河はシンポジウムから2年後の1911年11月、再度クラーク大学に招かれて「近代日本が封建日本に負うもの」（K.Asakawa, Some of the Contributions of Feudal Japan to the New Japan, *The Journal of Race Development,* Vol.3, No.1, July 1912）と題した講演を行った。朝河はこの講演で明治維新以降の近代日本の勃興を支えた封建日本の貢献を透徹した歴史観に基づいて分析し、特に天皇制に言及して「天皇制に言及することなしに封建日本の近代日本への貢献を語るのは、画竜点睛を欠く」と論じて注目された。

2　ヒュー・ボートン──戦後日本の設計者

ボートンにとっての朝河貫一

「戦後日本の設計者」の通称で知られるヒュー・ボートン（1903～1995）と朝河貫一の関係については、山内晴子の『朝河貫一論──その学問形成と実践』が手際のよい紹介を与えてくれる。彼女は次のように描いてみせた。

　　──ボートンは平和主義のクェーカー教徒であった。1903年にニュー

ジャージー州フィラデルフィア郊外のクェーカー教徒の家に生まれ、26年にフィラデルフィアのハヴァフォード大学を卒業した。28〜31年フィラデルフィアのアメリカン・フレンズ奉仕団に加わり、クェーカーの布教活動のリーダーであるギルバートの下で働き、日本の女学校で英語を教えた。

——ボートン夫妻にとって、日本研究の専門家になったのは、サンソムの日本文化史セミナーに参加したことであった。数週間後には生徒が夫妻だけになり、そのおかげで「長く続く親密な友情をはぐくむことができ、それが日本研究の専門家になろうという私の決意に大きな影響を与えた」(ヒュー・ボートン『戦後日本の設計者——ボートン回想録』五百簱頭真監修、五味俊樹訳、朝日新聞社、1998年、28-29ページ)。その後コロンビア大学大学院で歴史学を学んで、35〜36年東京帝国大学に留学し、37年にオランダのライデン大学で日本歴史の博士号を取った。ボートンは開戦後の42年10月中旬に国務省極東課に入りジョージ・ブレイクスリーがチーフを務める特別調査部の調査アナリストとして勤務に着き(『ボートン回想録』121ページ)、48年まで日本専門家として働き天皇制民主主義の戦後日本の設計者となった。コロンビア大学に戻ってからは、東アジア研究所の仕事に取組み、日本史の正教授になった。ボートンは論文「日本研究の開拓者たち」で、「日本語及び日本史を教えるのに的確な学者がアメリカの大学で最初に任命されたのは、やはり1906年のイェール大学における朝河貫一教授の場合であろう」(ヒュー・ボートン、斉藤真訳「日本研究の開拓者たち」細谷千博、斉藤真編『ワシントン体制と日米関係』東大出版会、1978年、545ページ)と朝河を紹介している。

以下にボートンが描いた朝河貫一の貢献を紹介しよう。

　日本語及び日本史を教えるのに的確な学者がアメリカの大学で最初に任命されたのは、1906年のイェール大学における朝河貫一教授の場合であろう。彼の理想は、日本について世界に知らしめ、日本史

の研究を人類の歴史の研究にとって不可欠な部分となすことであった。イェール大学における朝河の博士論文は、『大化改新の研究』(*The Early Institutional Life of Japan*) で、1903 年に日本で出版されたが、同書は 7 世紀の日本についてのアメリカにおける研究への注目すべき貢献であり、この問題についての基本文献となっている（ボートン『日本研究の開拓者たち』546 ページ）。朝河教授はその研究活動では、日本封建制の研究に専念してきた。彼の最大作は、1917〜29 年に研究した『入来文書』であるが、丹念に編纂し、注釈をつけ、英訳した写本集で、英語及び日本語で印刷されている。この仕事は、彼の他の学術論文と同様、多くの西洋の学者による封建制の解釈にインパクトを与えてきている。さらにイェール大学の日本関係図書の責任者として、朝河は絶えず図書及び資料を収集してきたが、それらは後にイェール大学の日本研究を拡大するにあたって、極めて有用であった（ボートン『日本研究の開拓者たち』547 ページ）。

　ボートンのこの一節は、実に的確に、「アメリカにおける日本学の創始者」としての朝河の貢献を描ききっている。これは同時にボートンがいかに深く朝河史学からそのエッセンスを学んだかをも示唆するものと読むことができよう。

　とはいえ、ボートンは朝河から直接日本学を学んだわけではない。ジョージ・B・サンソムを通じて、朝河史学に接触したのであった。『ボートン回想録』は、その間の事情をこう説明している。

　1928 年に初来日したヒュー・ボートン夫妻は、イギリス大使館員であったジョージ・B・サンソムが行う週 1 回の日本文化史セミナーに、その秋から参加した。「サンソムは、最初の講義から自分がしたためた原稿を朗読してくれたが、それは 3 年後に『日本文化小史』(George Bailey Sansom, *A Short Cultural History of Japan,* Stanford UP, reprint) というタイトルで出版された」（『ボートン回想録』28 ページ）。

　『日本文化小史』では、「庄園」や「職(しき)」等、日本封建制についての朝河学説が援用されている。「朝廷貴族の領地についてみると、南九州の有名な島

第 7 章　朝河貫一の人脈　　187

津の庄園は、少し極端な例ではあるが好例である」「各庄園は職の複合体であった。庄園と職とがいろいろに区分され、さらに細かく分岐するところに日本の封建制の特殊な性格がある。」(オーシロ・ジョージ「朝河貫一と英語による日本封建制度の研究」『甦える朝河貫一』184ページ。なお、同書は朝河貫一研究会のメンバーによる朝河貫一没後50周年を記念した論集である)

サンソムと朝河貫一

　ではサンソムと朝河貫一は、どのような交友関係にあったのか。『朝河貫一書簡集』には、サンソム夫妻が朝河に宛てた12通の書簡が収められている。1935年10月23日付書簡の前半にはこう書かれている。
「親愛なる朝河博士、あなたからのお手紙に接して喜びに堪えません。親切なご招待を賜わり、心から感謝いたします。妻と私は、喜んでセイブルック・カレッジであなたの客人として滞在いたしたく存じます。かねてから私はいつもあなたにお会いしたいと思っておりました。それでこのたび与えられた機会をもちろん大きな喜びの気持で心待ちにしていますが、そこにはいくぶん気おくれの気持も混在しているのです。なぜなら、私はたいへん貧弱な、アマチュアの歴史学徒にすぎないからです。」(金井圓訳)
「たいへん貧弱な、アマチュアの歴史学徒」と故金井圓が訳した箇所の原文は"I am a very poor, amateur student of history"(『朝河貫一書簡集』英文の部199ページ)である。朝河は当時62歳、サンソムは52歳。4年前にサンソムはもっと深く朝河の教示を得ようとして、イェール大学セイブルック・カレッジで朝河の客となったのであった。1935年11月26日付書簡では、サンソムは班田制度について尋ねている。
「班田制度というのは、最初の6年が終わってのちにはどの程度まで実際に行われたかを、私にお教えいただけますでしょうか。再配分をするだけのまじめな企図があったのでしょうか。それとも、その制度はほとんど直ちに崩壊し始めたのでしょうか。詳細なお答えをいただくことであなたを煩わせたくはありませんが、もし若干の参考文献を挙げて一般的な知識をお与えいただけるなら、感謝に堪えません。私が心にとめている重要な点は、その制度は、その発端の時点でどれほど実行可能であったか、あるいは実行不可能な

ものであったかということ、実際に、政府当局は、一見して実行不可能であった制度を導入したのかどうか、あるいは、彼らはそれがそんなに早く崩壊するのを予知するなどということは期待されえなかったのかどうかということです。」(金井圓訳、『朝河貫一書簡集』日文の部、780 ページ)

　班田制度が実際にどこまでどのように行われたのかは、大化改新の核心に位置する制度改革である。サンソムの疑問への回答は朝河の『大化改新』ですでに与えられていたが、その後朝河は「源頼朝による(鎌倉)幕府の樹立」(矢吹晋編訳『朝河貫一比較封建制論集』柏書房、2007年、180-211 ページ) によって、班田制度の崩壊が庄園を生み出し、その庄園を封土 (fief) 化することによって幕府が成立し、日本の封建時代が始まったことを、統一的に解明する抜刷を贈った。

　サンソムと朝河貫一の学問的交流の一端を垣間見たにすぎないが、このようなサンソムに師事したボートンは、いわば朝河から見ると、孫弟子にあたる。要するにブレイクスリーと朝河貫一とは、20 世紀の初頭に始まるアメリカから見た極東情勢の分析を進める上で、同世代の盟友として、協力し合う関係にあった。1940 年代に米国国務省に設けられた極東班においては、長老ブレイクスリーの指揮のもとで、対日戦後処理構想を模索したボートンは、まさに朝河「日本学」の孫弟子にあたる日本研究者であった。

日本学における沖縄認識

　実はボートンと朝河には、もう一つの接点がある。山内晴子の研究によれば (山内前掲書、346 ページ)、朝河は 1930 年 12 月に、日本研究促進委員会 (Committee on the Promotion of Japanese Studies) の発足から、32 年の日本研究委員会 (Committee on Japanese Studies) への改組を経て、37 年 6 月までこの委員会の創設メンバーとして日本学の発展に貢献した (その後身は American Council of Learned Societies, ACLS の一部門として、日本学や中国学を担っている)。

　朝河は、1931 年 11 月 19 日付グレイブズ宛て書簡 (1931 年 11 月 19 日付グレイブズ宛て書簡、福島県立図書館蔵) で「今は大学で東洋研究分野に関係していないが、初歩的な東洋に関する授業経験は、私にとって失望させられ

るものでした。なぜならば、ほんの少しの東洋の知識を得た学部生が、それ以上続けて勉強したいと思わずに他の分野にいってしまうからである。したがって、東洋に関する初歩的な学習促進のために資金を使うより、もっと高度な研究をする大学院生に使用したほうがいい」と朝河は提言している。朝河の提言が反映されて日本研究委員会の報告書がラングドン・ウォーナーによって書かれ、その提言によってボートンらの東京帝国大学への留学が実現したのであり、この文脈でもボートンは朝河の支えにより、日本学への道を歩んだといってよい（山内晴子『朝河貫一論』348–349 ページ）。

いささか回り道になるが、著者がアメリカあるいは英語世界における「日本学の起源」を調べたのは、琉球王国と日本との関係を彼らがどのように描いたか、それと朝河史学との関わりを把握するためであった。朝河貫一のライフワーク『入来文書』では、琉球／沖縄はこう描かれている。

「琉球の 18 諸島は 14 世紀後半以来中国に朝貢していたが、1441 年以後は薩摩とも外交貿易関係を保持した。そして時に将軍に使節を派遣した。日本との友好関係は 16 世紀末に琉球によって断ち切られた。嶋津藩は将軍の許可を得て、本島の小さな王国とその附属部分に軍隊を派遣し、五つの島を直接的支配下に置いた。以後、琉球は中国と薩摩（また江戸も）に朝貢を続け、薩摩は徳川時代を通じて貿易を独占した。1853 年にマシュー・ペリー提督が琉球に条約を迫り、フランスとオランダもその例にしたがい、独立国として扱った。1871 年に日本の帝国政府は同島を直接的管理のもとにおき、列強との条約の義務を引き受けた。7 年後に列島を沖縄県とした。中国は同島への保護権を放棄した」（ *The Documents of Iriki,* Yale University Press, 1929, p.382. 矢吹晋訳、509–510 ページ）。

『入来文書』からもう一節を引用しておく。朝河貫一が編集作業の都合で日本語版には収めることができず、英語版にしか収めることができなかったのは遺憾だとする注記を付しつつ、英語版に収めた徳川慶喜の覚書（1867 年半ば）の一部である。朝河は慶喜の覚書から次の一節を引用したが、そこに琉球が登場する。

「日本政府と外国列強との交流について。以前はポルトガル、イギリスなどの（人々と）交流してきたが、天草の乱以来、当時の大君［天皇］は追放令

を出して、中国人、オランダ人とのみ交流を許してきた。朝鮮、琉球は使節と貢物を送り、往来は最も近くの大名に委託した。近年は西洋諸国は初めて条約を結び、貿易は年々増えている。現在の大君は生来の能力によって国の富を豊かにしている。それゆえ西側列強との友好を深め、陋習を一掃し、[国民を]啓蒙している。進歩はかなりに始まっている。西側国民は当然東洋諸国の事情に疎い。特に日本を理解することは困難であるに違いない。[西洋列強のそれとは]異なるからである。このために、われわれはわが国の始めからの簡単な歴史の概要を説明することに努力してきた。[この国の]政体と安寧が過去600年の経験からもたらされたこと、偉大な業績の権威、政府の原則、わが行政の正確な状況[その先任者に続いて]260年以後の現在の大君に至るまでに得たものを説明してきた。心から望むものは世界の政府と人々が日本の物事の真の状態を理解し、一時的な噂によって誤導されるのではなく、[日本と協力して]相互の友情と双方の安全と幸福をふやしていくことである [慶喜の原文＝日本政府に於いて外国に交通せしは、中古に葡萄牙(ポルトガル)、暗厄利亜(アングリア)諸国も来りしに、天草の一乱より、時の大君(神祖より通交を准する朱印の書あり、今猶欧羅巴(ヨーロッパ)諸州に其写しありと云う)禁鎖(きんさ)の令を下して、支那、阿蘭陀(オランダ)のみ]」(矢吹晋訳、501-502ページ)。

　サンソムの『日本史1334～1615』(*A History of Japan 1334-1615*)は、秀吉と琉球王国の関係をこう描いていた。

「1584年に亀井滋矩(しげのり)が秀吉に琉球侵攻の許可を求めた。秀吉は常に新領土を求めていたのでこれを許可し、亀井の名と職名を扇に署名して琉球守(りゅうきゅうかみ)に任じた。この座興からは何事も起こらなかったが、1590年に秀吉は琉球国王に書簡を書いて、日本と琉球は距離は遠いが、誠に同胞だと述べた。琉球は時には日本にも朝貢したが、中国の属国であった。明朝は日本との直接貿易を許していなかったが、琉球は海洋交易の集散地として重要な役割を果たした。」(*A History of Japan 1334-1615,* Stanford University Press, 1961. pp. 378-379)

『日本史1615～1867』(*A History of Japan 1615-1867*)においてサンソムは幕末の琉球と薩摩の関係を次のように描いて、琉球王国が事実上、薩摩の大名のコントロール下にある事実を的確に認識していた。

「1844年にオランダ国王は日本に国際政治の近年の潮流を注意深く書いて日本政府が鎖国を放棄するよう忠告した。しかし幕府は頑なであった。1848年にフランスの戦艦が到着したとき、英フリゲート戦艦サマラン号のような歓迎は受けなかった。琉球国王に条約を提案し、宣教師を上陸させていたからだ。これら二つは幕府にとってきわめて不愉快なものであった。しかし琉球は薩摩の大名のコントロール下にあったので、薩摩の自由裁量に委ねられた。」(*A History of Japan 1615-1867,* Stanford University Press, 1961. pp. 228-229)

　サンソムの『日本史』全3巻がスタンフォード大学出版会から出たのは戦後十数年を経た1958〜63年だが、その骨組みは、1931年に『日本文化小史』が出されたときに生まれており、彼は大学での講義等も行っている。英語世界の識者間では、琉球王国と薩摩藩の関係について、妥当な認識が獲得されていたことが分かる。

　ここでは一例としてサンソムの日本史を挙げたにすぎないが、サンソムのほかにも類似の琉球＝沖縄認識があったであろう。これらの日本学が日米戦争末期の米国国務省の戦後処理案の基礎を形作ったとみてよい。

日本史における天皇制

　沖縄認識と並んで、もう一つの重要な論点は、「日本史における天皇制」の位置づけであった。そしてまさにこの点で朝河はきわめてユニークな分析を提示していた。この問題についての英語世界における最初の包括的な論文こそが朝河貫一がブレイクスリーの編集する『人種開発ジャーナル』(1912年7月号) に寄稿した論文の「第4節　天皇」であり、その補論「憲政君主としての明治天皇」であった（矢吹晋編訳『朝河貫一比較封建制論集』柏書房、2007年、58-68ページ）。

　朝河貫一の日本史学を極度に単純化すれば、大化改新によって日本国家が成立し、明治維新によって近代日本が成立した。前者は「天皇自身による革命」であり、後者は「封建国家が近代国家に変身する革命」であり、両者ともに天皇が「統合の象徴として」存在した。そこから天皇を中核として団結するのが日本国民の大きな特徴であったと朝河は考えた。

3　米国の「敵情」研究
　――占領軍の「日本計画」に対する朝河学の影響

　日本の敗戦後、米占領軍の対日政策が展開されるが、その原型となった「日本計画」(加藤哲郎著『象徴天皇制の起源』平凡社新書)が情報公開によって明らかになったのは、21世紀に入ってからだ。1941年12月7日(日本時間8日)、日本軍は真珠湾を爆撃したが、その直後にルーズベルト大統領は、ドノヴァンを呼び出し、敵情分析を命じた。その2ヵ月後、ドノヴァンの指揮する「情報調整局」(Office of Coordinator of Information, OSSの前身)の「頭脳」である調査分析部(Research & Analysis)がまとめた日本についての百科全書だ。アメリカは敵国日本に対して対日心理戦略を展開する目的で日本を分析したわけだ。

　情報公開された国務省OSS文書を調べた加藤哲郎は、この資料を次のように紹介している。原文には目次がないが、タイプ印刷された全378ページを目次風に紹介すると、まずは人口統計・地理から始めて、敵国の全体像に迫っていることが分かる。すなわち第3部人口と社会状態。第15章外観、第16章人口、第17章エスニック集団と社会集団、第18章言語、第19章民衆の性格、第20章生活状態、第21章労働条件、第22章公共保健・衛生・病院、第23章教育、第24章宗教、第25章公共秩序と警察、第26章新聞・宣伝・検閲、第27章政府、第28章政党、第29章外交、第30章重要な外国人グループ。第4部経済、第31章外観、第32章工業、第33章実用品、第34章鉄道、第35章道路、第36章船舶、第37章商業航空、第38章商業、第39章通信、第40章金融、付録。

　加藤はコメントしていう。この報告書は、各分野の専門家を動員して書いたらしく、各章ごとの統一性は保たれているが、全体はややアンバランスである。第3部で「日本本土や満洲の分析は詳しいが、朝鮮や南洋委任統治群島については簡単である。南洋諸島は、付録Aで、別途包括的に分析される」。第4部経済では、第36章船舶が、日本の海岸線と主な港の詳細を、地図を入れて具体的に分析し、異様に長い」「第1部、第2部には、おそらく直接

的軍事情報と日本軍の分析が入っていた」(『象徴天皇制の起源』96-106ページ)。
　ところで、この『概観』を踏まえて書かれた「日本計画」(最終草稿、1942年5月)のなかから、加藤は天皇について次のような記述を発見した。それらは明らかに朝河の天皇制分析から多くのものを学んだものであり、その痕跡は多方面に及ぶ(加藤、38ページ)。

(1)　日本の天皇を(慎重に、名前を挙げずに)、平和のシンボルとして利用すること(To use the Japanese Emperor (with caution and not by name) as a peace symbol)、
(2)　今日の軍部政権の正統性の欠如と独断性、この政府が、天皇と皇室を含む日本全体をきまぐれに危険にさらした事実を、指摘すること(加藤、37ページ)。
　さらに「特別の、慎重に扱うべき提案」として、
(3)　天皇。天皇については、慎重で粘り強い(しかし名前を挙げない)言及が、推奨される。
(4)　皇室の伝統。日本の皇統についても、同様な扱いがとられる。

「プロパガンダの目的」の項では、「中国のプロパガンダは、日本の天皇を傷つけ、日本の共和制という危険なテーマに触れるかもしれないが、われわれのプロパガンダではできない」「日本人に対して、彼らの現在の軍事的指導者たちが、明治天皇が道を拓いた行程から大きく逸脱し、現在の天皇の望むところとは正反対の道に迷い込んだことを指摘すること。明治天皇の誇り、彼の拡張主義ではなく、彼の疑似立憲主義、彼の親英感情にもとづく諸政策等々が、強調されなければならない」(加藤、40-41ページ)。

「現在の天皇の本当の望みを示すこと」との関連では、国務省から示唆された歴史的根拠として、以下の諸点が利用できると挙げる。
　①天皇は1931年の満洲事変に反対だったが、排外主義者による暗殺が広がるのを恐れしぶしぶ認めたこと、②国際連盟総会に際して、天皇は松岡洋右に民主主義大国と決裂しないよう命じていたにもかかわらず、松岡が軍部

の意向に従ったこと、③天皇は日独伊三国同盟に反対で、それを妨げなかった後も平和を望んでいたこと、などである。

1941年12月の「天皇に不適切にも届けられなかった大統領のメッセージを示すこと」の項では、「ルーズベルト親書」に触れて、「宣戦布告なき真珠湾攻撃が天皇の和平努力に逆らった軍部の暴走であることを宣伝すべきだ」という。天皇の象徴性については、「天皇とは天皇崇拝の焦点であり、天皇は西洋における国旗のような名誉あるシンボルであるから、政治的軍事的行動の正当化に利用されうる。過去において、日本の軍部指導者たちは、天皇の象徴的側面（the symbolic aspect of the Emperor）を彼らの軍事的計画に利用してきた。にもかかわらず、天皇シンボルを、軍当局への批判の正当化に用いることは可能であり、和平への復帰の状況を強めることに用いることもできよう」（加藤、41-44ページ）。

加藤はいくつかのコメントのあとで、最後にこう問うた。「なぜ、こんな重要な公文書が、これまで歴史学者や戦争史家によって見逃されてきたのだろうか」と。加藤は、自問自答の末に、「OSSという戦時情報機関の基本的性格」のゆえに秘匿された、と指摘した（加藤、46ページ）。

なるほど、それも一因であろう。だが、敵国における知識人・朝河の秘められた活動を調べることによって、その秘密はもう一つのルートから解くことができるのだ。戦後の歴史家や日米関係論の研究者たちの朝河学軽視という無知、怠慢が上滑りの議論を許してきたと見るべきであろう。なお、山内は朝河の戦後構想の「日本計画」への影響について、詳しい実証を行っている（山内、454-463ページ）。

4　朝河のオーエン・ラティモア批判

前節で「日本計画」を紹介した際に、「中国のプロパガンダは天皇を傷つけ、日本の共和制という危険なテーマに触れる」という文言を引用した。こうした中国同様の論調の旗手がオーエン・ラティモア（1900～1989、ジョンズ・ホプキンス大学教授）であった。朝河は1945年2月18日、ラティモアの人柄を酷評する手紙を親友のクラークに書いている。

「(彼の) 中国に関する論文を読んだとき、私には彼の特徴的な精神過程がはっきりしてきました。彼はどこかの国の想像上の政治的陰謀を、歴史のなかに読み込んでいるのです」。「彼は太平洋問題調査会にいたときも、大学にいたときも、いつも政治屋でした。蒋介石に雇われていたときも、最近の会議の席上でも、いつも政治的な政治屋であったように思われます。彼はこの面では才能に長けていて、明晰な頭脳と鮮やかな手腕の持ち主です」。「しかし、純粋な真理の追求者としては、残念ながら彼を高く評価するわけにはいきません」(『朝河貫一書簡集』667 ページ)。

朝河はなぜラティモアをここまでこきおろしたのか。ラティモアはルーズベルト大統領によって蒋介石の政治顧問に任命され、1944 年 3 ～ 4 月、アメリカ各地での講演において天皇と皇位継承権のあるすべての男子皇族の中国抑留を提案していた (のち『アジアにおける解決』 Solution in Asia, Atlantic Monthly Press, 1945 に収められた。武田清子『天皇観の相剋』同時代ライブラリー版、17-21 ページ)。

朝河はフィッシャー宛の書簡 (1944 年 10 月 2 日付) では、アメリカの政府筋からも「同様の破壊的内容をもつ平和条件が提出されるのではないか」と危惧していた。知日派のステティニアス国務長官の辞任 (1945 年 6 月 27 日) 後、ジェームズ・バーンズが長官に就任すると、天皇制廃止論や天皇処刑論といった軽はずみな議論が国務省内で横行することを警戒していたことが、この酷評の理由であろう (山内、487 ページ)。

孫文の長男孫科 (1895 ～ 1973) が『フォーリン・アフェアズ』に「ミカドは去るべし」(1944 年 10 月号、'The Mikado Must Go') を書いて、ミカドを除去しなければ民主的な日本は生まれないと主張していることにも、朝河は厳しい警戒の目を向けていた (武田 14-17 ページ、山内 486 ページ)。朝河が「にわか仕立ての自称平和設計者たち」と揶揄し蔑視したのは、まさにこうした潮流であり、これこそが朝河の構想する「天皇制民主主義論」の敵なのであった。

ところで文脈はやや異なるが、ラティモアや孫科のような見方とは、毛沢東の天皇観が異なっていた事実を発見したのも、加藤哲郎の功績である。加藤が「水野津太資料」から発見した毛沢東の 1945 年 5 月 28 日付野坂参三 (岡

野進）宛て書簡には「私は、日本人民が天皇を不要にすることは、おそらく短期のうちにできるものではないと推測しています」と記されていた。日本共産党が軽率に天皇制廃止を掲げて、かえって孤立することのないよう戦術的助言を与えたものと加藤は解している（加藤、139 ページ）。

5　朝河のイェール大学人脈
  ——シーモア、ケント、フィッシャー

シャーマン・ケント

　朝河の教え子シャーマン・ケント（1903 〜 1986）について語ろう。ロビン・ウィンクス（イェール大学歴史学教授）の書いた『クロークとガウン——秘密戦争のなかの学者たち』(Cloak & Gown; Scholars in the Secret War, 1939-1961, Yale University Press, 1987) が恰好の素材だ。タイトルのクロークは兵士の外套を指し、ガウンは学者のもの、すなわち「戦場と学者」の代名詞であろう。これは、第二次大戦の勃発からキューバ危機に至るまでのアメリカ情報・諜報機関（COI, Office of the Coordinator of Information. 1941 年 7 月発足、OSS, Office of Strategic Service. 1942 年 6 月発足、CIA, Central Intelligence Agency. 1947 年 7 月発足）の活動を分析したもので、この組織に多くの人材を送り出したイェール大学の教授が書いて、同大学出版会から出た本であり、大学関係者が誇りを語った本である。

　この本の中央ページには、それぞれの分野で大きな役割を果たした数人の大学人の顔写真が掲げられている。最初はシーモア総長、次いでノーマン・ピアソン教授、以下ジョセフ・カーチス（英文学助教授）、ジェームズ・アングルトン（CIA, Chief of Counter Intelligence、ソ連スパイ、キム・フィルビーに騙された男としても有名）、シャーマン・ケント（歴史学助教授）、アーノルド・ウォルファ（国際関係論教授）、チェスター・カー（イェール大学出版会ディレクター）などの顔写真があり、さらに 1942 〜 43 年には、大学キャンパス自体がミリタリー・キャンプになったとして、軍服で行進する兵士たち（戦略情報局のヨーロッパ部門とアフリカ部門はキャンパス内に置かれた）の写真がある。

この本は、アメリカという国が第二次大戦を通じて世界を牛耳る大国になった時に、大国として世界を動かす政策を理論づける戦略・戦術のほとんどすべてが戦争のなかから生まれたことを言外に語っている。彼らは大学を飛び出して情報戦争の渦中に身を投じ、戦争が終わると、大部分は大学に戻るが、一部の者は、再度冷戦の前線に再び出陣した。

　シャーマン・ケントは、朝河のもとでフランス中世史を学び助教授の地位を得たが、COI、OSS にリクルートされ、戦後イェール大学に復員した。しかし朝鮮戦争の前夜、再び新設の CIA 幹部としてリクルートされ、国情評価局（Office of National Estimates）の責任者に抜擢され、そこで生涯を終えた人物である。

　山内晴子は、朝河と教え子ケントの往復書簡を次のように読んでいる。

・1932 年 5 月 8 日付パリのケント発朝河宛て書簡には、イェール大学から届いた 2 通目の手紙だとケントが喜んでいるさまが書かれている（福島県立図書館、朝河資料、E374‐3）。
・1941 年 12 月 18 日付ケント発朝河宛ての書簡では、「この悲しい日々、しばしば先生の事を考え続けています」「先生は、私の多くの師のなかで、私が最も学問的尊敬の念を抱いている方です。先生は、私がいつも大切に思い、深い愛情を持ち続けているほんのわずかな方の一人なのです。先生の苦悩を考えると耐えられません。先生の苦悩を分かち合うことができるならば、何でもいたします」と書いた（『朝河文書』30089‐30090 ページ）。

　ここには日米開戦の前夜、イェール大学キャンパスで一人悩む朝河の横顔が浮かび上がる。

・1941 年 12 月 21 日付ケント宛の返信で、朝河は次のように返信した。
「君の暖かい手紙にとても感激し、非常に嬉しく思います。私は感情的に興奮したりしていないことを誓いますが、今までの世界史のなかで、最も意義のある発展を見ていることは確かです。ここに君が居たら、何時間でも話すことができるのにと思います。……新しい仕事はどうですか。私は来るべき世界では、歴史家が非常に大きな使命をもつことになると確信しています。特に国際関係においては、政治家が忠告を与えることは出来なくなるでしょ

う。なぜなら、これまでの世界の不幸のほとんどは、歴史的洞察の欠如によるものだからです。……われわれがもしドイツ人の政治的心情の深く根付いた習性を知らないならば、ドイツ人を誤った方法でいらいらさせながら彼らと同じ世界に生きることになります」「政治的心情の深く根付いた習性は歴史と同じほど古いのです。このことをはっきり示す例は、まさにこの二、三年の日米関係にあります。日本は日本自身の歴史の精神を完全に忘れ、まったく世界史の要求を理解できていません。……他方アメリカ政府側の日本理解もあまりにも味気ない、想像力に欠けるものでした。根本的な悪は、日本が歴史を無視した政策をとっていることですが、国務省の日本への行動は、その良き意図にもかかわらず、日本をさらに頑なにし、怒らせてしまいました」(山内『朝河貫一論』、474-475ページ)。

「新しい仕事はどうですか」と、ケントが直前まで同じ職場(イェール大学)にいて、最近、CIO に職場の変わったことを示唆する。

・これに対して、1942年1月4日付ケント書簡は、朝河の公開書簡(K伯爵宛て)に言及している。「あなたの分厚いお手紙と謄写版印刷のK伯爵宛て書簡をようやく受け取ったので、遅ればせながらのご返事です。……ドイツ人と彼らのいやな人種的偏見について。私は、あなた以上にナチが嫌いです。彼らの嫌悪感を引き起こす偽学問を、あなたと同じように軽蔑しています。……私はドイツ人の多くの資質、特に彼らの学術的な資質、学問への愛に敬服しています。……私の新しい仕事の同僚の多くが、この謄写版印刷された手紙を読むことは有益でありましょうが、この手紙に関するあなたのご要望を十分に尊重します」(山内、440ページ。『朝河文書』30110-30112ページ)。

「謄写版印刷のK伯爵宛て書簡」とは、元来は10月12日付金子堅太郎宛て邦語書簡とそれを英訳した11月16日付書簡である。後者は、検閲下で本人に届かない恐れを感じて英訳も重ねて送り(事実本人には届かず、終戦後に英検閲当局から朝河の手許に返送された)、同時に英訳の謄写版も用意して、日米の識者に届けたものだ。

　朝河はこの「謄写版」をケントの新しい職場である「情報調整局調査分析部の同僚には見せないでくれ」と依頼し、ケントはこれを承知したのである。

第7章　朝河貫一の人脈

なぜか。この重要問題について、山内は「在米日本人である朝河は、イェール・シンポジウムの時と同じく、自分の意見が公にならないように極力控えることが、日本の敗戦後のために有効であることをはっきりと認識して行動していることが分かる」「しかし、このことは、朝河の戦後構想がケントの同僚に反映されなかったということではない。朝河の考えを戦後構想に反映させることこそ、謄写版をケントに送った朝河の意向であることをケントは十分承知している。ケントの地位から考えると、その影響は大きい」（山内、440ページ）。

山内はここでイェール・シンポジウムとの共通性を指摘したが、状況は少しく異なるのではないか。イェール・シンポジウムの際には、ポーツマス講和の舞台裏の活動を事後に記録する話であった。しかし、今回の事例は、近い将来に予想される日本敗戦後における天皇制の位置づけに関わる提案である。朝河は米国から見た自画像、すなわち自らが「敵国の国籍をもつ立場」であることを明確に自覚していた。朝河自身は日本史の核心を踏まえた点で正しい提案と確信していたが、それが「敵国の者によって提案された」という烙印を押されて安易に葬り去られることをなによりも恐れたのではないか。

解釈はさておき、この文節は、山内の『朝河貫一論』の白眉と評価してよいと思われる。ここには、朝河が舞台裏で大きな努力を果たしたこと、にもかかわらず朝河の名が表面に出なかった理由、そして「朝河の名を消すことによって初めて朝河の提案がアメリカの首脳に受け入れられるに至った事情」が巧みに描かれている。

「K伯爵宛て書簡」謄写版を受け取ったのは、ケントのほかにどんな人物か。山内の作製したリストによると、以下の人々であったことがそれぞれの典拠によって確認できる（山内、453-454ページ）。

・1941年11月14日イェール大学シーモア総長発、朝河宛て。
・1941年11月18日ラングドン・ウォーナー発、朝河宛て。ルーズベルト親書を天皇に送る案をウォーナーが提案。19日付朝河返信で草案執筆に同意、朝河は執筆開始。
・1941年11月30日ラングドン・ウォーナー発、朝河宛て書簡から、スティ

ムソン陸軍長官、ハル国務長官、サムナー・ウェルズ国務次官、アーチボルド・マクリーシュ議会図書館長、ルーズベルト大統領、上院外交問題委員会に、ウォーナーが渡したことが分かる。
・1941 年 12 月 22 日 WG スタウトン元ダートマス大学ドイツ語教授発。
・1941 年 12 月 30 日アメリカ国際補助語協会モリス夫妻、同協会幹部。
・1942 年 1 月 3 日イェール大学ジョン・バーダン発。
・1942 年 1 月 3 日イェール大学歴史学部チャールズ・アンドリューズ発。
・1942 年 1 月 4 日シャーマン・ケント発。
・1942 年 1 月 8 日アンティオーク大学モーガン学長発。
・1942 年 1 月 14 日エルバート・トーマス上院議員発。
・1942 年 2 月 22 日ウィルコックス教授発*(当時はミシガン大学、のちイェール大学)。

*　ウィルコックス(1907〜85)はイギリス18世紀史を専攻したが、博士論文の指導教授の一人が朝河であり、朝河を終始敬愛し、日米戦争から戦後にかけて、しばしば朝河を見舞う手紙を書き、日米関係の行方を尋ねた。山内、450-452ページ。

　まずイェール大学のシーモア総長に始まり、ついでウォーナーの手によってアメリカ政府首脳に伝えられた。
　話はこれで終わらない。この「K伯爵宛て書簡」の内容を活かそうと考えて、ウォーナーが提案したものが、「ルーズベルト親書を天皇に宛てる」構想となった詳しい経緯は割愛するが、朝河の戦後改革に関わる構想は「幻の大統領親書」案に盛り込まれただけではない。さらに姿を変えて、日米戦争期のいわゆる「日本計画」(Japan Plan)に大きな影響を与え、のちに天皇制民主主義論として結実した。

イェール大学と秘密クラブ「スカル＆ボーンズ」
　ここまでの話は、ハーバード大学のウォーナーが中心だが、イェール大学の首脳部は、シーモア総長と、フィッシャー教授との線から朝河構想を知る。より具体的には、学内のエリート秘密クラブが重要だ。
　アレクサンドラ・ロビンスが『墓の秘密』(*Secrets of the Tomb*, 2002) を書

いたのは、ブッシュ大統領の当選した 2000 年の選挙戦が契機になっている。この本は 100 名以上のボーンズ・メンバーからの聞き取りに基づいて秘密クラブの実像を描いたものだ。大統領選挙において勝者ジョージ・ブッシュも、敗者ジョン・ケリー（現国務長官）もともに、この秘密クラブのメンバーであることで話題になった。ニューヘブン市のイェール大学構内ハイストリートにあるグレコ・エジプト式の窓のない石造りの建物は、見る者に異様な印象を与える。

　私は初めてイェール大学を訪問した 2000 年 3 月に、キャンパス内を案内してくれた金子英生さん（東アジア図書館キュレーター）から、「あれがスカル＆ボーンズですよ」と教えられたときの驚きをまだ覚えている。この建物はまさにお墓のイメージだ。秘密クラブであるから、建物の地下室か、あるいは屋上のペントハウスを予想していたのだ。さらに秘密クラブのはずなのに、「ホームページにメンバーリストが公開されている」事実も教えられた。アメリカには、いくつかのオールド・ボーイズ・クラブやガールズ・クラブがあり、どうやら日本ならば超高級カントリークラブの会員ほどの自慢のタネらしい。美人レポーター・アレクサンドラの突撃取材に守りの固い秘密クラブもその実像の一部が明らかになったのか、それとも情報公開の波は、秘密クラブにも及ぶのか。

　建物の異様さに加えて、その名称や骨二本の交差上に髑髏を置いたシンボル・マークも異様だ。これは昔懐かしい冒険小説の挿絵・海賊船の標識であり、現代ならば、「立入り禁止、毒物保存」倉庫のマークだ。キャンパス内のめだつ一角に、このような建物が厳然と存在し、そこで毎週木曜と日曜の夜に集会が開かれる。メンバーの元外交官は「クラブのことは国家機密よりも重要だった」と述懐するから、面白い。

　『墓の秘密』著者のアレクサンドラは、取材の裏話をこう話している。「特定のイデオロギーや政治目的はないが、権力の座を駆け上がり、成功したら仲間を名誉あるポストに就ける目的がある」「クラブの選考基準は二つ。フットボールのキャプテンなど各分野のリーダー格か、あるいはファミリー・コネクション、両者のいずれか」「4 年生を対象としてメンバーを選ぶが、毎年 15 名しか選ばない。会員 3000 名中約 800 名が存命だ」（『読売新聞』2004

表5 スカル&ボーンズのメンバーと朝河貫一

姓 family	名 first name	S&B 入会年	生没年	朝河との年齢差	社会的地位	朝河との関係
サムナー Sumner	William Graham	1863	1840-1910	33	イェール大学教授、社会学	恩師、授業を受ける。
ウールジー Woolsey	Theodore Salisbury	1872	1852-1929	21	イェール大学教授、国際法	イェール・シンポジウム参加者。
ハドレー Hadley	Arthur Twining	1876	1856-1930	17	イェール大学総長	朝河の『大化改新』に対してハドレー奨学金を授与。
タフト Taft	William Howard	1878	1857-1930	16	米国大統領、元イェール大学教授	三上参次宛で書簡で言及。
フィッシャー Fisher	Irving	1888	1867-1947	6	イェール大学教授、経済学	日本敗戦の見通しを問う。
スティムソン Stimson	Henry Lewis	1888	1867-1950	6	陸軍長官	フィッシャーの大学同期の親友。
ストークス Stokes	Anson Phelps	1896	1874-1958	−1	イェール大学事務局長、イェール覚書執筆	イェール・シンポジウムのまとめ役。
シーモア Seymour	Charles	1908	1885-1963	−12	イェール大歴史学教授、開戦時総長	歴史学科同僚、日米開戦時に朝河保護を明言。
マクリーシュ McLeash	Archibald	1915	1892-1982	−19	米国議会図書館長	朝河親書案をルーズベルトに手渡す。

年4月9日)。

さて朝河のイェール大学関係の人脈のうち、スカル&ボーンズがらみの人物は表5の通りである。このリストでサムナー教授からタフト大統領までは、日米開戦当時すでに死去している。朝河が個人的に接触をもつ人物は、チャールス・シーモア総長 (1885～1963) とアービング・フィッシャー教授 (1867～1947) であった。

シーモアは朝河より12歳若い。1911～37年歴史学教授 (米国史) を務め、その間長らく主任教授を務め、1937～50年は総長の地位にあった。典型的なイェール大学人で、当然スカル&ボーンズのメンバーである。朝河とは同じ歴史学科の同僚として親しくつきあい、1920年朝河46歳のとき、大学の財政事情から雇用の再契約が危うくなったとき、朝河留任のために動いたことが典型的な事例だが、生涯を通してイェール大学内で朝河を守り、特に日米開戦当日12月8日の日付で「戦時中の朝河の自由と生活を守る」書簡を書いた人物だ。とはいえ、朝河は日本国籍を保有していたので、「敵国人登録」の手続きを行ったことをクラーク宛の翌42年2月8日付手紙に書いている (阿部、251ページ、山内、443ページ)。

第7章 朝河貫一の人脈

さらにフィッシャーとスティムソン陸軍長官とは、大学同期の盟友であり、マクリーシュは、直接ルーズベルトに親書案を手渡したことが確認されている（齋藤襄治「幻の大統領親書」『幻の大統領親書——歴史家朝河貫一の人物と思想』北樹出版、32-33 ページ、山内、436 ページ）。朝河人脈の凄さが分かるであろう。

朝河のフィッシャー宛て書簡
　朝河はフィッシャーに宛てた書簡（1944 年 10 月 2 日付）で、終戦 10 ヵ月前にイェール大学での同僚アービング・フィッシャー教授に宛てて戦局をこう分析している。
　いわく、日本の国民感情が不明瞭なのは、「国民の政治的思考能力が悲しいまでに未発達である歴史的理由」と、武力により接収したものを維持したいという「国民の無理からぬ希望などの今日的理由」による。人民の正当な権利に関する「自らの明確な政治的信条を守ることが愛国者の義務であるとする思想の伝統」は日本には存在していない。より重要なのは指導力だが、「長い歴史の中で危機のたびに日本は驚異的なほど寛大な精神を発揮して、斬新で健全な道程を歩む能力」を誇示してきた。こうした現象は、指導がうまくいった場合にのみ現れた。
　日本史上の重大な危機に際して発生した大化改新と明治維新において、共通の重要な事柄がある。それは主権者・天皇（sovereign-emperor）の認可と支持（the sanction and the loyal support）である。日本史上天皇の支持を欠いたまま（without imperial aid）、あるいは天皇の名前と切り離されて（or apart from the emperor's name）、政治上の重大な決定が行われたことは皆無である。天皇の特異な地位を理解するには、天皇の主権は絶対的だが、天皇は自らの発意でそれを行使することはないことを忘れてはならない。天皇は主権者ではあるが（he is sovereign）、専制君主ではない（ but not autocratic）。天皇は顧問官の進言を待ち、正規の国家機関を通じてのみ行動する。天皇の受動的主権という慣習（traditional code of passive sovereignty）には危険性も潜む。最近十年のように、邪悪なる奸臣が地位を占め、天皇の気が進まないにも関わらず、その政策を押しつけ、これに法的拘束力を賦与することは一再ならず起きている。しかし「これは稀であり、この事態は長続きしない」。

朝河はこの事情を解説しつつ、米国の軽薄な論調をこう批判した。
「米国の専門家気取りの人々の天皇論と国民感情についての論議」には、「あまりにも的はずれのことが多い」。「にわか仕立ての自称設計者たち（occasional self-styled planners）は、天皇制廃止を必要条件だ」としているが、米国の宣教師精神に基づいて、休日の気晴らしのように処理できる問題であろうか。

　この書簡の名宛人であるフィッシャー教授は高名な経済学者であり、スティムソン陸軍長官とイェール大学の同期生、しかも有名な秘密クラブ、スカル＆ボーンズの盟友でもあり、その親密な間柄はつとに有名だ。フィッシャーは、若い朝河が日露戦争論、満洲問題を『イェール・レビュー』に投稿したころから、同誌の編集委員として朝河の見識に注目していた。

6　旧友セルデン入江恭子の思い出

　米上院の沖縄公聴会記録を読んで驚いたことはいくつもあるが、とりわけ印象の深いのは、そこに旧友マーク・セルデンの証言を発見したことであった。本書は琉球の知識人の詩から始めたので、沖縄やヒロシマ、ナガサキの現状を知らせるために夫を助けて生涯活動し、今年の1月に亡くなった旧友セルデン入江恭子（1936〜2013）の思い出を語りたい。
　私が彼女の家族と初めて会ったのは、恭子の夫マーク・セルデンの『延安革命』（『延安革命』小林弘二、加々美光行訳、筑摩書房、1976年）が出た前後のことと思う。セルデン夫婦が幼い Lili（百合）さんたちを伴ってサバティカルを日本で過ごした時だ。『延安革命』に先立って彼は『ニクソン・キッシンジャーの陰謀――アメリカの新アジア戦略』（『ニクソン・キッシンジャーの陰謀――アメリカの新アジア戦略』マーク・セルデン、武藤一羊編、現代評論社、1973年。Open Secret: The Kissinger-Nixon Doctrine and Asia, Harper and Row, 1972.）を編集していた。ベトナム戦争中期・末期、セルデンたちは、アメリカのアジア学界の主流派がベトナム戦争に無批判なことに抗議して、「憂慮するアジア研究者の会 Committee for Concerned Asian Scholars」を組織して、平和活動を行っていた。日本ではベ平連の活動家たちと連帯していた。

私はその周辺にいたが、積極的に参加することはなかった。というのは、ニクソン訪中による「米中和解」は、闘うベトナムの頭越しに、ベトナムの背後を切り崩す活動にほかならず、私は彼らが非難する「米中結託」論に当惑するばかりであったからだ。「ベトナム支援論」と「中国非難論」に挟撃されて私は右往左往していたのだ。

　当時、夫婦となるマークと恭子が共にイェール大学大学院で知り合ったこと、そして恭子さんが朝河貫一の資料整理を院生時代のアルバイトとして従事したことは、偶然に聞いていた。そこで朝河貫一研究会が、朝河没後50周年を期して『甦る朝河貫一』（朝河貫一研究会編、国際文献印刷社刊、1998年）を刊行したとき、私は恭子さんに「朝河文書整理のこと」（Preserving (and Discarding) the Asakawa Kan'ichi Papers at Yale University: a personal memoir）を依頼した。彼女は快く執筆を受けてくれ、また令兄・入江昭シカゴ大学教授も紹介してくれたので、入江教授の玉稿（A. Iriye, K.Asakawa and U.S. Relations）を冒頭に掲げることにさえ成功した。

　彼女はジョン・ホール教授の指示で朝河文書を整理した体験を次のように描いている。

　　　――ホール先生は、「500ドル［当時の彼女の生活費は月80ドルなので、半年分の生活費］だけ動かせる金があるんですが」と言って、朝河貫一コレクションについて話してくださいました。そのコレクションのうち未整理の原稿や手書きのものを整理するのが仕事だ、ということでした。私は朝河貫一がイェールで歴史を教えた教授であったこと以外、なにも知りませんでしたが、図書館で、しかも日本史関係のことで仕事をさせていただくのは何よりのことでした。翌日、担当の主任と面接し、仕事をいただきました。原則として週に十時間ずつ働くということでしたが、実際には、卒論の準備のため、ある時期には少なめに働き、4月末から5月にかけては朝から夕方まで働く、というようなことを許された記憶があります。

　　　いつも通っているスターリング図書館の中にある希覯本図書室（Rare Book Room）に、朝河貫一コレクションは属していました。数年後、こ

の希覯本図書室はバイネキー図書館として独立しましたが、まだその前の頃です。まず希覯本閲覧室のすみに机をいただき、そこから7階半(7M)の、金網張りの檻のようなところに行くように言われました。未整理のため館員以外立入禁止となっている一角です。私の仕事は、そこから資料をすこしづつ希覯本閲覧室に運んでおりては、重要と思われるものだけを抜きだし、整理することでした。

　その檻の中にはいくつもの箱がありました。その多くは古い、こわれかけたボール紙の靴箱でしたが、なかに二つ三つ、塗りのある木の箱もまじっていました。箱のひとつひとつには幾枚とも知れないカードが入っていました。きれいな万年筆の字で丹念に記入した縦4インチ横5.6インチほど、ごくまれには縦5インチ横8インチほどのカードですが、それは1960年前後学生の間でさかんだった罫線入り厚紙のカードではなく、普通の薄い紙をナイフで四半ないし二半したらしいものでした。大方は反故を利用してあり、裏面にも細かい文字が見えました。詳しいデータを丁寧に書き込んだそれらのおびただしいカードは、中世封建制度・荘園制度に関するもので、多くが横書きの日本語でしたが、ヨーロッパの中世史に関する英語による記入もあったようでした。朝河貫一という先達の学問の密度と情熱とに、目を覚される思いをしたことを憶えています。

　初め私はそれらのカードを貴重なものに思い、どの箱がどのような関係のものであるかをいちいち書きとめておりましたが、希覯本図書室主任から、「それでは時間がかかり過ぎる、第一そのようなものを保管することは出来ない、カードは全部捨て、ほかもできるだけ沢山捨てて、特に重要なものをいくつか残すだけでよい」と、繰り返し言われました。とりわけ、論文や本になったものについては、その基となったカードは保存する必要を認めないとのことでした。私の仕事の場所は希覯本閲覧室からその檻の中に移され、そこを訪ねた主任に、私はものをどう捨てるかを教えられました。目の前でカードや紙がどんどん捨てられるのを、私はおどろいて見ていました。それからはドラム缶のようなゴミ捨て籠が毎日、檻の近くに三つ用意され、私は心ならずも沢

山のカードを毎日捨てました。いちいち読んだり眺めたりしないように言われましたから、とくに大切そうなものだけ、檻のそばのキャレルに持ち出して簡単に目を通し、残すべきものをより分けました。カードはせめて僅かなサンプルを残すことをこころみ、また手紙やノートブックの類はすべて保存するようにつとめました。それらをフォールダーにまとめたのであったか、紙の箱に収めたのであったか、とにかくいくつかの種類に分けたことと、整理のための道具を与えられていたことを記憶しています。イエール図書館の檻の中のものを、できる限り多く残すように心がけないではありませんでした。ただ、まだバイネキー図書館が出来る前ではあり、最小限を保存することが強調されましたし、また私は英文科の学生にすぎませんでした。もし日本の中世荘園や日米関係に詳しい方が仕事をなさったのであれば、どれほどよかったかしれません。1963年5月15日、残しえた手書きやタイプ印字の資料について1ページのまとめを提出し、整理用の道具を返納して、仕事を終えました。[中略]
　——その後、ホール先生が朝河文書をどのようにお扱いになり、また年月をかけて朝河文書がさらにどのように整備され、どのような日米間での研究につながっていくことになるか、うかつにも私は考えたことがありませんでした。このたび朝河貫一切手プロジェクトについて伺い、はっとして当時をふりかえりますと、もう少しわきまえのある仕事が出来たはずではなかったかと自問せざるを得ず、とくにカードやメモの保存にたいして無力であったことを、まことに残念に思います（1997年3月1日）。

　朝河文書を檻の中から救い出して（バイネキー図書館が出来る前、稀覯本図書室に）「最小限を保存すること」を命じられて若い彼女は悩んだのだ。実は、朝河貫一は日本の戦後改革のために膨大な新聞スクラップ類を収集し整理しており、これらは日本の軍国主義化の要因を彼がどのように分析し、戦後の民主化の課題をどのように構想していたかを知る重要な資料なのだが、このときに失われた。「もう少しわきまえのある仕事が出来たはずではなかっ

たかと自問せざるを得ず、とくにカードやメモの保存にたいして無力であったことを、まことに残念に思います」と書いた彼女の心中を察すると、私自身もいまさらのように胸が痛む。

　恭子さんは、今年 1 月 20 日肺炎で急逝した。事後に夫マークからのメールで知らされ、その中の一句が私を直撃した。「吉祥寺駅近くの［矢吹の］お宅のことが思いおこされます。多分、あなたの文章の翻訳が恭子の最後の仕事だったのでしょう」(Yes, I especially recall the narrow house at the edge of Kichijoji station. The translation of your article was perhaps the last thing that she worked on.)。　恭子さんの最後の仕事が私の悪文「歴史的・現代的視野からみた日中領土問題と日米中関係」の英訳 (http://japanfocus.org/-Yabuki-Susumu/3906) であったとは、何たることか。慚愧に堪えない。

　弁解するが、実は英語世界の人々の尖閣衝突に対する関心のありかをほとんど知らない。そこでまるで劣等生の答案のように、あれこれたくさん書いておくので、適宜取捨選択してほしいというつもりで長い文章をメールした。あにはからんや、私の意向は、十分に伝わらず、恭子さんは実に丁寧にすべてを訳し始めて、途中で倒れたのだ。通常なら、私自身が要点を英訳して、そのブラッシュアップだけを恭子さんにお願いすべきものだ。いわんや訳者がご病気という事情を知るならば、できるだけ訳者の負担を軽減する努力を行うべきだ。今回に限ってこのような事態に陥るとは。まさに天に不測の風雲あり、慨嘆するのみではないか。『ニューヨーク・タイムズ』(2013 年 2 月 14 〜 15 日) に掲載された恭子さんへの追悼文 http://www.legacy.com/obituaries/nytimes/obituary.aspx?page=lifestory&pid=163065098#fbLoggedOut を繰り返し読んで臍を噛むばかりである。追悼記事は次の文章で始まる。「セルデン入江恭子、1 月 20 日、ニューヨーク州イサカにて死去。美しきものを深く見つめ、共同の精神にあふれ、厳格さとユーモアを兼ね備えてことばと学問に取り組んできた」と。Kyoko Iriye Selden, scholar and translator, died in Ithaca, NY on January 20. She had an eye for beauty and depth, and approached language and learning simultaneously with rigor and humor and in a spirit of collaboration.　合掌。

結び

　サンフランシスコ平和条約を記念した安倍内閣の「主権の日」祝賀行事（2013年4月28日）に沖縄県民が猛反発し、仲井真弘多知事は欠席した。この条約で本土は確かに主権を回復したが、沖縄の主権回復は取り残されたからだ。つまり本土の「主権回復記念日」とは、沖縄から見ると、「主権回復」の延期記念日であり、「屈辱の日」なのだ。42年前の1971年、東京とワシントンをテレビ中継で結びつつ、沖縄返還協定の調印式が行われたのは6月17日であった。屋良朝苗主席は調印式を欠席した。
　それだけではない。平和条約から約20年後に、沖縄は復帰したものの、約束された「本土並み」とは、明らかな偽りであった。核兵器については持ち込みの密約があり、思いやり予算というヤミの支払いが露見しただけではなく、米軍から返還された基地は一部にすぎず、沖縄本島の約2割の国土は米軍基地としていまなお用いられている。「島の中に基地がある」というよりは、「基地の騒音と危険のなかに町がある」のが沖縄の現実である。沖縄県は日本の総面積の0.6％に過ぎないが、米軍専有基地のうち74％を負担している。面積当たりの米軍基地負担密度は、沖縄は本土の約500倍である（『沖縄の〈怒〉――日米への抵抗』ガバン・マコーマック、乗松聡子共著、法律文化社、2013年、7ページ）。
　米軍から見れば沖縄返還、県民からみれば沖縄復帰とは、こうして時間の経過とともにますます平和の島が遠くなる過程であった。ニクソン訪中により、ベトナム戦争が終りに近づき、東アジアの冷戦は大きく変容し、その後1991年の旧ソ連解体により、冷戦構造はさらに大きく様変わりした。しかしながら、この変化を巧みにとらえ、冷戦構造を大きく打破することに東アジアは失敗した。これは東西ドイツの統一と比べると、その差異がくっきりと浮かび上がる。

尖閣は、再編成された東西イデオロギーの対立ならぬ民族対立、ナショナリズム紛争の焦点に立つ文字通りの頂点（ピナクル＝尖閣）と化している。日本は、竹島で韓国と争い、北方四島でロシアと争い、国境問題を何一つ解決できない外交劣等国の素顔を晒している。
　顧みると、1971年は戦後世界の大転換期であり、沖縄返還と翌年の日中国交正常化とは、本来ならば、敗戦日本がようやく全面的に主権を回復し、一人前の独立国として中華人民共和国と平和条約を結び、新たな時代に向けて、歩みを始める時期となるはずのものであった。しかしながら日中関係は、いまとんでもないトラップにはまり、40年来の友好関係は、半年にして崩れ、いまだ回復のメドがたたないのは、なんということであろうか。

　尖閣諸島とは由来地理的には、台湾に付属した諸島である。沖縄トラフで隔てられており、古来琉球王国の版図には含まれなかった。日本が編入したのは、下関条約直前だが、これをもって下関条約とは関わりがなく、国際法的に認められるという日本政府の主張はどこまで説得的か。第一、世界の憲兵・アメリカが日本政府の主張を認めていない。沖縄返還によって返還するのは、施政権のみであり、領有権については、「東京は台北、北京と平和的に協議されよ」というのが米国政府の公式見解だ。日本政府が「国際法的に認められている」というとき、誰がそれを保証し、日本の味方になってくれるのか。北京と敵対することを覚悟しつつ、日本の立場を断固として支持する国をいくつ数えられるのか。そもそも同盟国米国さえも日本の主張を支持していないことの意味を改めて冷静に考えるべきではないか。

　尖閣をめぐる中華民国と中華人民共和国との三角関係史は、三幕のドラマから成る。
　第一幕は日清戦争であり、その終戦処理段階で日本が尖閣諸島の「無主地先占」宣言を行い、若干の期間この島に住む者もいた。
　第二幕は日中戦争・太平洋戦争における日本の敗北、中華民国（そして中華人民共和国）の勝利である。ところが勝利したはずの中華民国は気がついてみたら、台湾への亡命を余儀なくされ、中国大陸の覇者は中国共産党の樹

立した中華人民共和国に変化していた。

　第三幕は、国際社会が、中国を代表する政権として北京政府を認知して、同時に台北政府を地方政権扱いした1971年である。

　第一幕以来、少なくとも日中戦争・太平洋戦争の終りまでは尖閣諸島の日本領有は国際社会が認めてきた。しかし、第二幕で日本がポツダム宣言を受け入れたとき、尖閣諸島の帰属は微妙であった。台湾や澎湖諸島とともに中華民国に「返還されなかった」のは事実だが、これは日本の領有権を認めてのことというよりは、終戦時の成り行きと米軍が朝鮮戦争や冷戦の展開を睨んで米軍の射撃場として使用し始めたからだ。当時、占領軍の権限は絶大であり、沖縄列島の米軍による「永久利用」さえ語られていたのだ。米国務省は領土不拡大の大西洋憲章にしたがってこれを批判する立場に立っていたが、冷戦体制のもとでは軍部の発言力が圧倒的に強かったのは否めない事実である。

　こうして、第三幕を迎える。ここで戦後の国際環境は大きく様変わりしようとしていた。ニクソン・キッシンジャーは、ベトナム戦争の終結のためには、中国との対話が不可避と考えるに至り、そのためには台湾政府をもって中国全体の代表とみなす虚構に固執するのはもはや時代後れと決断した。蔣介石の大陸反攻の可能性は消えた。1969年の交通事故以来、著しく体力を衰えていた蔣介石には、もはや引退しか残されていない。後継者・蔣経国が「中華民国在台湾」すなわち台湾省だけを領域として経済発展を目指すほかには、中華民国政権の生存空間はありえなかった。蔣介石は1975年4月に死去した。これを待つかのように、翌76年1月に周恩来が死去し、毛沢東も9月に死去した。

　台湾海峡の対峙状況は残されたが、大陸反攻の可能性はすでになく、大陸による台湾の「武力解放」は、同胞への武力行使を意味するという点で、そもそもありえない選択肢であったから、海峡両岸は「統一でもなく、独立でもない」現状維持が続くことになった。

　そのような国際環境のもとで沖縄返還が行なわれた。

　日本政府は尖閣領有を歴史的に固有のもの、かつ国際法的にも正義だと主張し続けているが、日清戦争の最終局面で台湾割譲を意識しつつ、無主地

先占を決めた経緯を顧みると、「歴史的に固有」と言い切ることができるか、疑わしい。国際法的に有効だとする論拠も、世界の憲兵たる米国が支持しないとすれば、誰が「国際法の正義」を遵守してくれるか、疑わしい。中国はすでに核兵器で武装された重武装の軍事大国なのだ。軽武装の日本が何を根拠に国際法の正義に頼りうるのか、きわめて疑わしいのだ。

　この現実をつきつけたのは、沖縄返還当時の米上院外交委員会である。それゆえ、40年前の時点で、尖閣の帰属問題を真剣に考慮すべきであった。しかしながら、沖縄返還条約の交渉の当事者、たとえば外務省条約課長・法規課長等の認識に見られるように、日本政府の認識はきわめて現実離れした「領土問題は存在しない」という思い込みに固執して、隣国との対話を拒否し続けてきた。

「領有権をもつゆえに施政権の返還あり」とする観念論にしがみつき、米国が「領有権について棚上げした、施政権のみの返還だ」と強調した事実をあえて無視してきた。

　このような誤解・曲解のうえに、2012年秋に尖閣3島の国有化が行われ、これに抗議する台湾と北京との厳しい抗議にさらされた。隣国のナショナリズムに直面して、日本ナショナリズムも激しく反発して、いまや対話再開の見通しすら立たないのが現状である。

　今日の混乱の直接的契機は、沖縄返還にあることは、本書で詳論した通りである。40年前のボタンの掛け違いから、問題を解きほぐすほかに道はあるまい。過ちを直視する勇気をわれわれは持つべきである。

本書で用いた基本資料について

1 米国の資料
① 『米上院沖縄公聴会の記録』（全152ページ）*Okinawa Reversion Treaty, Hearings before the Committee on Foreign Relations United States Senate,* Ninety-Second Congress, October 27, 28 and 29, 1971.〔*Hearings,* p.1 のように示す〕
② 米上院沖縄公聴会の記録付属文書（全28ページ）*Okinawa Reversion Treaty, Annex to Hearings before the Committee on Foreign Relations United States Senate,* Ninety-Second Congress, October 27, 28 and 29, 1971.
③ 『米国外交文書史料集 1969-1976 第17巻 中国 1969-1972』（全1230ページ）*FRUS (Foreign Relations of the United States),* 1969-1976, Volume XVII, China, 1969-1972, Department of State, United States Government Printing Office Washington, 2006、〔*FRUS,* 134 のように文書番号で示す〕。

2 中華民国政府資料
① 『蔣介石日記』米スタンフォード大学フーバー図書館蔵。
② 『蔣経国総統文書』(*President Chiang Ching-kuo Archive*)、台湾中央研究院林正義博士の教示による。

3 日本の資料
① いわゆる「密約」問題に関する調査報告書、外務省調査チーム、平成22年3月5日、全867ページ（原注──この調査報告書は、上記の調査結果の報告として平成21年11月20日に岡田外務大臣に提出したものを基本としているが、その後、沖縄返還時の有事の際の核持込みに関する文書が佐藤栄作元総理宅に保管されていたことが奉じられたところ、これを踏まえて追記を行うとともに、用語の統一等の修辞上の修正を行ったものである）。
② 中島敏次郎『日米安保・沖縄返還・天安門事件──外交証言録』編者井上正也、中島琢磨、服部龍二、岩波書店、2012年。
③ 国会会議録検索システム。

資　料

資料 1　対日講和条約第 3 条（1952 年 4 月 28 日発効）
資料 2　連合軍最高司令部訓令（SCAPIN）第 677 号（1946 年 1 月 29 日）
資料 3　米国民政府布告第 27 号（1953 年 12 月 25 日）
資料 4　対日講和問題に関する周恩来中国外相の声明（1951 年 8 月 15 日）
資料 5　中華民国（台湾）政府外交部声明（1971 年 6 月 11 日）
資料 6　中華民国（台湾）政府外交部声明（1972 年 5 月 9 日）
資料 7　釣魚島の所有権問題に関する中国外交部声明（1971 年 12 月 30 日）
資料 8　極秘資料・沖縄返還協定及び関連問題の概要（1971 年 4 月 27 日）
資料 9　パリ大使館発　愛知・ロジャース会談に関する極秘電報（1971 年 6 月 9 日）

資料 1
対日講和条約第 3 条（1952 年 4 月 28 日発効）

　日本国は、北緯 29 度以南の南西諸島、孀婦岩の南の南方諸島並びに沖の鳥島及び南鳥島を合衆国の唯一の施政権者とする信託統治制度の下におくこととする国際連合に対する合衆国のいかなる提案にも同意する。このような提案が行われ且つ可決されるまで、合衆国は、領水を含むこれらの諸島の領域および住民に対して、行政、立法及び司法上の権力の全部及び一部を行使する権利を有するものとする。Japan will concur in any proposal of the United States to the United Nations to place under its trusteeship system, with the United States as the sole administering authority, Nansei Shoto south of 29deg. north latitude (including the Ryukyu Islands and the Daito Islands), Nanpo Shoto south of Sofu Gan (including the Bonin Islands, Rosario Island and the Volcano Islands) and Parece Vela and Marcus Island.Pending the making of such a proposal and affirmative action thereon, the United States will have the right to exercise all and any powers of administration, legislation and jurisdiction over the territory and inhabitants of these islands, including their territorial waters.

資料 2
連合軍最高司令部訓令（SCAPIN）第 677 号（1946 年 1 月 29 日）

1　日本国外の総ての地域に対し、又その地域にある政府役人、雇傭員その他総ての者に対して、政治上又は行政上の権力を行使すること、及、行使しようと企てることは総て停止するよう日本帝国政府に指令する。
2　日本帝国政府は、已に認可されている船舶の運航、通信、気象関係の常軌の作業を除き、当司令部から認可のない限り、日本帝国外の政府の役人、雇傭人其の他総ての者との間に目的の如何を問わず、通信を行うことは出来ない。
3　この指令の目的から日本と言う場合は次の定義による。
　日本の範囲に含まれる地域として――日本の四主要島嶼（北海道、本州、四国、九州）と、対馬諸島、北緯 30 度以北の琉球（南西）諸島（口之島を除く）を含む約 1 千の隣接小島嶼。
　日本の範囲から除かれる地域として―― (a) 欝陵島、竹島、済州島。(b) 北緯 30 度以南の琉球（南西）列島（口之島を含む）、伊豆、南方、小笠原、硫黄群島、及び大東群島、沖ノ鳥島、南鳥島、中ノ鳥島を含むその他の外廓太平洋全諸島。(c) 千島列島、歯舞群島（水晶、勇留、秋勇留、志発、多楽島を含む）、色丹島。
4　更に、日本帝国政府の政治上行政上の管轄権から特に除外せられる地域は次の通りである。(a)1914 年の世界大戦以来、日本が委任統治その他の方法で、奪取又は占領した全

太平洋諸島。(b) 満洲、台湾、澎湖列島。(c) 朝鮮及び (d) 樺太。
5　この指令にある日本の定義は、特に指定する場合以外、今後当司令部から発せられるすべての指令、覚書又は命令に適用せられる。
6　この指令中の条項は何れも、ポツダム宣言の第8条にある小島嶼の最終的決定に関する連合国側の政策を示すものと解釈してはならない。
7　日本帝国政府は、日本国内の政府機関にして、この指令の定義による日本国外の地域に関する機能を有する総てのものの報告を調整して当指令部に提出することを要する。この報告は関係各機関の機能、組織及職員の状態を含まなくてはならない。
8　右第7項に述べられた機関に関する報告は、総てこれを保持し何時でも当司令部の検閲を受けられるようにしておくことを要する。

資料3
米国民政府布告第27号（1953年12月25日）

　琉球列島住民に告ぐ。1951年9月8日調印された対日講和条約の条項及び1953年12月25日発効の奄美諸島に関する日米協定に基づき、これまで民政府布告、布令及び指令によって定められた琉球列島米国民政府及び琉球政府の地理的境界を再指定する必要があり、本官、琉球列島民政副長官、米国陸軍少将、ダヴィド・A・D・オグデンは、ここに次のとおり布告する。
第1条　琉球列島米国民政府及び琉球政府の管轄区域を左記地理的境界内の諸島、小島、環礁及び岩礁並びに領海に再指定する。
　北緯28度・東経124度40分を起点とし、北緯24度・東経122度、北緯24度・東経133度、北緯27度・東経131度50分、北緯27度・東経128度18分、北緯28度・東経128度18分の点を経て起点に至る。
第2条　前記境界を越えて境界の設定又は管轄の実施を指定する琉球列島米国民政府布告、布令、指令、命令、又はその他の規定はここに前条に準じて改正する。
第3条　この布告は、1953年12月25日から施行する。民政長官の命により発布する。
　　　　　　　　　　　　　民政副長官米国陸軍少将ダヴィド・A・D・オグデン

資料4
対日講和問題に関する周恩来中国外相の声明（1951年8月15日）

　1951年7月12日、アメリカ合衆国政府及び連合王国政府は、ワシントンとロンドンで同時に、対日平和条約草案を公表した。ついで、アメリカ合衆国政府は、同年7月20日

日本単独平和条約署名の準備として、サンフランシスコに会議を招集する旨通知を発した。このことに関して、中華人民共和国中央人民政府は、わたくしにつぎの声明を発表する権限を与えることを必要と考えている。

　中華人民共和国政府は、アメリカ、イギリス両国政府によって提案された対日平和条約草案は、国際協定に違反し、基本的に受諾できない草案であるとともに、アメリカ政府の強制で、9月4日からサンフランシスコで開かれる会議は、公然と中華人民共和国を除外している限り、これまた国際義務を反古にし、基本的に承認できない会議であると考える。
　対日平和条約アメリカ、イギリス案は、その準備された手続からみても、またその内容からいっても、1942年1月1日の連合国宣言、カイロ宣言、ヤルタ協定、ポツダム宣言及び協定、ならびに1947年6月19日の極東委員会で採択された降伏後の対日基本政策など、アメリカ、イギリス両国政府が均しく署名しているこれら重要な国際協定にいちじるしく違反するものである。
　連合国宣言は、単独で講和してはならないと規定しているし、ポツダム協定は「平和条約準備事業」は、敵国の降伏条項に署名した委員会参加諸国によって行われねばならないと規定している。それと同時に、中華人民共和国中央人民政府は、武力を通じて対日作戦に加わった国のすべてが対日講和条約起草の準備事業に加わると主張するソヴィエト連邦政府の提案をこれまで全面的に支持した。ところが、アメリカは、対日平和条約の準備事業を遅らせるため、長期にわたりポツダム宣言の原則を実施するのを拒んだ揚句、現在出されている対日平和条約草案に関する準備事業をアメリカ一国だけで独占し、とりわけ中国とソヴィエト連邦を基幹とする対日戦に加わった国々のうち、大多数を平和条約の準備事業から除外したのである。更にアメリカ一国で強引に招集し、かつ中華人民共和国を除外する平和会議は、対日単独平和条約の署名を企てている。イギリス政府の支持のもとで、こういった国際協定に違反するアメリカ政府の動きは、明らかに日本及び日本との戦争状態にある国々の間で結ばれるべき真の全面的平和条約を破壊するものである。
　のみならず、アメリカ政府だけに有利で、日米両国の人民を含む各国の人民にとり不利な単独平和条約を受諾するよう、日本と対日作戦に加わった諸国に無理に押しつけようとしている。これは、実際には新たな戦争を準備する条約であり、真の意味での平和条約ではないのである。
　かような中華人民共和国中央人民政府の結論には、対日平和条約アメリカ、イギリス草案の基本内容からみて、もはや反論する余地がないのである。
　第一に、対日平和条約アメリカ、イギリス草案はアメリカ政府とその衛星国の対日単独平和条約を目指した産物であるので、この平和条約草案は、対日平和条約の主要目標に関して、声明のなかで中ソ両国政府がしばしば表明してきた意見を無視しているばかりではなく、この上もなく不合理なことに、対日作戦に加った連合国の系譜から公然と中華人民共和国をはずしているのである。第一次世界戦争後、日本帝国主義は1931年から1937年

にかけて中国を武力で侵略し、更にたまたま太平洋戦争の勃発した1941年まで、全中国に向って侵略戦争をひきおこしたのである。

日本帝国主義に抵抗しこれを打破する戦争で、最も長期間悪戦苦闘をつづけるうちに、中国人民は最大の犠牲をはらい、また最大の貢献をしてきた。したがって、中国人民と彼等がうちたてた中華人民共和国中央人民政府は、対日平和条約の問題において最も合法的権利をもつ発言者であり、また参加者である。ところが、平和条約アメリカ、イギリス草案は、戦争中日本にあった連合国及びその国民の財産と権益の処理に関する条項で、適用期間を規定して1941年12月7日から1945年9月2日までとし、かつ1941年12月7日以前における中国人民が自力で抗日戦争を行っていた期間を完全に無視しているのである。中華人民共和国を除外し中国人民を敵視するこういったアメリカ、イギリス両国政府におけるごうまんな不法措置は、中国人民の決して許さないところであり、断乎反対するところである。

第二に、領土条項における対日平和条約アメリカ、イギリス草案は、占領と侵略を拡げようというアメリカ政府の要求に全面的に合致するものである。一方では草案は、さきに国際連盟により日本の委任統治の下におかれていた太平洋諸島にたいする施政権の他、更に琉球諸島、小笠原群島、火山列島、西鳥島、沖之鳥島及び南鳥島など、その施政権まで保有することをアメリカ政府に保証し、これらの島嶼の日本分離につき過去のいかなる国際協定も規定していないにもかかわらず、事実上これらの島嶼をひきつづき占領しうる権力をもたせようとしているのである。

他方では、カイロ宣言、ヤルタ協定及びポツダム宣言などの合意を破って、草案は、ただ日本が台湾と澎湖諸島及び千島列島、樺太南部とその付近のすべての島嶼にたいする一切の権利を放棄すると規定しているだけで、台湾と澎湖諸島を中華人民共和国へ返還すること、ならびに千島列島及び樺太南部とその付近の一切の島嶼をソヴィエト連邦に引渡すという合意に関してただの一言も触れていないのである。後者の目的は、アメリカによる占領継続をおおいかくすために、ソヴィエト連邦にたいする緊張した関係をつくりだそうと企てている点にある。前者の目的は、アメリカ政府が中国領土である台湾のアメリカ占領長期化をできるようにするにある〔前5文字ママ〕。しかし中国人民は、このような占領を絶対に許すことができないし、またいかなる場合でも、台湾と澎湖諸島を開放するという神聖な責務を放棄するものではないのである。

同時にまた、草案は、故意に日本が西沙島と西沙群島にたいする一切の権利を放棄すると規定し、その主権返還の問題について言及するところがない。実は、西沙群島と西鳥島とは、南沙群島、中沙群島及び東沙群島と全く同じように、これまでずっと中国領土であったし、日本帝国主義が侵略戦争をおこした際、一時手放されたが、日本が降伏してからは当時の中国政府により全部接収されたのである。中華人民共和国中央人民政府はここにつぎのとおり宣言する。すなわち中華人民共和国の西鳥島と西沙群島にたいする犯すことのできない主権は、対日平和条約アメリカ、イギリス案で規定の有無にかかわらず、またど

のように規定されていようが、なんら影響を受けるものではない。

［中略］

ここに中華人民共和国中央人民政府は重ねてつぎのとおり声明するものである。すなわち、対日平和条約の準備、起草及び署名に中華人民共和国の参加がなければ、その内容と結果のいかんにかかわらず、中央人民政府はこれをすべて不法であり、それゆえ無効であると考えるものである。

アジアの平和を回復し、極東問題を解決する上に真に貢献するために、中華人民共和国中央人民政府は、ソヴィエト連邦政府の提案を基礎に全面的な対日平和条約の問題を討議する目的で、対日戦に軍隊を派遣して参加したすべての国の代表からなる平和会議を招集すべきであると、強く主張するものである。同時に、連合国宣言、カイロ宣言、ポツダム宣言及び協定、ならびに極東委員会で採択された降伏後の対日基本政策を前提として、中華人民共和国中央人民政府は、対日戦に参加したすべての国々と全面的な対日平和条約問題につき、意見を交換する用意がある。

資料5
中華民国（台湾）政府外交部声明（1971年6月11日）

〔解説〕 原タイトルは「中華民國外交部關於琉球群島與釣魚台列嶼問題的聲明」。これは返還協定が調印された1971年6月17日の1週間前に調印に抗議して発表されたものである。訳文は日本外務省暫定訳をもとに一部修正した。出所は外務省ホームページ。

中華民国政府は近年来、琉球群島の地位問題に対し、深い関心を寄せ、一再ならずこの問題についての意見およびアジア太平洋地域の安全確保問題に対する憂慮を表明しつつ、関係各国政府の注意を促してきた。この度、米国政府と日本政府がまもなく琉球群島移管の正式文書に署名し、そこに中華民国が領土主権を有する魚釣台列嶼が含まれていることを知り、中華民国政府はこれに対する立場を再び全世界に宣明する。

(1) 琉球群島に関して――中、米、英など主要同盟国は1943年に共同でカイロ宣言を発表し、さらに1945年発表されたポツダム宣言にはカイロ宣言条項を実施すべきことが規定され日本の主権は本州、北海道、九州、四国および主要同盟国が決定した他の小島だけに限られるべしと定めている。したがって琉球群島の未来の地位は、明らかに主要同盟国によって決定されるべきである。1951年9月8日に締結されたサンフランシスコ対日平和条約は、上述宣言の要旨に基づくものであり、同条約第3条の内容によって、琉球の法律地位およびその将来の処理についてはすでに明確に規定されている。琉球の最終的処置に対する中華民国の一貫した立場は、関係同盟国がカイロ宣言およびポツダム宣言に

基づいて協議決定すべしとする決議に依拠する。この立場を米国政府は由来熟知している。中華民国は対日交戦の主要同盟国の一国であり、当然この協議に参加すべきである。しかるに米国はいまだにこの問題について協議せず、性急に琉球を日本に返還すると決定したことに、中華民国はきわめて不満である。［矢吹注——これは中華民国が「琉球への主権」を主張したものではなく、「琉球の最終的処置の決定」に際しては、中華民国が協議に参加すべきこと、中華民国を除外した協議手続きに反対を主張したものである］

(2) 魚釣台列嶼に関して——中華民国政府は米国の魚釣台列嶼［尖閣諸島］を琉球群島と一括して移管する声明に対し、特に驚きを感ずる。同列嶼は台湾省に付属し、中華民国領土の一部分を構成しており、地理位置、地質構造、歴史連携ならびに台湾省住民の長期にわたる継続的使用の理由に基づき、すでに中華民国と密接につながっており、中華民国政府は領土保全の神聖な義務に基づき、いかなる状況下にあっても、微小な領土であれその主権を絶対に放棄することはできない。それ故、中華民国政府はこれまで絶え間なく米国政府および日本政府に通告し、同列嶼は歴史上、地理上、使用上および法理上の理由に基づき、中華民国の領土であることは疑う余地がないので、米国が管理を終結する暁には、中華民国に返還すべきであると指摘してきた。［矢吹注——これらの論点は駐米大使館を通して国務省に提出された口上書の論点と同一である］。いま、米国は直接同列嶼の行政権を琉球群島と一括して日本に引渡そうとしている。中華民国政府はこれを絶対に受け入れない。またこの米日間の移管は、絶対に中華民国の同列嶼に対する主権主張に影響するのではないと認識し、強硬に反対する。中華民国政府は従来通り、関係各国が同列嶼に対するわが国の主権を尊重し、直ちに合理、合法の措置をとること、アジア太平洋に重大結果を導くのを避けるべきである、と切望する。

資料6
中華民国（台湾）政府外交部声明（1972年5月9日）

　　［解説］原タイトルは「中華民國政府外交部聲明」。これは返還協定に基づき、返還が施行される5月15日の直前に返還に抗議して発表されたものである。著者が訳出した。

中華民國政府は琉球群島の地位問題に対して、一貫して深い関心を抱き、これまでこの問題に対する立場を明らかにしてきた。ここに米国政府が民国61年(1972年)5月15日に琉球群島を日本に引き渡すに際して、中華民国が領土主権をもつ釣魚臺列嶼［尖閣諸島］もその範囲に含まれることについて、中華民国政府は特に再度その立場を丁重に世界に告げる。

琉球群島に対して、中華民国政府が一貫して主張してきたのは、中華民国を含む第二次

大戦期の主要同盟國が、カイロ宣言およびポツダム宣言が掲げた原則に基づき、共同して協議し処理することである。米國は遵守すべき協商手続きを無視して、一方的に琉球を日本に引き渡そうとしているが、中華民國政府はこれに遺憾の意を表明する。釣魚臺列嶼が中華民國領土の一部分であることは、地理的位置、地質構造、歴史的淵源、長期に継続使用してきた事実および法理の各方面の理由からして、この領土主權主張は、疑いを容れないものである［矢吹注——これらの論点は駐米大使館を通して國務省に提出された口上書の論点と同一である］。いま米國が当該列嶼の行政權を琉球とともに日本に引き渡そう（原文＝交還）としていることに、中華民國政府は断固として反対する。中華民國政府は領土保全を擁護する神聖な職責を遂行するものであり、いかなる状況においても、釣魚臺列嶼の領土主權を放棄することは断じてありえない。

資料7
釣魚島の所有権問題に関する中国外交部声明（1971年12月30日）

　日本佐藤政府は近年らい、歴史の事実と中国人民の激しい反対を無視して、中国の領土釣魚島などの島嶼にたいして「主権をもっている」と一再ならず主張するとともに、アメリカ帝国主義と結託してこれらの島嶼を侵略・併呑するさまざまな活動をおこなってきた。このほど、米日両国の国会は沖縄「返還」協定を採決した。この協定のなかで、米日両国政府は公然と釣魚島などの島嶼をその「返還区域」に組み入れている。これは、中国の領土と主権にたいするおおっぴらな侵犯である。これは中国人民の絶対に容認できないものである。

　米日両国政府がぐるになってデッチあげた、日本への沖縄「返還」というペテンは、米日の軍事結託を強め、日本軍国主義復活に拍車をかけるための新しい重大な段取りである。中国政府と中国人民は一貫して、沖縄「返還」のペテンを粉砕し、沖縄の無条件かつ全面的な復帰を要求する日本人民の勇敢な闘争を支持するとともに、米日反動派が中国の領土釣魚島などの島嶼を使って取引をし、中日両国人民の友好関係に水をさそうとしていることにはげしく反対してきた。

　釣魚島などの島嶼は昔から中国の領土である。はやくも明代に、これらの島嶼はすでに中国の海上防衛区域のなかに含まれており、それは琉球、つまりいまの沖縄に属するものではなくて、中国の台湾の付属島嶼であった。中国と琉球とのこの地区における境界線は、赤尾嶼と久米島とのあいだにある。中国の台湾の漁民は従来から釣魚島などの島嶼で生産活動にたずさわってきた。日本政府は日中甲午戦争を通じて、これらの島嶼をかすめとり、さらに当時の清朝政府に圧力をかけて1895年4月、「台湾とそのすべての付属島嶼」および澎湖列島の割譲という不平等条約——「馬関条約」に調印させた。こんにち、佐藤政府はなんと、かつて中国の領土を略奪した日本侵略者の侵略行動を、釣魚島などの島嶼にた

いして「主権をもっている」ことの根拠にしているが、これは、まったくむきだしの強盗の論理である。

　第二次世界大戦ののち、日本政府は不法にも、台湾の付属島嶼である釣魚島などの島嶼をアメリカに渡し、アメリカ政府はこれらの島嶼にたいしていわゆる「施政権」をもっていると一方的に宣言した。これは、もともと不法なものである。中華人民共和国の成立後まもなく、1950年6月28日、周恩来外交部長は中国政府を代表して、アメリカ帝国主義が第七艦隊を派遣して台湾と台湾海峡を侵略したことをはげしく糾弾し、「台湾と中国に属するすべての領土の回復」をめざす中国人民の決意についておごそかな声明をおこなった。いま、米日両国政府はなんと不法にも、ふたたびわが国の釣魚島など島嶼の授受をおこなっている。中国の領土と主権にたいするこのような侵犯行為は、中国人民のこのうえない憤激をひきおこさずにはおかないであろう。

　中華人民共和国外交部は、おごそかにつぎのように声明するものである——釣魚島、黄尾嶼、赤尾嶼、南小島、北小島などの島嶼は台湾の付属島嶼である。これらの島嶼は台湾と同様、昔から中国領土の不可分の一部である。米日両国政府が沖縄「返還」協定のなかで、わが国の釣魚島などの島嶼を「返還区域」に組み入れることは、まったく不法なものであり、それは、釣魚島などの島嶼にたいする中華人民共和国の領土の主権をいささかも変えうるものではないのである、と。

　中国人民はかならず台湾を解放する！
　中国人民はかならず釣魚島など台湾に付属する島嶼をも回復する

資料8
極秘資料・沖縄返還協定及び関連問題の概要（1971年4月27日）
（2010年12月22日情報公開、現外交史料館保存）

　〔解説〕　この文書が極秘とされた理由の一つは、「3億ドル以内」と明記する点である。愛知・ロジャース会談極秘電から明らかなように、6.5億ドルの支払いを米側に約束していたのであるから、公表金額はその半分以下だ。1965年の日韓国交正常化の際に、35年間の植民地支配に対する賠償として5億ドルを支払ったことと比較すれば、この6.5億ドルがいかに法外な金額かは容易に分かる。沖縄返還というよりは、沖縄の核つき、基地つき購入の費用に日本政府はこれだけを費やした。これが対米従属構造の一断面である。

（前文）
　1969年11月、佐藤総理とニクソン大統領との間において沖縄の早期復帰を達成するための具体的取決めの交渉に両政府が直ちに入ることに合意したこと、沖縄の復帰が共同声

明を基礎として行われることを両政府が再確認したこと並びに米国は日本のために沖縄の施政権を放棄し、日本はこれを引き受けることを希望することをうたう。
(施政権返還に関する条項)
　米国は、日本のために平和条約３条に基づく沖縄の施政権を放棄し、日本は、この施政権を引き受けることを規定する。返還される領域は、平和条約３条の地域から奄美大島及び小笠原両協定の対象地域を差引いた残りの部分であることを定義するとともにこの返還領域を緯度経度をもって確認するが、この確認は、合意議事録の形式で行うこととなろう。
(日米間二国間条約の適用に関する条項)
　安保条約及び関連諸取決め、通称航海条約等の日米間の二国間条約が復帰の日から沖縄に適用されることを確認する。
(施設・区域［基地を指す］の提供に関する条項)
1　協定上は、日本側が復帰の際、安保条約及び関連諸取決めに従って米側に沖縄における施設・区域を提供する旨を抽象的に規定するに止める。
2　協定とは別途に、日米間で施設・区域のリスト(復帰の際提供することとするもの、提供されるもののうち復帰後一定期間内に返還されるもの、復帰前に解放又は縮小されるもの)を作成し、協定署名の際上記リストを添付した文書に日米双方が署名又はイニシャルすることとする。復帰の際米側に提供されることとなる施設・区域は、復帰の日に地位協定の日米合同委員会で正式に採択される。
3　米側は、以上の措置では足りず、万一復帰の際提供する施設・区域を復帰の日に正式採択するための準備作業が事前に完了しない場合にも復帰の日からそのまま使用できるように何らかの保障が必要であると主張している。
4　なお、基地の整理統合に関し、現在我方が特に強く要求しているのは、那覇空港のＰ３撤去による復帰時の返還と牧港住宅地区の一定期間中の返還である。この二つの問題は、資産交渉とも関連して、交渉が難航している。
(資産引継に関する条項)
　資産交渉は、現在両国財務当局間で行われているところ、米側に対する支払いとして協定に明記するのは、３億ドル以内とする方向で努力している。また、右支払いの理由づけとしては、復帰の際米政府所有の資産が我国に移譲されること、米政府が沖縄返還を共同声明８項に言及された日本政府の政策に背馳しないよう実施すること、復帰後労務の分野で米政府が余分の経費を負担すること等を考慮したことが挙げられるよう交渉中である。
　　［以下、(VOA)(航空)(外資系企業等)の項、省略］

資料９
　　パリ大使館発　愛知・ロジャース会談に関する極秘電報（1971年６月９日）
　　（暗号を戻した平文を書き直したもの）

1971年6月9日パリ日本大使館発、極秘、大至急。本大臣［愛知］とロジャース長官との会談は、9日午前9時半より、約2時間にわたり、当地、米大使館の大使執務室で行われたが、会談中沖縄返還協定関係についての要旨以下の通り（出席者は、わが方、赤谷［源一、国連］大使、吉野［文六、米国］局長、栗山［尚一、条約局法規］課長。米側、ペダソン［Richard F. Pederson, 国連］大使、エリクソン［Richard A. Ericson, 国務省東アジア太平洋局日本］部長、マクロスキー［Robert J. McCloskey 国務省報道官］)。

(1)　冒頭、ロジャース長官より、大部分の問題は既に解決を見ているが、若干の点についてお話したいとして、まず尖閣諸島問題につき、国府は、本件に関する一般国民の反応に対し、非常に憂慮しており、米国政府に対しても、国府から圧力をかけてきているが、本件について日本政府がその法的立場を害することなく、何らかの方法で、われわれを助けていただければありがたいと述べ、例えば、本件につきなるべく速やかに話合を行うというような意志表示を国府に対して行っていただけないかと述べた。

　これに対し、本大臣より、基本的には米国に迷惑をかけずに処理する自信がある。国府に必要とあらば話をすることは差支えないが、その時期は返還協定調印前ということではなく、六九年の佐藤・ニクソン共同声明の例にならい事後的に説明することとなろうと答えた。

(2)　次にロジャース長官より、六五［6億5000万ドル］の使途につき日本政府のリベラルな解釈を期待するとの発言があり、これに対し、本大臣よりできる限りのリベラルな解釈を assure ［保証］すると述べた。

(3)　請求権問題に関連してロジャース長官は、本大臣の書簡を必要とする旨述べたので、本大臣より、本書簡は公表されざるものと了解してよろしきやと、と念を押したところ、ロジャース長官は、「行政府としては、できるだけ不公表にしておくよう努力する所存なるも、議会との関係で、これを発表せざるをえない場合も、絶無ではない」と答えた。よって本大臣より、本件書簡の表現ぶりについては、既に東京において一応合意に達した旨連絡を受けているが、これが公表される可能性があるというのであれば、表現も、より慎重に考えたいと述べた。ロジャース長官は、日本政府の立場も理解できるので、米側の法的な要件をみたしつつ、日本側の立場をも配慮した表現を発見することは可能と思うと述べた。

(4)　本大臣より、本日長官の返事をいただく必要はないが、返還協定の発効日を4月1日とすることを沖縄県民が一致して強く要求しており、日本政府としても、その事実に大きな関心を有するものであることをお伝えしたい旨述べた。これに対し、ロジャース長官は、それは全く不可能ではないにしても、極めて困難であり、過早に協定発効日を論ずることは議会の反発を招くということも考慮しなくてはならない。しかしながら、沖縄県民および日本政府の意のあるところを考慮したいと答えた。

(5)　次いで、本大臣より、調印日につき、わが方の国内事情を考慮し、一昨日もお話し

した通り、ぜひとも 17 日に決めていただきたいと述べたところ、ロジャース長官は、本件については議会との関係上、われわれとしては慎重にならざるをえず、かかる観点からすれば、17 日は決して最適の日とは思わない。しかし、日本側の事情を考慮し、17 日調印にふみ切ることとした。

あとがき

　2012〜2013年に私は都合3冊の本を花伝社から出すことになった。その舞台裏を説明しておきたい。『チャイメリカ』（2012年5月）は尖閣問題がキナ臭いにもかかわらず、研究者もマスコミも甚だ鈍感と感じたので、急いで出してもらった。このままでは日中関係が危ういことを予感して、御用学者の謬論とこれを無批判にもちあげる大マスコミ、高名知識人たちの無知を批判するために書いた。ただし、これだけではパンフレットにしかならないので、米中関係の展望を加えた。日中関係の危機は、チャイメリカ体制のもとで生じたことを書名によって示唆したつもりである。

　『尖閣問題の核心』（2013年1月）は、花伝社社長平田勝氏の慫慂によって生まれた。私自身は、『チャイメリカ』（第Ⅲ部）で主張すべきことは書いたので、もはやこれ以上尖閣を語ることへの興味を失い、実は『核心』の出版にはあまり乗り気でなかった。しかしながら「日中関係はどうなる」か、これを心から憂慮する平田氏がぜひともまとめたいと提案されたので、それならば「資料をお渡しするので、本になるかどうか、ご判断願いたい」といわば一切を平田氏に委ねたのであった。幸い、尖閣領有の棚上げ問題が時の話題になるなかで、『核心』は心ある識者の目に止まるところとなった。

　ところが『核心』を出して見ると、「衝突の核心」はいちおう説明したにもかかわらず、「問題の背景」がいま一つクリアになっていないことに改めて気づかされた。すなわち尖閣領有についての米国の中立の立場はどこからきているかということである。それは40年前の沖縄返還交渉に発している。沖縄返還協定において尖閣問題はどのように扱われたのか。台湾や北京が領有を主張し始めたのはこの時点なのだが、その背景はなにか。これらの主張に対して当時のニクソン・キッシンジャー政権はどのように対応したのか。

　その経緯についてのメモ書きがかなりの量に膨れたので、それを花伝社の柴田章氏に託した。同氏が沖縄問題について長らく関心を寄せていたことを知ったからだ。柴田氏は私の意を汲みつつ、読者に分かりやすくするため、

叙述の順序を入れ替え、表現の細部に至るまで丁寧に点検して下さった。この意味で本書は柴田氏との対話、共同作業によって成ったものであり、氏の協力がなければこの本はありえなかった。特筆して謝意を申し上げたい。

　これら三部作が成るについては、当然のことながら数えきれぬ友人・知人との討論がある。しかしながら、ここでご芳名を挙げることは一切しない。敵国の主張を利するかもしれぬ本に名を挙げられては迷惑だというような視野の小さな人々は、私の周辺にはいないが、いま日本をとりまく極度に排外主義的な雰囲気のもとでは、不測の事態さえ危惧されるからだ。主流マスコミが大本営発表もどきの論説のみを繰り返し、これを批判する論説が消えたかに見えるのは、異様である。

　2013年7月7日

矢吹　晋

矢吹 晋（やぶき・すすむ）

1938年生まれ。東京大学経済学部卒。東洋経済新報社記者、アジア経済研究所研究員、横浜市立大学教授を経て、横浜市立大学名誉教授。(財)東洋文庫研究員、21世紀中国総研ディレクター、朝河貫一博士顕彰協会代表理事。

著書

『二〇〇〇年の中国』(論創社 1984)『チャイナ・ウオッチング――経済改革から政治改革へ』(蒼蒼社 1986)『「図説」中国の経済水準』(蒼蒼社 1986)『チャイナ・シンドローム』(蒼蒼社 1986)『中国開放のブレーン・トラスト』(蒼蒼社 1987)『ポスト鄧小平――改革と開放の行方』(蒼蒼社 1988)『中国のペレストロイカ』(蒼蒼社 1988)『文化大革命』(講談社現代新書 1989)『ペキノロジー』(蒼蒼社 1991)『毛沢東と周恩来』(講談社現代新書 1991)『保守派 vs. 改革派』(蒼蒼社 1991)『〈図説〉中国の経済』(蒼蒼社 1992)『鄧小平』(講談社現代新書 1993)『〈図説〉中国の経済』〈増補改訂版〉(蒼蒼社 1994)『鄧小平なき中国経済』(蒼蒼社 1995)『巨大国家中国のゆくえ』(東方書店 1996)『中国人民解放軍』(講談社選書メチエ 1996)『〈図説〉中国の経済』〈第 2 版〉(蒼蒼社 1998)『中国の権力システム』(平凡社新書 2000)『中国から日本が見える』(That's Japan002、ウェイツ 2002)『鄧小平』(講談社学術文庫 2003)『日中の風穴』(智慧の海叢書、勉誠出版 2004)『激辛書評で知る中国の政治・経済の虚実』(日経 BP 社 2007)『朝河貫一とその時代』(花伝社 2007)『日本の発見――朝河貫一と歴史学』(花伝社 2008)『〈図説〉中国力 (チャイナ・パワー)』(蒼蒼社 2010)『チャイメリカ』(花伝社 2012)『尖閣問題の核心』(花伝社 2013) など多数。

共著・編著

『天安門事件の真相』〈上巻〉(編著、蒼蒼社 1990)『天安門事件の真相』〈下巻〉(編著、蒼蒼社 1990)『中国情報用語事典―― 1999-2000 年版』(共編、蒼蒼社 1999)『周恩来「十九歳の東京日記」』(解説、小学館文庫 1999)『一目でわかる中国経済地図』(編著、蒼蒼社 2010)『客家と中国革命』(共著、東方書店 2010)『劉暁波と中国民主化のゆくえ』(共著、花伝社 2011)

訳書

『毛沢東政治経済学を語る――ソ連政治経済学読書ノート』(現代評論社 1974)『中国社会主義経済の理論』(竜渓書舎 1975)『毛沢東社会主義建設を語る』(編訳、現代評論社 1975)『中国石油』(編訳、竜渓書舎 1976) 金思愷『思想の積木』(竜渓書舎 1977) J・ガーリー『中国経済と毛沢東戦略』(共訳、岩波現代選書 1978) 王凡西『中国トロツキスト回想録』(アジア叢書、柘植書房 1979) S・シュラム『改革期中国のイデオロギーと政策』(蒼蒼社 1987)『チャイナ・クライシス重要文献』〈第 1 巻〉(編訳、蒼蒼社 1989)『チャイナ・クライシス重要文献』〈第 2 巻〉(編訳、蒼蒼社 1989)『チャイナ・クライシス重要文献』〈第 3 巻〉(編訳、蒼蒼社 1989) アムネスティ・インターナショナル『中国における人権侵害』(共訳、蒼蒼社 1991)『ポーツマスから消された男――朝河貫一の日露戦争論』(編訳、横浜市立大学叢書 4、東信堂 2002) 朝河貫一『入来文書』(柏書房 2005) 朝河貫一『大化改新』(柏書房 2006)『朝河貫一比較封建制論集』(編訳、柏書房 2007)

尖閣衝突は沖縄返還に始まる──日米中三角関係の頂点としての尖閣

2013年8月15日　初版第1刷発行

著者	矢吹　晋
発行者	平田　勝
発行	花伝社
発売	共栄書房

〒101-0065　東京都千代田区西神田2-5-11出版輸送ビル2F
電話　　03-3263-3813
FAX　　03-3239-8272
E-mail　kadensha@muf.biglobe.ne.jp
URL　　http://kadensha.net
振替　　00140-6-59661
装幀　　水橋真奈美（ヒロ工房）
印刷・製本　シナノ印刷株式会社

ⓒ2013　矢吹晋
ISBN978-4-7634-0674-3 C0036

尖閣問題の核心
──日中関係はどうなる

矢吹 晋 著
（本体価格　2200円＋税）

●紛争の火種となった外務省の記録抹消・改ざんを糺す！
尖閣紛争をどう解決するか。
「棚上げ合意」は存在しなかったか？
日中相互不信の原点を探る。日米安保条約は尖閣諸島を守る保証となりうるか？

日中領土問題の起源
―― 公文書が語る不都合な真実

村田忠禧 著

（本体価格　2500円＋税）

●尖閣諸島は日本固有の領土か？
公文書がひもとく「領土編入」に隠された真実。
豊富な資料と公文書を緻密に分析。
日本、中国のはざまで翻弄される琉球・沖縄の歴史。

チャイメリカ
──米中結託と日本の進路

矢吹 晋 著

（本体価格　2200円＋税）

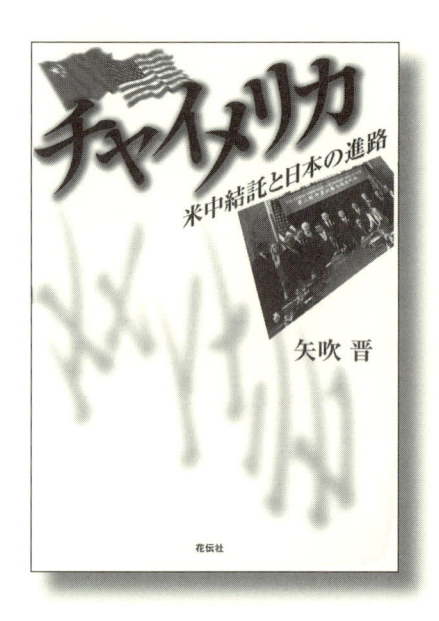

●同床異夢──チャイメリカ＝米中結託＝協調体制こそが核心
中国に財布を握られているアメリカは、中国とは戦えない。
中国経済に深く依存する日本も、中国を敵にすることは不可能だ。
中国を仮想敵国とした日米安保は無用であり、すみやかに条件を
整えて廃止すべきだ。激動の中国を読む！

劉暁波と中国民主化のゆくえ

矢吹 晋　加藤哲郎　及川淳子 著訳

（本体価格　2200 円＋税）

●中国民主化を阻むものとはなにか──現代中国論の決定版
劉暁波はなぜ国家反逆罪に問われたか。中国民主化への反乱はなぜ起こらないか。国家反逆罪に問われた判決文、劉暁波の陳述と弁明、弁護人の陳述、罪状にあげられた6つの文章と『08憲章』の全文を収録。ノーベル平和賞受賞・劉暁波の人と思想。

朝河貫一とその時代

矢吹 晋 著
（本体価格　2200円＋税）

●よみがえる平和学・歴史学
巨人・朝河貫一の人と学問。「日本の禍機」を警告し、平和外交を一貫して主張し続け、日米開戦前夜、ルーズベルト大統領の天皇宛親書の草稿を書いた朝河貫一。アメリカの日本学の源流となり、ヨーロッパと日本の封建制の比較研究で、その業績を国際的に知られた朝河貫一。なぜ日本で朝河史学は無視されたのか？

日本の発見　朝河貫一と歴史学

矢吹 晋 著
（本体価格　2200円＋税）

●巨人・朝河貫一の歴史学に迫る
日本史における大化改新の位置付け、日欧比較の中での日本封建制論を通じて、朝河貫一は日本をどう発見したか？「ペリーの白旗」論争と朝河貫一、朝河史学をみちびきとした、耶馬臺国百年論争の考察——。